# 矿业投资风险分析理论与方法

陈建宏　杨珊　周智勇　吴和平　编著

中南大学出版社
www.csupress.com.cn
·长沙·

**图书在版编目(CIP)数据**

矿业投资风险分析理论与方法／陈建宏等编著.
—长沙：中南大学出版社，2023.7
ISBN 978-7-5487-5399-5

Ⅰ．①矿… Ⅱ．①陈… Ⅲ．①矿业投资—风险分析
Ⅳ．①F407.1

中国国家版本馆 CIP 数据核字(2023)第 102249 号

## 矿业投资风险分析理论与方法

陈建宏　杨珊　周智勇　吴和平　编著

| | | |
|---|---|---|
| □出 版 人 | 吴湘华 | |
| □责任编辑 | 刘　辉 | |
| □责任印制 | 唐　曦 | |
| □出版发行 | 中南大学出版社 | |
| | 社址：长沙市麓山南路 | 邮编：410083 |
| | 发行科电话：0731-88876770 | 传真：0731-88710482 |
| □印　　装 | 长沙鸿和印务有限公司 | |

| | | | |
|---|---|---|---|
| □开　　本 | 787 mm×1092 mm 1/16 | □印张 12.75 | □字数 317 千字 |
| □版　　次 | 2023 年 7 月第 1 版 | □印次 2023 年 7 月第 1 次印刷 | |
| □书　　号 | ISBN 978-7-5487-5399-5 | | |
| □定　　价 | 68.00 元 | | |

# 前 言

**Foreword**

　　矿产资源是国民经济得以持续发展的物资基础，在我国对矿产资源需求不断增加且国内现有矿产资源无法满足工业和生活需求的情况下，海外矿业投资成为快速获得矿产资源的重要方式。近年来，全球资源争夺竞争、矿业并购及矿业权交易日益活跃，矿业投资项目和投资规模增长飞快，投资主体趋向多元化，矿业市场日臻成熟，矿业经济呈现了前所未有的发展态势。未来我国经济将进入高质量发展阶段，应继续坚持矿业海外投资政策并加大矿业"走出去"力度，以保障我国矿产资源安全供应。但近年来我国矿业企业由于管理和经营不善而投资失败的情况比比皆是，海外投资如何"走得更好，走得更顺畅"成为人们关注的热点。影响海外投资成败的原因复杂多变，如何有效应对投资过程中出现的问题，需要对投资过程中的风险进行正确的分析与识别，应充分重视、加强矿业项目的投资风险分析。

　　矿产资源投资的内在风险包括资源赋存风险、资源品质风险、矿山开发风险等。资源赋存风险：大多数矿藏埋在地下，在理论找矿靶区找不到矿藏导致大量找矿投资付之东流；即使找到矿藏，对矿体的基本态势及数量也是依靠推估获得，误差很大。资源品质风险：矿石成因十分复杂，导致不同地区的矿产资源品质相差悬殊。从全球范围看，品位高、易采选的优质矿资源少；品位低、难采选的劣质矿多。相当一部分有色金属矿资源在一定条件下不具备开发利用条件，没有价值。矿山开发风险：矿山开发过程重大环境、安全事故时有发生，如近年来的智利铜矿塌方事件、匈牙利赤泥坝垮坝事件等，对企业生产经营造成重大影响。从外部风险看，即使当下看起来能够盈利的矿业投资在投产后未必能够达到预期的目标。矿山行业是典型的周期性行业，其市场态势完全随经济周期变化。大多数矿产属于典型的衍生金融商品，金融市场波动直接影响其价格变化。如果矿业投资在周期高峰时实施，预期投产时刚好遇上周期低谷，就很难得到预期投资回报，投资风险巨大。

　　随着社会的发展和科技的进步，人们对风险的认识也在不断发展、深化，风险不仅仅会带来损失，同时也蕴藏着机遇，而蕴含着机遇的领域普遍充满着风险，各种各样的风险直接影响着矿业项目投资的顺利实施与成功。人类处在一个复杂多变的时代，面临着各种各样的风险，因此，人们对风险需要深刻理解和认识，进行科学管理，避免和降低风险，增强企业或项目的竞争力。所以，有必要对矿业项目投资的风险加以识别、判断、评价、分析、管理，使得最终做出的投资决策更加科学合理，达到以最小的投入获得最大的产出效益的目的。

风险管理是现代管理科学的重要分支，是在管理学、经济学、行为科学、运筹学、概率论与数理统计、计算机科学、系统论、控制论、信息论等学科和现代工程技术的基础上，随着社会发展和科技进步而逐渐形成的一门边缘性学科。随着经济的全球化，项目风险管理研究逐步向系统化、专业化的方向发展，管理范围和应用领域也不断扩展，特别是在工程领域、金融领域得到了高度重视和快速发展。我国目前对项目投资风险管理的研究仍很薄弱，主要表现在风险意识不强、风险管理机制不健全，没有真正形成项目动态风险管理的机制和模式。因此，项目风险管理的研究对促进我国经济稳定、持续、快速的发展具有重大的现实意义。

本书是基于上述认识而撰写的一本适用于我国矿业投资风险分析领域的专著，也是一部对矿业投资风险管理理论、技术、方法和应用进行系统论述的专著。首先，本书对矿业投资的基本概念、特点进行了介绍，并对矿业投资相关的经济指标以及决策方法进行了阐述与分析。其次，以项目管理知识体系为基础，遵循项目投资风险的客观规律，从系统和过程的角度，较全面、系统地论述了矿业投资风险识别与估计和矿业投资风险分析、风险评价、风险管理的理论与相关方法。其中，重点介绍了矿业投资风险模拟分析方法。本书在编写时力求内容丰富，章节合理，文字精炼，深入浅出。通过阅读本书，读者可以快速地熟悉和掌握矿业投资以及矿业投资风险识别、分析、评价、管理的相关知识点。

书中详细介绍了如何借助模拟分析的方法对矿业投资的风险进行预测。对于投入费用高且费时长的矿业投资项目来说，模拟风险分析方法相对于传统风险分析方法，具有更加准确、可靠的优越性。由于矿业投资管理需要技术经济评价、地质、勘查、采矿、选矿、财务会计、经济等方面的知识与理论，本书对读者熟悉和掌握矿业投资评价的理论和方法所必须了解的相关知识点，尽可能地给予介绍和阐述。本书可以作为高等院校地质勘查、采矿、选矿、投资经济、工程技术与经济管理等相关专业的教科书，也可以作为专门从事矿业经济活动的工程技术人员、经济管理干部的培训教材和参考用书。本书引用了研究者的大量文献资料，在此表示衷心感谢。本书的出版得到了国家自然科学基金 52274163 项目的资助。由于作者的水平和经验有限，书中疏漏与不足之处在所难免，殷切希望读者批评指正。

陈建宏

2023 年 5 月

# 目 录

Contents

# 第1章
# 绪 论

## 1.1 矿业投资概述

### 1.1.1 矿业投资及其特点

矿业投资是指以一定的资金或者实物直接或者间接地从事矿产资源开发和利用并预期获得利益的行为。从货币形态来讲,它是企业为扩大生产规模追加的投入资金;从物质形态来看,它是指企业新建矿山,新上流水线和厂房、机器设备及雇佣更多的工人或者在现有生产条件下,改造或扩建生产条件和规模,以提高产量。

矿业投资的规模和大小虽然受整个社会生产有机构成的制约,但是矿业投资所带来的社会经济效益不仅为国民经济增长做出了重要贡献,而且直接影响着矿业的下游产业,诸如机械制造、电子通信、机电工程等工业,对整个工业的发展和国民经济增长具有重要影响。

矿业投资按矿产资源开发利用的产业链可分为地质调查投资、地质矿产勘查投资、矿产开发建设项目投资以及矿山改造、扩建投资;按矿产资源种类可分为矿产勘查开发项目投资、石油天然气开发项目投资、有色金属矿产勘查开发项目投资等。根据西方经济学理论,投资和消费是推动国民经济增长的主要因素。矿业投资是一个国家投资总额的重要组成部分,也是工业投资的重要力量。矿业投资具有以下特点。

#### 1.矿业投资具有基础性和战略性

矿业是工业部门的基础产业,处于工业产业链的上游,一个国家的工业原料和能源,主要来自矿产资源的开发利用。国民经济发展对矿产资源特别是重要的矿产资源的需求,必须提前规划准备。如石油、天然气、煤炭、钢铁及重要的有色金属矿产,其资源供给对保证国民经济持续发展,具有战略意义,必须提前5年、10年甚至更长时间做好准备。因此,矿业投资往往具有全局性和战略性,是国民经济持续发展必须考虑的重要因素。

#### 2.矿业投资具有投资规模大、投资周期长的特点

矿业投资一般规模比较大,特别是关系国计民生的矿种,一个投资项目少则几千万元

人民币，多则几十亿、数百亿元人民币，这是矿产开发本身具备的特点。矿产资源从勘查到开发利用，要经过较长的周期，从勘查来说，要寻找某种矿产资源，除了要进行大量的地质调查外，还要进行科学研究，提出找矿方向等；进行地质勘查，要动用各种勘查手段，经过综合分析和工程施工，才能发现和控制矿床；经过评价，进入开发，须进行大规模的投资建设。一个矿床从勘查到开发少则 2~3 年，多则 5 年或更长。一个矿山从建设到投产运行，少则 1~2 年，多则 3~5 年，因此，矿业投资较其他项目投资周期要长。

### 3. 矿业投资具有高风险、高收益的特点

矿业投资往往具有很大的风险。从找矿来看，其风险最大。由于矿产资源埋藏在地下，人们只有通过大量的勘查工作才能发现它，经过科学分析认识它。因此，虽然投入了很多资金、做了很多工作，最后得到的结果，有可能是具有工业经济意义的矿床，但也有可能"扑空"，形成所谓地质勘查的"空投现象"。从矿山开发来讲，尽管矿产进入矿山开发阶段，已经被人们认识，并控制了矿床，但地质条件的复杂性也是难以预料的。此外，矿产品价格的变化，也是影响矿山企业经济效益的敏感因素。如果矿产品价格上升，可以带来更多的收益，如果价格下降，就会降低矿山企业的效益。如果价格下降到企业无法承受，矿山投资就无法收回。当然，影响矿山企业效益的因素还有很多，比如管理水平、人才培养、资金、原材料价格等。由于矿山企业投资一般规模比较大，一旦决策失误，就会形成投资的巨大浪费。

风险与收益往往成正比，这是投资必须考虑的一把双刃剑。一个好的矿业投资，如果风险能比较好地控制，各种因素分析和评价比较合理，往往会得到很好的回报。矿业投资的收益，实际上是风险报酬。因此，矿业投资往往要经过详细的技术经济评价和比较。

矿业投资按照投资主体的性质可分为政府的矿业投资与厂商的矿业投资两大类。政府的矿业投资是国家或地方政府基于对未来特定时期内，世界、国家、地区范围内的矿产资源赋存、开发以及利用状况的分析与预测，为实现政府的矿业政策目标与国民经济发展计划，进而获得社会经济效益，而进行的矿业投资。厂商的矿业投资则指厂商基于政府矿业政策和自身的长远发展规划，为维持其市场份额或者扩大再生产，进而获得经济效益，而进行的矿业投资。

矿业投资环境与其他工业投资环境相比，有以下显著特点。

(1) 矿产供求关系的特点决定了矿产价格波动性强。矿产在低价时，供给弹性大；而在高价时，供给弹性小。一方面，这是因为矿业的新增生产能力形成周期长。另一方面，矿产的需求弹性小，原因是矿产的替代性差。但是，矿业作为基础产业，其产品的需求多属中间产品，受国民经济活动水平的影响较大，所以，当经济繁荣时，矿产的需求量大、矿产价格高，而当经济萧条时，矿产的需求量小、矿产价格低。

(2) 矿产资源为不可再生资源。矿产开发的经济效益，是在资源即矿体的不断消耗过程中实现的。为此，矿业税收政策通常对此有特别规定。矿产资源的有限性，还意味着作为矿业的重要组成部分，矿床勘探必须持续不断地进行。

(3) 矿业是资本密集型产业，而且矿业投资周期长，投资经济效益受市场价格变动和通货膨胀水平影响大。此外，矿业生产对象即矿体的属性复杂多变，不确定性强。因此，矿业投资的市场风险与技术风险高。

（4）矿产资源开发常常对生态环境，包括空气、水土、植被、地形地貌和自然景观等造成不同程度的污染破坏，具有较强的外部不经济效应。因此，矿业生产的外部成本高。

（5）矿床勘探是矿床地质信息不断完备的过程，是矿业生产中的经常性活动，其费用是矿业生产成本的主要组成部分。另外，矿业生产多在山区和边远地区，工业基础条件（如通信、交通）差。因此，矿业生产的交易费用高。

（6）金属矿产大多可以废旧利用，因此，矿产存在较大的二次市场。工业化程度越高，矿产废旧利用占矿产供给的比例越大。

## 1.1.2　矿产品供应过程

矿产品的开发过程是把地质资源转变成可销售产品的一系列、多阶段的活动，是从矿产品的市场条件评价（供应、需求、价格等因素）、资金的筹措、地质资源的研究，一直到矿山开发建设和经营的活动。自然界中，矿床的天然赋存以及社会对矿产品的需求是促使矿产开发的两个最基本的因素。如果发现某种矿产和市场需求之间的关系有利，则矿产开发便逐步推进，包括初步勘探、圈定矿体、矿床开发以及建设有关选矿设施。这些活动的结果就是生产出矿产品以满足市场需求。需求的变化、储量的耗减以及采选技术的进步，使得矿产品开发过程具有动态性。而每一个阶段的活动都是以经济分析为依据的。矿产品开发的全过程实质是将地质科学、采选冶加工技术以及矿业经济学紧密结合，提出矿产品开发方案，并最终获得可供销售的矿产品的过程。从这一意义上讲，矿产品开发的每一个阶段的活动都是在以地质、技术、经济为坐标轴的三维系统中考虑的，矿业经济学正是这种特点的具体表现。

## 1.1.3　矿业投资项目评价工作阶段

投资项目是指投入一定资金以获取预期经济效益的一整套投资活动。一个投资项目从提出设想、立项、评价决策、开发、建设、施工直到竣工投产、进行生产活动和总结的全过程，称之为项目周期。它包括项目投资前期、项目投资时期和项目生产时期。一个典型的投资项目周期从项目着手规划到完成，一般需要经过项目设想、项目初选、项目准备、项目评估、项目实施、项目投产经营和项目评价总结七个工作阶段。其中：项目设想、项目初选、项目准备和项目评估四个工作阶段处于项目投资前期；项目实施处于项目投资时期；项目投产经营和项目评价总结处于项目生产时期。

矿业投资评价就是采用技术经济学的研究方法，对矿业投资项目进行可行性研究。一个矿业投资项目评价的过程就是项目进行可行性研究的过程。而矿业投资评价按项目投资的不同时期可以分为事前评价、事中评价和事后评价。矿业投资前期是项目的评价决策阶段，是决定项目"上"与"不上"的关键时期。事前评价就是通过可行性研究来决定项目的好坏和取舍。因此，可行性研究是项目投资前期最重要的工作。当然，项目实施过程和项目完成后的事中评价和事后评价也需要采用可行性研究的方法进行监督、检查和总结。

由于项目进展的不同阶段对基础资料的占有程度、研究深度与可靠程度要求不同，它对各个研究工作阶段的研究性质、工作要求及作用也不同。一般来说，任何一个投资项目在各阶段的研究内容总是由浅入深，项目投资和成本估算的精度要求由粗到细，研究工作量由小到大，研究的目标和作用逐步提高。

　　投资前期的可行性研究可以分为投资机会研究、初步可行性研究、可行性研究和项目评估决策四个阶段。

　　投资机会研究是在拟进行投资的项目前的准备性调查研究，是把项目的设想变为概略的投资建议，以便进行下一步深入研究的工作。投资机会研究的重点是分析投资环境、鉴别投资方向、选定投资项目。

　　初步可行性研究是指根据国民经济和社会发展长期规划、行业规划和地区规划，以及国家产业政策，经过调查研究、市场分析及技术分析，着重从客观上对项目投资的必要性做出分析，并初步分析项目投资的可能性。

　　可行性研究是指对项目的市场需求状况、建设条件、生产条件、协作条件、工艺技术、设备投资、经济效益、环境和社会影响以及风险等问题，进行深入的调查研究和充分的技术经济论证，选择并推荐优化的建设方案，为项目决策单位或业主提供依据。

　　项目评估决策是在项目可行性研究报告提出后，由具有一定资质的咨询评估单位对拟建项目本身及可行性研究报告进行技术上、经济上的评价论证。这种评价论证是站在客观角度，对项目进行分析评价，决定项目可行性研究报告提出的方案是否可行，科学、客观、公正地提出对项目可行性研究报告的评价意见，为决策者提供依据。

## 1.1.4　矿床经济评价的各阶段

　　矿床经济评价一般与地质找矿工作的各个阶段相匹配，地质找矿工作是一个由粗到细、由表及里、由浅入深的认识过程。地质工作总是从地质调查开始，即通过地质测量、物探、化探、遥感等手段，在大区域面积内进行地质工作，把各种地质现象反映在小比例尺(1∶100~1∶500000)图上，收集、分析区域范围内的地层、岩石、地质构造特征及成矿地质条件，指出找矿方向。矿产勘查找矿是建立在地质调查基础上的。矿产勘查依据工作程度的不同可以分为预查、普查、详查和勘探四个阶段。

　　预查是依据区域地质或物探、化探异常研究结果，初步野外观测和极少量的工程验证结果，将区域矿床与地质特征类似的已知矿床进行类比做出预测，提出较大的、可供普查的矿化潜力地区。有足够依据时可估算出预测的资源量，即潜在的矿产资源。

　　普查是根据预查的结果，在选定的普查区内，大致查明成矿地质背景，圈出成矿远景地段，寻找、发现与评价各类物探、化探异常的矿化点或矿点，查明是否有进一步工作价值的矿床或矿体，为详查工作提供依据。

　　详查是对经过普查证实具有进一步开采价值的矿区(矿产地)进行更加详细的地质勘查工作，对矿床做出是否具有工业价值的评价，为是否进行勘探提供依据。对有经济价值的矿区(矿床)，详查工作成果可以作为矿山(矿区)总体规划或总体设计以及矿山项目建议书的依据。

　　勘探是对具有工业价值并拟近期开采利用的矿床进行更加细致的勘查工作，通过这些工作完全掌握矿体情况，查清水文地质和工程地质等开采条件，通过实验技术条件查明矿石的选冶加工技术性能，为矿山建设设计确定矿山总体布置、生产规模、产品方案、开采方式和经济技术评价提供必需的资料依据。

　　普查、详查和勘探是地质找矿最重要的三个阶段，不同阶段的地质工作目的、任务和工作量是不一样的，每一阶段勘查设计所依据的地质资料详细程度和对矿床的认识程度也是不一样的，随着工作的依次深入，人们对矿床的认识不断深化。不同阶段的地质工作程度不同，但每一阶段所采用的工作手段和技术方法大体是相同的，只不过工程布置的稀疏程度、技术手段的配合和人们研究的程度不同。每一阶段都要通过本阶段的工作对矿床地质、矿体形态特征、矿石质量和开采技术条件等进行测量、采样、研究和分析，根据已经掌握的地质资料，揭露和认识矿体。

对于赋存于地下、不确定因素很多的矿床来说，从发现、勘探到矿山建设和开发，需要经历一个较长的、多次评价的过程。矿床勘查评价工作不仅是一个运用地质科学和有关自然科学的理论与方法不断探索和认识矿床地质特征的过程，而且还是矿业生产以及矿山开发前期必不可少的先行步骤和基础性工作。它是一项地质和技术经济的综合性实践活动，矿床经济评价的目的就是力求用最合理的方法，最少的人力、物力，在最短的时间内获得社会需求的矿产资源，并使勘查、勘探和开发的投资风险最小。与普查、详查、勘探三个阶段相对应，矿床技术经济评价也划分为三个阶段：概略技术经济评价、初步技术经济评价和详细技术经济评价阶段。由于不同阶段对矿床的认识程度不同，故对矿床技术经济评价的目的、要求、内容和深度等也不同。

**1. 矿床概略技术经济评价阶段**

矿床普查获得的地质信息和基础资料较少，它只是粗略地查明矿床规模、矿石质量、矿石加工技术性能、开采地质条件及矿区自然经济条件等。对未来矿山建设中的有关问题，如矿山生产规模、开采方式、产品方案、产品流向等只是概略地进行设想，对未来矿山开发的技术经济指标尚未确定，在此基础上，进行的技术经济评价称为概略技术经济评价。其目的是从技术经济方面为矿床能否转入详查提供决策依据。概略技术经济评价的结论正确与否，对后续勘探工作及矿产资源的开发利用至关重要。如果对没有工业价值或至少在近期尚不能利用的矿床作了肯定性评价，从而进行了大量勘探工作，势必造成浪费或大量勘探资金的积压。反之，则会使有价值的矿床得不到及时开发，同样也会造成经济损失。概略技术经济评价工作一般由承担矿床普查评价工作的地质勘探单位完成，其评价之后提供概略技术经济评价报告。矿床概略技术经济评价，应具备下列基本条件：

(1)矿床地质普查工作已经结束，并有普查报告。

(2)对矿石的初步可选性已做了试验，并有正式的试验报告。

(3)对矿区的外部建设条件做了初步的调查研究，如交通运输、供电、供水等。

(4)初步调查了国内及区域内该矿产资源的供求现状及部分有关的地区内经济统计资料等。

**2. 矿床初步技术经济评价**

矿床详查获得了比较丰富的地质信息和基础资料，基本查明了矿床地质构造条件，矿体空间分布、形态、产状和规模，矿石物质组分的含量及其赋存变化情况，矿石技术加工性能，矿床水文地质和工程地质等开采技术条件及矿山建设条件等，能大致确定未来矿山建设和开发中的技术经济指标，在此基础上进行的技术经济评价称为初步技术经济评价。其目的是从技术经济方面为矿床能否转入勘探，以及矿山建设总体规划的编制提供决策依据。通过初步技术经济评价证实矿床的经济价值较大、经济社会效益较好，并可纳入国家近期建设计划时，方可转入勘探，否则不能轻易转入勘探。初步技术经济评价是减少矿床勘探投资风险的关键性评价。初步技术经济评价为肯定的矿床转入勘探后，尽管某些评价参数可能会发生变化，但是，不应出现评价结论的根本性变化，即不应出现肯定有经济价值的矿床变为无经济价值的矿床，或者前后出入很大的情况。对目标作否定评价时，评价依据必须充分、可靠，论证客观。初步技术评价报告一般由地质勘探单位编制。必要时，可聘请有关设计、试验研究部门参加；对国家重点建设项目和大型矿床，也可委托矿山设计研究单位承担，有关地质勘探单位参加。初步技术经济评价应具备的条件如下。

（1）矿床的详查工作已经结束，有详查报告。

（2）对矿石加工性能的评估已提交了正式小型连续选（冶）试验报告或小型闭路选（冶）试验报告。

（3）矿区水文及工程地质情况明了。

（4）矿区交通、供电、供水调查资料详细、完整。

（5）了解开发单位对地质详勘工作的要求。

（6）了解国内外该矿产资源的形势、供求现状及价格情况。

（7）了解区域内国民经济发展规划及有关经济统计资料。

**3.矿床详细技术经济评价**

矿床勘探之后，获得了大量系统可靠的地质信息和地质资料，可对矿石的质量和技术加工特性及其空间分布、矿产的开采条件及水文地质条件等方面进行深入的研究，此时，储量计算比较精确，能较为准确地确定未来矿山建设和开发中的技术经济指标，在此基础上进行的技术经济评价称为详细技术经济评价。其评价结果可作为矿山设计与开发的依据。评价结果的正确与否直接影响矿山建设和开发的经济效益，错误的评价结果往往会造成已建矿山被迫停产下马，给国民经济造成重大损失。详细技术经济评价工作一般由矿山设计部门承担，有关地质勘探单位参加。

## 1.2　矿业投资风险评价的背景

自21世纪以来，国家大力发展矿业、制造业等行业，各行各业的发展离不开能源行业的支撑，而矿山企业作为其中关键的行业，为国家经济的发展、繁荣奠定了坚实的基础。各行业的发展导致对矿产的需求持续增加，供求关系发生剧烈变化，矿产品价格持续走高。许多矿山企业着手扩大企业规模，并提出了更高的产量及利润目标，我国矿山产业蒸蒸日上，相应的技术研究及创新也在逐步加强。近几年来，由于市场经济环境日益复杂多变，矿产市场的行情波动较大，风险较高，各企业的盈亏情况不同。作为国内一家大型矿山企业，如何充分利用先进的项目管理经营理念和决策方法，把握矿产市场的最新动向，分析矿山企业投资风险因素，使项目投资者能够重点关注投资风险中的关键因素，使项目投资达到市场预期的决策效果，并能有效防止和化解项目投资中的风险，最大限度地有效降低投资决策错误，已经成为投资者关注的重点。

近几年来，随着我国外资企业及对外投资与合作的快速发展以及自身综合竞争力的不断提升，新的经营管理理念和新方法、新技术在我国大型矿山企业得到不断推广和应用。目前，国内外企业集团投资决策以对具体的投资项目进行评估为主。如果投资项目通过可行性分析能满足市场的需要且具备一定的技术支持，那么矿山企业主要通过投资项目预期的收益来分析投资风险。投资项目的风险管理还没有在国内引起足够重视，对投资项目的风险分析仅在项目可行性报告的敏感分析中得到体现。但敏感分析仅考虑各因素可能的变化对评估指标的影响，它不能反映投资项目风险和风险大小，而且敏感分析不反映因素变化的大小和概率分布，因为这些因素不会改变。对投资风险进行分析和评价，梳理出项目投资风险的关键因素，开展项目风险管理，能进一步加深对项目的认识和理解，分清不同因素、不同方案对项目的影响程度，从而控制风险因素对项目的影响。

矿山投资风险的度量常采用 AHP 层次分析法、风险值法、WAR 风险度量法等数学方法，其大小是风险评估方法的一个基本依据。朱贵芳在研究矿山投资风险度量方法时，提出了用三角形分布取代各种风险概率分布的新方法。方光正、孟智慧提出了以企业投资风险为基础的评估指标，从技术、资金和市场三个方面研究企业的投资风险。马扬等认为技术是影响企业投资的最大风险因素，并以技术创新路线为基础，将企业投资风险划分为五个指标。

矿山投资的风险因素鉴别：已有学者对中国矿产投资环境进行了分析（刘惠君、刘云忠等），总结了矿山企业的危险因素；黄先芳和娄纯分别对矿山工程的投资风险因素和控制方法进行了分析，发现矿山工程存在地质问题、建设项目问题、周边环境问题、市场安全问题等风险，为最大限度地减少项目带来的风险，在此基础上，提出了相应风险控制的方案；一般认为企业投资风险的不利因素有可能是由企业的内部或者外部环境变化造成的。矿业企业的经营风险是指企业在生产、运输、储存、供销等环节中存在的许多不确定因素，可能导致企业不能完成既定经营目的的风险。经营风险包括企业在生产阶段面临的业外部、内部的管理风险、技术风险，以及销售阶段受市场供需关系波动等影响的市场风险。

目前，对矿业项目过程的风险评估、对矿业工程的投资风险评估更注重以结果为导向的风险评价，很难对矿山投资风险进行全过程监控。这在风险评估体系中是较为薄弱的一环，特别是针对矿山项目，因其开发周期较长，受市场、社会政策等影响较大，项目投资过程中的风险评估及控制反而更为重要。企业投资所面临的风险有经济、社会、行业风险。杜媛和方秀凤针对企业投资风险控制方法，提出了用公式推理并结合实际案例解释说明杠杆与投资风险关系的方法。总而言之，国外对矿山企业投资风险的研究较早，国内研究起步较晚，在风险识别、风险度量方面更多地局限于实证分析研究而缺少适用指标系统及适用的识别模式，针对这方面的不足和存在的问题进行了深入研究和探讨，为其进一步扩展提供了空间。

通过借鉴国内外学者对矿山企业投资风险的研究，梳理矿山企业投资风险识别、风险评估、风险控制的相关方法及理论，分析其优缺点，针对矿山企业有针对性地选择风险评价指标，并通过相关方法识别出关键的风险重要因子，提出相应的有方向性的风险控制方法，为矿山企业提供一个从投资风险识别到投资风险控制的完整的风险管理体系。针对投资风险分析的关键指标，提出通过数理统计的方法来分析其规律，以尽可能清晰明了地用指标体系来评估衡量投资风险。投资风险的来源既有企业外部的环境影响因素，也有企业内部的环境影响因素。在企业投资外部环境方面，宏观经济变化所带来的经济风险，国家政策改变、法律更新或缺失带来的法律风险，资本市场供需变化，市场失灵带来的市场风险都是企业投资外部风险因素。公司的组织章程及管理制度、内部现金流管理等是企业投资内部风险关键影响因素。矿业投资风险评估方法方面，国外学者建立了风险评价表和风险评价指标并考虑了实际的矿业项目投资，该风险评价指标通过建立评估矩阵判断风险发生概率，通过暴露指标来进行描述。单个事件与危险时间的估计值的乘积，以及生产系统的生命周期是确定这一概率的一种依据，这样可得到一个量化的风险因素，可以此为投资者提供风险决策依据。这是一种广泛使用的重要的管理理论，通过对国外矿业投资项目的分析可以看出，这种方法对风险分析技术缺乏了解，因此，在使用风险评估技术时，往往采用较为简单的定量风险分析方法进行评价，并通过评价指标来建立评估矩阵，以此为企业投资风险做出决策支撑。

## 1.3　国内外研究现状

### 1.3.1　国外研究现状

国外较早就开始了矿山项目投资风险的研究，至今已构建了齐全、系统的风险管理体系，包括风险管理理论。从对国外文献的研究整理中得出以下内容：针对指标制度的采矿项目投资风险评估系统，其矿业工程投资风险是指在进行该工程投资过程中发生的造成负面效应的事项。风险种类主要包括社会法律变化带来的法律风险，项目勘探、设计失误等带来的设计风险，材料供需、采购带来的采购危机风险，项目施工组织、施工策划及管理所带来的施工危机风险，社会发展方向、政策变化所带来的政策危机风险，企业内部现金管理、融资市场环境变化带来的财务风险等。在承接设计类合同时，除考虑上述风险外，还应该考虑客户、项目组织、技术水平、施工场所的完整度、概算性和相关安全措施等因素。如果将风险进一步细分，还应考虑概算风险的精确度、满足施工条件的确定性、项目的一致性、生活资料的供应连续度以及发生突然事件的备用费等。对于矿业投资风险指标系统，欧盟国家在风险种类的细化层面上做了深入的研究。William Beaver 最早提出针对企业投资风险分析，建立一个单变量提出预警模型，通过收集数据并进行数据分析，处理摘取出最具影响力的数据来预测企业投资风险。后期多名学者开始采用诸如 Logistic 和概率统计模型等多元线性回归模型来评价项目投资风险，这其中就有用 Logistic 判别分析法构建的判别企业投资状况模型组。研究结果表明，企业非常倾向于针对每一个大型矿业投资项目，都建立一个风险评估中心，以便在大量的资料、数据中梳理出关键的风险指标或因素，并建立可靠的评估投资方法。运用电话访谈大型矿业投资者和问卷调查典型的矿业投资公司的方式获取大量相关数据，通过因素分析法筛选出社会、法律、经济等影响因素指标。在多个投资风险要素中着重研究了人才要素对企业的作用，控制其关键因素以减少或分散风险，并可提高各种项目计划的可行性，更有利于改进项目实施组织的内部与外界的沟通。而在投资风险管理方面最重要的就是运用不同的分析法，特别是定量分析法，通过汇总资料和数据，从而加工和整理出有用信息，并对其中的各因素进行识别和评估，明确各因素之间及各因素对项目影响的相关情况，以便灵活机动地处理风险后果，从而使项目管理更加主动。项目投资风险研究表明，矿业能源项目的投资必不可少地会面临市场供需关系变化、投资环境变化所带来的经济风险，社会发展方向、政策变化等带来的社会风险，尤其是矿业项目涉及的法律风险。公司在寻求投资机会和进行投资时，应最大限度地降低风险。以前的投资决定准则（DCF 法）是假定投资决定受一定的时间限制，超出这个时间限制就会导致投资环境等其他因素意料之外的变化，而容易忽略在难以做出选择而超出时间限制时出现价值漏洞，导致企业投资风险很高，最终导致投资被否决。在做出投资决定之前，掌握更多信息能有效地减少或避免出现这种失误。传统评价理论已经不能满足现代社会企业投资风险评价需求，企业投资者更倾向于将运营战略的定向性视为更重要的目标。要实现企业的投资目标与多方面因素相关，必须首先制订完整的投资计划，完整的投资计划理应分析并预测出企业在投资过程中可能面临的未知风险。此外，投资的内部控制也是企业所必须完善的内容，投资的内部控制以现金作为管理对象，需确保现金管理者具有较高的素质，能管理现金，以确保资金的正常使用。因此，作为企业风险管理人员，要在正确的企业投资计划指导下，动态地管理现金以满足企业投资发展并取得经济收益最大的需求。通过对多家咨询公司进行广泛的数据调查，并通过实证发现内部成本控制的效率与决定成本因素和内部效率系统结构的关系必然相关，实证调查的结果充分地证明了这一相关假设，说明了公司内部环境的设计参数和内部控制结构密切相关。内部结构复杂度的降低对提高效率有很大的作用，目标实现的标准、投入产出率、协调效率和组织结构的合理度对内部控制效率有很大的影响。张晓妮认为，在大中型企业中深入进行长期投资项目风险评估研究非常必要，为了提高投资风险控制理论准确度，通常选择三个层次风险分析法、var 法和模型贝叶斯法等相关方法进行风险分析。在矿山企业投资中，若未明确勘探重点，无针对性地进行勘探，则会造成勘探过程的偏差，在此基础上进行无根据的公式计算，则会进一步放大这一偏差。除此之外，勘探质量也会受到勘探设计人员专业程度的影响。矿产行业作为一种重要的传统的自然资源采掘业，是以从事矿产工业为经济主体的矿业经济管理部门，以矿产市场经济需要为其提供主要矿产商品和技术服务，包括矿产地质地貌勘察、施工设备安装、矿井设备生产、洗煤精选原料加工和采矿机械制造等矿产商品及技术服务。矿产行业具有行业惯性，如矿山企业会受到自然界诸如地质、气候变化等条件的限制甚至严重影响，这与其他行业有较大区别。

　　我国矿业投资的风险评价通常针对可能出现的"坏"的结果进行识别、分析及管控。因此，这里将风险定义为：在特定的情况下，由预期结果与实际结果之间的差异所引起的损失程度。矿产资源是自然界经过长时间变化形成的产物，其种类繁多、形式各异，例如，能源矿产、金属矿产及非金属矿产等。现有研究对矿业开发的界定分为广义和狭义两个方面，广义上我国与国际划分一致，既包括采掘行业也涉及地下资源的开发；而狭义的矿业开发仅指固体矿产的勘探及开采。这里采用广义的国际界定。海外矿业投资即指境内依法设立的企业向境外进行矿业投资，投资流程包括对矿产资源的勘察、开采、生产与利用等。本研究对以矿业企业为主体进行的海外投资进行分析，只有明确投资主体的特征以及投资的具体情境，才能对投资风险做出准确理解。海外矿业投资对企业资金规模、技术先进程度和经营管理水平都有较高要求，因此在海外矿业投资的初期，投资主体基本均为实力雄厚的大型国有企业特别是央企，而随着我国国民经济的发展，民营企业的实力也在不断提高并直接参与到海外矿业投资的活动中。目前，在矿产资源的海外投资规模方面，国有企业仍处在领先地位，而民营企业发展相对较快，投资额已经达到国有企业的一半。作为投资主体的国有企业具有规模大、实力雄厚、政府支持力度大以及抗风险能力强等特点，较民营企业有明显的优势；而民营企业作为投资的主体，具有规模较小、投资决策灵活、市场反应灵敏的特点。我国矿业企业海外投资的情境十分复杂，全球化形势下矿业企业海外投资面临的国际环境，比在国内投资面临的环境更复杂，具有更多的风险因素。矿业行业本身存在投资金额大、退出成本高、投资周期长等特点，这就要求企业在海外投资过程中需要更加谨慎地对待投资风险。以往研究主要将投资风险因素分为如下几个方面：首先是受到国内与国际的双重制约，我国政府对矿业企业海外投资在资金和政策上的支持直接影响企业的投资节奏和其在国际市场的竞争力，而东道国针对中国企业的投资审查也会束缚矿业企业的投资行为。其次是跨国投资的特殊性，包括根深蒂固的文化思想差异导致双方沟通不畅、技术受专利保护无法共享、大相径庭的宗教信仰带来的冲突等。最后是矿业企业对海外投资的风险管理和预警水平普遍偏低，一是母公司对海外机构的控制力度不够，风险管理反馈不及时；二是应对海外投资突发事件无章可循，例如，东道国合作方违反合同规定却又逃避法律制裁直接导致矿业企业损失惨重。

## 1.3.2  国内研究现状

我国学者对企业投资风险的研究起步较晚，同时在相关的研究中，并未单独将矿业项目投资风险视为特例展开研究，而是直接将矿业投资视为一种系统的风险来进行研究，大多数研究内容为某一类矿山企业(如有色金属)的投资风险、风险监测、风险管理战略等，涉及风险因素的识别、风险环境分析、风险控制战略等方面。矿山投资风险模拟研究的目的是求得一种基本的风险管理策略，通过模拟某个风险过程，以采用数据模拟技术来模仿投资风险演变的过程。对不确定条件下矿业投资的风险进行研究，建立矿山投资决定风险分析模式，通过与矿山投资项目实例进行比较，并通过模拟计算机对矿山投资项目的风险评估模式进行验证(吴和平)，选择相关指标采用模糊数学理论处理后，利用层次分析法得出投资风险评估模型。也有学者采用同样的方法做了相似的研究。除了模糊数学理论结合层次分析的方法，我国学者还引入了其他理论方法，如将灰色关联理论引入企业投资风险评估的体系，这个评估体系从市场角度出发，从技术层面，在尝试建立风险评估体系中使用模糊评价法。

传统的矿业投资风险分析方法主要可以分为定性和定量两大类。定性方法以层次分析法、模糊综合评价法等为代表，通过分析投资风险因素，建立风险评价指标体系并确定指标权重，从而实现对投资项目的风险评价；定量方法则是以净现值法、敏感性分析法等为代表，通过计算项目生命周期内的净现值来判断投资风险的大小，并分析某些风险因素的变化对项目整体收益的影响程度。但这些传统风险分析方法大都侧重于对投资过程所面临的不确定因素的识别和筛选，对各种不确定因素的量化过程的研究则相对不足，这导致风险分析更加注重风险因素的变化对项目整体收益的影响程度的研究，对于风险因素本身的变化趋势及变动的可能性则没有进行一体化考虑。境外矿业投资风险因素繁杂、不确定性较高，因此上述方法难以达到理想的风险分析效果。为了能够充分考虑不确定性对风险分析的影响，可以采用蒙特卡洛模拟法对境外矿业投资风险进行分析。蒙特卡洛模拟法是运用概率分布来预测各种不确定性因素的变化对项目评估指标影响的一种定量分析方法,已在风险评估领域得到了一定范围的应用。何巍等介绍了蒙特卡洛模拟法的思想和具体步骤,并简单分析了其优点以及目前在使用中存在的问题;采用蒙特卡洛模拟法将不确定性因素融入发电投资组合分析中,研究不同碳价格下发电投资组合的有效边界以及发电成本、$CO_2$排放和风险的变化趋势;程国江等人在传统折现现金流法的基础上,采用蒙特卡洛模拟法对某金矿项目前期投资决策涉及的 4 个关键不确定性因素进行了分析,得出了该金矿项目有较好的抗风险能力的结论。蒙特卡洛模拟法通过将不确定性的风险因素定量表示,较好地反映出各风险因素对投资的影响程度。

## 1.4 矿业投资评价方法概述

### 1.4.1 矿业投资评价方法分类

矿业投资决策分析与评价的方法很多,从方法的理论体系来看,可分为哲学方法、逻辑方法和学科方法。哲学方法一般是辩证地分析事物的两面性;优点和缺点、正面效应和反面效应;逻辑方法是用概念、判断、推理和假说等逻辑思维形式,对事物进行归纳、演绎、综合;学科方法是利用各种学科中常用的研究方法,包括文献法、观察法、访谈法、问卷法、测量法和实验法、价值工程法、网络控制法、市场调查研究方法、财务评价方法、经济评价方法、风险分析方法等。这些方法从技术手段上看,大体可以分为以下三大类。

#### 1. 经验判断法

经验判断法是依靠专家的经验进行综合判断的方法。经验判断包括类比和综合分析。类比是指将拟建项目与已有项目某些类似的因素或技术参数进行相互比较,分析它们对拟建项目的影响。综合分析一般是在对难以量化的抽象因素(包括社会因素、心理因素、道德因素等)的决策问题进行分析时,利用专家的经验进行判断。但是经验不能作为唯一的依据。经验判断最大的缺点是容易受个人主观认识的限制。因此,在应用经验判断法时,要发扬决策民主化的作风,充分吸收他人的正确经验。

#### 2. 数学分析法

数学分析法是指建立在系统分析法、线性分析法、统筹法等数学手段基础上的定量分析法。运用这些定量分析方法,无论在评价与选择方面,都更加严密与准确,对决策科学化起着重要作用。

#### 3. 试验法

由于在决策分析中不可能创造出像试验室那样人为的典型可控条件,所以试验法不像在科学技术研究中那样作为一种基本方法。但对一些经不起失误的重大决策问题,尤其是对缺乏经验的新问题,可先选少数单位或部分环节作为试点,然后总结经验作为最后评定的依据。在矿业开发项目中进行试验室试验或扩大试验往往是不可或缺的方法。

### 1.4.2　矿业投资评价遵循的原则

在矿业投资评价中，各种评价方法的运用必须遵循以下原则。

(1)定性分析与定量分析相结合，以定量分析为主。定性分析是一种在占有一定资料的基础上，根据专家的经验、直觉、学识、洞察力和逻辑推理能力进行决策分析的方法。对不能直接进行数量分析比较者可实事求是地进行定性分析。随着应用数学和计算机的发展，经济决策更多地依赖于定量分析的结果，使决策不再以主观经验为基础，决策更具科学化。项目决策分析与评价的本质是指对项目建设和生产过程中的各种经济技术因素给出明确、综合的数量概念，通过效益和费用的分析、比较以确定取舍。但是，一个复杂的项目，总会有一些因素不能量化，不能直接进行定量分析，只能平行罗列，分别进行对比和作定性描述。因此，在项目决策分析与评价时，应遵循定性分析与定量分析相结合、以定量分析为主的原则，力求能够正确反映项目实施的得(即效益，如销售收入等)失(即费用，如投资、成本等)。

(2)静态分析与动态分析相结合，以动态分析为主。静态分析是指在进行项目决策分析与评价时，对资金的时间因素不作价值形态的量化。这种分析方法很难反映未来时期的发展变化情况，但指标比较简单、直观，使用起来比较方便。动态分析则是指在进行项目决策分析与评价时要考虑资金的时间价值，用复利计算方法计算资金的时间价值，并进行价值判断。动态分析方法将在不同时间内流入和流出的资金换算成同一时间点的现金价值，为不同方案和不同项目的提供了同等相互比较的基础，并能反映出未来时期资金的发展变化情况。鉴于静态分析和动态分析的各自特点，在项目决策分析与评价过程中可以根据工作阶段和深度要求的不同，采用静态分析和动态分析相结合，以动态分析为主、静态分析为辅的原则对项目进行决策分析与评价。

(3)多方案比较和优化。多方案比较和优化就是指通过对项目的技术经济评价分析，提出两个以上的备选方案，并比较分析各方案的优劣，选择最优的方案。多个方案的比较和优化是项目决策分析与评价的关键，尤其是在做多目标决策时，往往出现各个方案各有千秋的局面，这时可以采用综合评分法、目标排序法、逐步淘汰法、两两比较法等方法进行选择。

综合评分法是先为每个目标的各个方案评定优劣分数，然后按一定的算法规则，给各个方案评出一个综合总分，最后根据此综合总分的高低选择方案。

目标排序法是在将决策的全部目标按重要性大小排序的基础上，先从排第一位的目标全部备选方案中选择出一部分方案，然后按第二位的目标从备选出的这部分方案中再作选择，从中选出更小的一部分方案，这样按目标的重要性一步一步地选择下去。

逐步淘汰法是对多种方案采取逐步淘汰的办法直至不能再淘汰为止。

两两比较法是把方案作两两对比，在对比定出高低或优劣的基础上再作综合评价。

## 1.5 矿业投资可行性研究概述

### 1.5.1 可行性研究的概念

建设项目可行性研究是指在项目决策时，通过对项目有关的工程、技术、经济等方面的条件和情况进行调查、研究和分析，对各种可能的建设方案和技术方案进行比较论证，并对项目建成后的经济效益进行预测和评价，由此考察项目技术上的先进性和适用性、经济上的营利性和合理性、建设的可能性和可行性。

可行性研究从项目建设和生产经营的全过程考察分析项目的可行性，回答项目是否必要建设、是否可能建设和如何进行建设的问题，为投资者最终决策提供依据。可行性研究从市场需求预测开始，通过对多种方案进行比较，论证项目建设规模、工艺技术方案、厂址选择的合理性，原材料、燃料动力、运输、资金等建设条件的可靠性；对项目建设方案进行详细规划，对生产经营成本、销售收入和一系列指标的分析计算，评价项目的财务生存能力和经营合理性，得出项目可行或不可行的结论。

可行性研究可以分为投资机会研究、预可行性研究、专题研究、详细可行性研究四类，不同类别的可行性研究适用于项目的不同阶段。

#### 1. 投资机会研究

投资机会研究相对较粗略，它依靠总的估计而不是详细的分析。其所有数据通常从现有项目类比中得出而不是从算细账的单据中获得，数据误差大致为±30%。投资机会研究通常分为两种，一种是一般投资机会研究，另一种是特定项目的投资机会研究。

一般投资机会研究通常由国家和社会机构进行，其目的在于提出明确的方向性建议，可分三个方面进行：①地域研究。在全国范围内或各特定的地区内寻找或识别投资机会，这种地域可以是一个行政区域，一个省，一个地区，一个大煤田，一个港口的后方区，也可以是一条江河的流域。②部门研究。在某一限定的部门里寻找或识别投资机会，例如煤炭工业、机械工业、冶金工业等，以研究近期需要与可能建设的项目。③资源研究。找出在自然界、工业、农业等领域可开发的机会，例如以森林、石油、煤炭开发为基础的加工工业，化工、化纤工业，煤炭加工利用、资源综合利用等后续工业的投资机会。

一般投资机会研究的内容见联合国工业发展组织（UNIDO）出版的《工业可行性研究编制手册》。在我国，一般投资机会研究的工作通常由国家计划、规划部门，在制订部门、地区、行业的规划中完成，并不特定地表现为一个阶段。

特定项目的投资机会研究，通常是在一般投资机会研究中初步识别到某个具体项目之后进行。这种项目往往是一种具有开发潜力的项目，它在一般投资机会研究中还只是一个设想，在进行特定项目的投资机会研究时，则应该转化为概略的建议。

### 2. 预可行性研究

较大的建设项目必须进行较详细的技术经济可行性研究，然而进行可行性研究是一项既费钱，又费时间的工作。因此，可在确认需要进行可行性研究前，作一个初步可行性研究，其主要目的如下。

(1)若项目投资机会希望很大，经济效益也很好，可直接根据初步可行性研究的计算结果确定项目是否"上马"。这时，可以不做可行性研究而直接做设计。

(2)转入可行性研究，确定所研究的项目是否值得进一步做详细的技术经济可行性研究。

(3)确定在项目可行性研究中是否需要对某些关键内容进行辅助研究或专题研究(如市场考察、产品合理流向的确定、对资源条件的可靠性的确认，以及有无必要进行补充勘探等)。

(4)根据初步可行性研究的资料能判定这个项目既无生命力，又无吸引力，即既无可能，又不能令人满意。这时，就可不再进行可行性研究。在当时的技术经济条件下，应中止该项目的研究工作。

初步可行性研究在项目投资机会研究和可行性研究之间进行。初步可行性研究的内容与可行性研究相同，主要区别在于资料的详细程度。该阶段投资和生产费用的主要部分应当详细计算，次要部分可以通过扩大指标进行粗略的估算。在这一阶段，经济计算的准确性比投资机会研究阶段有所提高，误差为±20%。

### 3. 专题研究

工业项目的辅助研究或专题研究一般只研究一个投资项目的一个或几个方面，而不是所有方面，并不构成一个独立的阶段，而是作为初步可行性研究和可行性研究的先决条件，或通过辅助研究或专题研究支持这两个研究。在大型或巨型工业项目的建设中更是如此，辅助研究或专题研究可根据项目决策的需要确定，一般有拟建项目产品市场研究、原材料和各种投入物保证程度研究和技术供应可靠性研究、实验室中间试验研究、项目建设地区运输条件研究、环境影响评估研究、规模经济研究、设备选择研究等。

### 4. 详细可行性研究

可行性研究必须为一个项目提供在政治上、技术上、经济上及环保和社会方面合理可行的依据。它必须分析和说明与项目有关的关键要素，以及提出达到目标的不同方案，这是一个反复的、互为因果的、互相连接的循环过程。这些方案包括生产规模、产品方案、建厂地区、厂址、工艺、厂房、机械、电器和土建工程以及施工组织方案，整个项目的各个方面、各个环节必须协调一致，使投资和生产费用降到最低限度。若最终数字表明项目不可行，则应对生产规模、产品方案以及工艺流程、投入物做适当调整，以便使项目成为可行项目。可行性研究应该描述这个逐步改进的过程，评价所选择的方案、规定项目的范围。若所有可能的方案均不可行，则在报告中应加以论证。可行性研究中的投资和生产费用估算，应与项目的范围一致，既不能重复计算，也不能漏算，其误差为±10%。一个项目的可行性研究都是从预测项目产出或服务的市场需求以及投入物的市场供应、价格等开始的。因此,需求预测与市场分析应在可行性研究中占有突出的位置。

## 1.5.2 可行性研究的依据、作用、步骤及评估和审批

### 1. 可行性研究的依据

对一个拟建项目进行可行性研究,必须在国家有关的规划、政策、法规的指导下完成,同时,还要有相应的各种技术资料。可行性研究工作的主要依据如下。

(1)国家有关的发展规划、计划文件,包括对该行业的鼓励、特许、限制、禁止等有关规定。

(2)项目主管部门对项目建设要求请示的批复。

(3)项目建议书及其审批文件。

(4)项目承办单位委托进行可行性研究的合同或协议。

(5)企业的初步选址报告。

(6)拟建地区的环境现状资料。

(7)试验试制报告。在进行可行性研究前,对某些需要进行试验的内容,应由项目承办单位委托有关单位进行试验或测试,并将其结果做为可行性研究的依据。

(8)项目承办单位与有关方面取得的协议,如投资、原料供应、建设用地、运输等方面的初步协议。

(9)国家和地区关于工业建设的法令、法规,如"三废"排放标准、土地法规、劳动保护条例等。

(10)国家有关的经济法规、规定,如中外合资企业法及税收、外资、贷款等方面的规定。

(11)国家关于建设方面的标准环境、规范、定额资料。

(12)市场调查报告。

(13)主要工艺和装置的技术资料。

(14)项目所在地的自然、社会、经济方面的有关资料等。

### 2. 可行性研究的作用

可行性研究的作用主要包括以下几方面。

(1)作为项目评估的依据。

(2)作为向银行申请贷款的依据。目前,世界银行等国际金融组织、国家开发银行、中国建设银行、中国工商银行、中国投资银行等,都要根据可行性研究报告,对申请贷款的项目进行全面、细致的分析与评估,在确定建设项目经济效益好、具有偿还能力、不会担很大风险时,才给予贷款。

(3)作为与建设项目有关部门商谈合同和协议的依据。一个建设项目,它在设备材料、协作件、燃料、供电、供水、运输、通信等很多方面都需要和有关部门协作,在签订合同或协议时都应以可行性研究报告为依据。对于技术引进和进口设备项目,国家规定,必须在可行性研究报告批准后才能同外商正式签约。

(4)作为项目编制初步设计的基础。可行性研究重在研究,对产品方案、建设规模、厂

区位置、生产工艺、主要设备选型、工艺流程、开拓系统、开采方法等都作了比较和论证，确定了原则，推荐了最佳建设方案。可行性研究报告和设计任务书批准后，进入项目的投资(实施)阶段，初步设计必须以此为依据，一般不另作重大方案的比较和论证。

(5)作为拟采用新技术、新设备研制计划的依据。建设项目采用新技术、新设备必须慎重，经过可行性研究证明，新技术、新设备确定可行时，方可列入拟订研制计划进行研制。

(6)作为建设项目补充地形、地质工作和补充工业性试验的依据。可行性研究需要大量的基础资料，当资料不完整或深度不够，不能满足下一步工作需要时，则应根据可行性研究提出的要求进行地形、地质和工业性试验等补充性工作。

(7)作为修改基本建设远景规划的依据。

(8)作为环保局审查建设项目对环境影响的依据。我国基本建设环境保护法规定，编制可行性研究报告时，必须对环境影响作出评价；审批可行性研究报告时，同时审批环境保护方案。

### 3. 可行性研究的步骤

一般由项目业主根据工程需要，委托有资格的设计院或咨询公司进行可行性研究，编制可行性研究报告。

(1)委托与签订合同。项目的可行性研究，可以由项目主管部门直接给工程设计单位下达任务，也可以由项目业主自行委托有资格的工程设计单位承担。

项目业主和受委托单位签订的合同一般应包括：进行该项目可行性研究工作的依据，研究的范围和内容，研究工作的进度和质量，研究费用的支付方法，合同双方的责任、协作方式和关于违约处理的方法等主要内容。

(2)组织人员和制订计划。受托单位接受委托后，应根据工作内容组织项目小组，并确定项目负责人和各专业负责人，项目组根据任务要求，研究和制订工作计划和安排实施进度。在安排实施进度时，要充分考虑各专业的工作特点和任务交叉情况，协调技术专业与经济专业的关系，为各专业工作留有充分的时间，根据研究工作进度和内容要求，如果需要向外分包时，应落实外包单位，办理分包手续。

(3)调查研究与收集资料。项目组在了解清楚委托单位对项目建设的意图和要求的基础上，查阅项目建设地区有关经济、社会和自然环境等情况的资料，拟订调查研究提纲和计划，由项目负责人组织有关专业人员赴现场进行实地调查和专题抽样调查，收集与整理所得的设计基础资料和技术经济资料。调查的内容包括：市场、原材料、燃料、厂址和环境，生产技术、财务资料及其他。各专题调查可视项目的特征和要求，分别拟订调查细目、对象和计划。

(4)方案设计与优选。接受委托的工程设计单位，根据建设项目建议书，结合市场和资源环境的调查，在收集整理了一定的设计基础资料和技术经济基本数据的基础上，提出若干种可供选择的建设方案和技术方案，对其进行比较和评价，从中选择或推荐最佳建设方案。

项目的技术方案一般应包括：生产方法、工艺流程、主要设备选型、主要消耗定额和技术经济指标、建设标准、环境保护设施、定员等。项目的建设方案一般应包括：①市场分析、产品供销预测、生产规模和产品方案的选择，产品价格预测。②核算原材料和燃料的需用量、规格；评述资源供应情况和供应条件；预测原材料、燃料的进厂价格。③估算工厂全年总运输量，选择运输方案。④确定外协工作和协作单位。⑤厂址选择及其论证。⑥项目的筹资方案，如有贷款，应说明贷款来源、利息、偿还条件。⑦项目建设工期的安排等。在方案设计与优选中，对重大问题或有争论的问题，要会同委托单位共同讨论确定。

（5）经济分析和评价。按照建设项目经济评价方法的要求，对推荐的建设方案进行详细的财务分析和国民经济分析，计算相应的评价指标，评价项目的财务生存能力和经济合理性。在经济分析和评价中，需对各种不确定因素进行敏感性分析和风险分析，并提出风险转移规避防范措施。当项目的经济评价结构不能达到有关要求时，可对建设方案进行调整或重新设计，或对几个可行性的建设方案同时进行经济分析，选出技术、经济综合考虑较优者。

（6）编写可行性研究报告。在对建设方案和技术方案进行技术经济论证和评价后，项目负责人组织可行性研究工作组（项目组）成员，分别编写详尽的可行性研究报告，在报告中可推荐一个或几个项目建设方案，也可提出项目不可行的结论意见或项目改进的建议，可行性研究报告按国家有关要求编写。

### 4. 可行性研究报告的评估和审批

（1）可行性研究报告的评估。在可行性研究报告编制上报后，由决策部门组织（或委托）有资格的工程咨询公司或有关专家，对可行性研究报告进行评估，审查项目可行性研究的可靠性、真实性和客观性，并提出评估报告，为建设项目最终审批决策提供科学依据。对建设项目可行性研究报告的评估，主要从三个方面进行：①项目是否符合国家有关政策、法令规定。②项目是否符合国家宏观经济意图和国民经济长远规划，布局是否合理。③项目的技术是否先进适用，是否经济合理。

（2）项目评估的主要内容。

①项目建设必要性的评估。分析项目是否符合国家规定的投资方向和产业政策，经济规模是否合理，市场预测是否准确，产品的性能、品种、规格构成和价格是否符合国内外市场需求的趋势，有无竞争能力。

②工艺技术方案的评估。分析项目采用的工艺、技术、设备是否符合国家的技术政策要求，是否有利于提高劳动生产率、降低能源与物资消耗及提高产品质量。采用的国内研制的新技术、新工艺、新设备是否经过工艺试验和技术鉴定，是否适用、安全、可靠；引进的国外工艺、技术设备，是否符合国家规定和国情，是否与国内设备零件和工艺技术互相配套，有无盲目和重复引进。

③建设和生产条件评估。分析项目建设地点的选择是否经济合理，建设场地的总体规划是否符合国土管理、城镇规划、文物保护的要求和规定，有无多占土地和提前征地的情况，建筑工程总体布置方案是否合理，建筑工程所采用的标准是否符合国家规定和贯彻节约的方针。在建设过程和建成投产后所需原材料、燃料、设备的供应条件及供电、供水、供热与交通运输条件是否落实、保证，是否已取得协议和意向性文件，相关配套协作项目能否同步建设。建设项目的"三废"治理是否符合保护生态环境的要求，项目的环境保护方

案是否获得环境保护部门的批准认可,建设项目所需的建设资金是否落实,资金来源是否符合国家有关规定。

④项目效益评估。首先应对项目财务评价所适用的各项基础经济数据(如投资、成本、利润、收入、税金、折旧和利率等)进行认真、细致和科学的测量和核查。分析这些数据估算是否合理,有无高估冒算、任意提高标准、扩大规模计算定额和费率等现象,有无漏项、少算、压价等情况;这些基础数据的测算是否符合国家现行财经制度和国家政策规定。在此基础上,复核主要财务评价指标,还要评估可行性研究的国民经济评价中使用的主要评价参数是否符合国家规定,自行确定的产出物和主要投入物的影子价格,其依据是否充分、合理、可靠。

评估工作完成后,评估单位要汇总各方面的评估结果,写出评估报告,评估报告要对项目的可行性研究报告提出结论性意见和建议,报送决策单位。

(3)可行性研究报告的审批。拟建项目经过项目建议书阶段的初步可行性研究、可行性研究及对可行性研究进行评估后,按项目审批权限由各级决策部门进行审批。

### 1.5.3　可行性研究的内容

可行性研究是项目前期工作中的一个关键环节。其任务是对拟建项目在技术上、经济上进行全面的分析和论证,在多方案比较的基础上,向决策者推荐最优的建设方案,可行性研究一经批准,就是对项目进行了最终决策,因此,要求可行性研究应能全面、准确、详细地反映拟建项目的各个方面。

按照国家计委颁发的《关于建设项目进行可行性研究的试行管理办法》规定,工业项目的可行性研究,一般要求具备以下主要内容:

(1)总论。

①项目提出的背景(改扩建项目要说明企业现有概况),投资的必要性和经济意义。②研究工作的依据和范围。

(2)需求预测和拟建规模。

①国内外需求情况的预测。②国内现有工厂生产能力的估计。③销售预测、价格分析、产品竞争能力评价,进入国际市场的前景。④拟建项目的规模、产品方案和发展方向的技术经济比较和分析。

(3)资源、原材料、燃料及公用设施情况。

①经过正式评审或批准的资源储量、品位、成分以及开采、利用条件的评述。②原料、辅助材料、燃料的种类、数量、来源和供应可能。③所需公用设施的数量、供应方式和供应条件。

(4)建厂条件和厂址方案。

①建厂地区的地理位置、气象、水文、地质、地形条件和社会经济现状。②区域交通、运输及水、电、气的现状和发展趋势。③厂址比较与选择意见。

(5)设计方案。

①包括项目的构成范围(指主要单项工程)、技术来源和生产方法,主要技术工艺和设备选型方案的比较,引进技术;设备的来源国别,设备的国内外或与外商合作制造的设想,改扩建项目要说明对原有固定资产利用的情况。②全厂布置方案的初步选择和土建工程量

估算。③公用辅助设施和厂内外交通运输方式的比较和初步选择。

(6)环境保护。

对建厂区域环境现状进行调查,预测项目对环境的影响,提出环境保护和"三废"治理的初步方案。

(7)企业组织、劳动定员和人员培训估算。

(8)实施进度的建议。

(9)投资估算和资金筹措。

①估算主体工程和协作配套工程所需的投资。②生产流动资金的估算。③资金来源、筹措方式及贷款的偿付方式。

(10)社会及经济效果评价。

技术改造项目、中外合资项目可行性研究的内容参考的有关文献。

### 1.5.4 可行性研究的资质要求

对承担可行性研究的单位,由各部、省、市、自治区或全国性专业公司,根据业务水平及信誉状况进行资格审定,并报建设部备案。未经审定的单位,不能承担可行性研究业务。各单位对参与可行性研究的主要人员的工作资历、业务水平和工作经验等方面提出要求,承担项目评价和编制可行性研究报告的人员必须具有相应资格(注册经济师或注册房地产估价师)。

负责可行性研究的单位,应对工作成果的可靠性、准确性承担责任,在编制可行性研究报告时,必须实事求是,按客观实际情况进行论证和评价,保持编制单位的客观立场与公正性,排除各方面的干扰,独立工作,以保证咨询服务的质量。否则可行性研究就会流于形式,不可能为投资决策提供科学依据。

可行性研究是一种投资决策的方法,不能把"可行性"当作研究的目的,既不能为了"可行"而研究,也不能把可行性研究作为争投资、争项目、列计划的通行证,使可行性研究沦为"可批性"研究。

在发生以下情况时,应对可行性研究报告进行修改、复审:①经进一步工作,发现可行性研究报告有原则性错误。②可行性研究的原始依据和社会环境发生重大变化。③可行性研究报告提交日期过久,时过境迁,情况已有较大变化。

## 1.6 项目风险管理概述

风险无处不在、无时不有,生活中各种各样的风险会带来难以估量的损失。对于矿业企业的海外投资而言,所面临的风险频率更高、损失更大。为在风险发生时能够从容应对,尽量避免企业海外投资蒙受损失,有必要了解风险管理理论。

### 1.6.1 风险的内涵

"天有不测风云,人有旦夕祸福",人类自古代就认识到了风险的存在。风险是客观存在的,会导致不确定的结果,随着经济的快速发展,这种不确定性对经济的影响逐渐增强。

为了降低风险带来的损失，学者们致力于对风险本质的探讨，并针对不同的应用范围提出了风险概念。Allan H. Willett 在 1990 年首次明确提出风险的定义，指出风险就是不愿发生的事件发生了，但结果却是不确定的，此定义强调风险是由不想发生的事件发生后产生的，事物产生的结果具有不确定性。另外有学者指出风险与保险息息相关，在对风险定义时也可以从保险的角度进行阐述。对于保险企业而言，风险是预期损失率与实际损失率的偏差。Corcoran(2002)指出保险为企业防御风险提供了积极保护，企业应注重构建合理的保险屏障。根据风险不确定性的特点可以将风险结果分为两大类。一类认为风险结果会给目标的实现带来负面影响，侧重不确定性产生的损失、费用等不利方面；另一类强调风险结果有正、负两种可能，如侯国华(2005)提出风险可以导致未来损失和收益的不确定性，商迎秋(2011)认为风险的结果可能存在正、负两种影响。风险的内涵也可从广义和狭义的角度去理解。广义的风险关注结果的不确定性，包括损失、无损失及获利，无论风险导致的结果如何，只要结果是随机的、不能被人为控制的，就称为风险。而狭义的风险仅指损失发生的不确定性状态，并且损失可进行经济方面的衡量。虽然不同学者从不同角度定义的风险概念有所不同，但是对于风险的客观存在以及风险会导致结果的不确定性这两方面的看法却是统一的。客观存在的风险无法消除，企业能做的就是合理应对各种不确定的结果。如果结果为"好"，则继续维持现状并改进；如果结果为"坏"，则需要做好减损准备。

## 1.6.2　风险管理目标

1930 年，美国企业为应对经济危机纷纷设立风险管理部门，风险管理的雏形就此诞生。经过一段时间的发展，风险管理在 20 世纪 70 年代被广泛接受，各国陆续发布风险管理标准规范。1986 年欧洲成立"欧洲风险研究会"，2002 年美国颁布《索克思法案》，2004 年美国又颁布《企业风险管理-整合框架》，以上风险管理的标准规范为企业实践提供了多方面的参考。风险管理在多年的发展过程中，其定义也在不断更新，本书综合前人的观点并依据研究主题认为，风险管理是指经济主体通过对风险的识别、评估和处置，以最小的成本赢得最大安全保障的一种管理活动。这里的经济主体可以是企业、家庭和其他特定个体。风险管理的目标可以理解为受风险影响的特定个体希望通过风险管理实现某种预期效果，总体来讲就是以最小成本达到最大收益的保障。风险管理目标具体可以划分为损失前的目标和损失后的目标。损失前目标主要是希望减少损失发生的频率，为了达到这个目标在合法的前提下采取一些措施，比如提升企业全员的风险意识将企业的风险控制在一定范围内，企业风险治理体系结构化等。损失后的目标主要指企业如何尽快恢复到损失发生前的状态。损失后最基础的目标是保证企业的生存，在此前提下企业能够尽快地恢复生产经营、稳定盈利收入，进而再考虑后续发展和成长。

## 1.6.3　风险管理程序

企业风险管理目标的实现，依托于良好的风险管理程序。不同研究者对于风险管理过程的叙述略有差别，例如在英国项目管理协会中，风险管理程序被分为九个阶段；而在其他学者的研究中，风险管理程序被浓缩成六个或者四个不同的阶段。综合现有研究，风险管理程序大致可以分为风险识别、风险评价和风险防范三个阶段，如图 1-1 所示。在这三个阶段的基础上，风险管理程序进一步细分为六个环节，分别为制定风险管理目标、识别风险、衡量风险、应对工具、具体实施和总结评价，这六个环节紧密联系、环环相扣，使风险管理程序更加科学和客观。具体而言，每个环节的企业行为包括如下内容：第一，搜集整理企业信息，确定企业风险管理预期达到的目标；第二，识别风险的来源、机制及后果，对企业所面临的各种尚未发生的风险进行归类整理；第三，度量已经列举的各种风险，评估风险发生的可能性，发生后的损失范围、程度等估计；第四，针对不同风险，采取不同的应对措施，如风险回避、风险分散、风险转移等；第五，风险发生时根据风险发生的实际情况，适当调整风险应对措施以达到最佳效果；第六，总结本次在构建风险管理体系、实施风险管理流程等方面的经验，保留高效部分、改进低效部分，为制定下一轮的风险管理程序提供参考。根据上述分析可知，风险管理程序是一个系统的、循环往复的过程，其目的在于识别、评价和控制风险，提高企业或社会的经济效益。

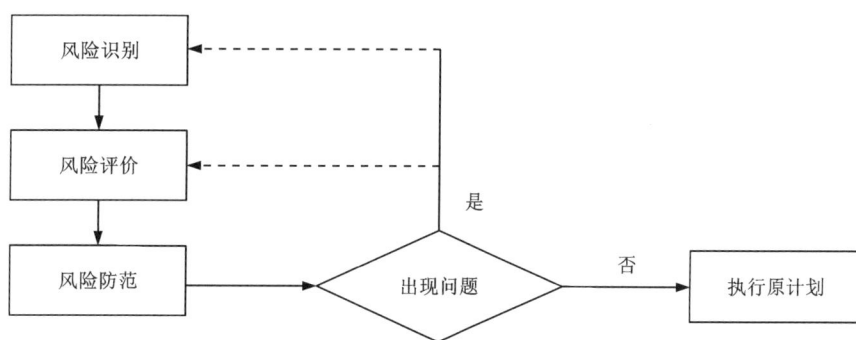

图 1-1 风险管理程序

## 1.6.4 风险识别

风险识别主要是指辨别企业运营中可能面临的风险，发现潜在的风险因素，是风险评估与防范的前提条件，只有准确识别潜在风险、风险产生的原因及可能发生的环节，才能有针对性地采取相应措施，达到防范和化解风险的目的。我国矿业企业的海外投资环境复杂、面临的风险较多，更需要注重风险的全面识别。风险识别是企业进行风险管理的基础。相关学者对风险识别的重要性予以肯定，并展开了深入研究。Chan Kim 和 Wang H(1992)指出企业进行风险管理需要从风险识别开始。Brouthers(1995)基于企业战略管理的角度强调风险识别的重要性，认为企业运营主要存在两大类风险，分别为影响管理控制的风险(包括产业结构、文化差异和管理经验)和影响市场复制性的风险(包括消费者、消费需求和营销条件)。Kulkarni(2001)的研究表明风险识别的关键在于企业管理者，而管理者感知风险的能力却因人而异。周寄中和薛刚(2002)分析了产品开发过程中的风险，认为影响产品开发的风险主要集中在技术和市场方面，而技术和市场越成熟，风险越小。毛荐其和霍保世(2002)侧重对项目开发风险的识别，将风险分为财务风险、生产风险、技术风险等六类一级风险，以及成本控制等二十四类二级风险。熊小奇和凌娅(2003)主要讨论了风险识别的动态性，认为风险识别要严格执行一系列的动态流程才能取得成功。荀志远等(2003)强调风险识别需要企业多方面的配合，具体包括高层支持、恰当的技术、合适的人员等方面。随着海外投资的兴起,与海外投资风险识别相关的研究也相应增多。赵曙明(1998)从投资风险的内容和表现形式出发,将海外投资风险分为技术风险、财务风险、管理风险、外汇风险、政治风险等。姚艳红和杨申燕(2001)分析了主观风险因素对跨国企业的影响,识别出人力资源风险的关键作用。李筱光(2006)研究了企业进入国际市场的生产要素双向流动过程中的风险识别机制问题。许晖和姚力瑞(2006)也探究了企业国际化的风险,将风险具体分为政治、经济、文化和管理四类。总之,风险识别在风险管理流程中处于基础地位,是管理者发现风险因素并分类总结其特征的过程。在海外投资风险识别方面,不同的学者识别出的风险因素各有不同,适应于不同的研究和实践情境。

## 1.6.5　风险评价

风险评价是企业风险管理不可或缺的关键环节,主要用来分析各种风险因素的影响范围,综合度量风险给企业带来的损失大小或者程度。如果说风险识别是说明风险"有哪些",风险评价就是说明这些风险的影响程度"有多大"。风险评价在风险识别的基础上,对各类风险进行定性和定量研究,是企业后续选择何种方法应对风险的重要依据。风险评价的方法从定性到半定量再到定量均有涉及。定性方法对风险的评价较主观,判定风险大小和情况主要凭借已有经验,仅作出主观判断而无客观数据分析,例如后果分析法、事件树分析法、事故树分析法等。由主观评价向客观评价过渡的方法为半定量方法,是在上述经验评价的基础上,采用打分的形式量化风险等级以对风险进行度量,最典型的半定量方法为概率风险评价法。更加客观的风险评价方法是定量方法,该类方法通过长时间的观察和收集数据,从中发现关键风险,建立风险事故与风险损失之间可能存在的函数关系和模型,从而估计风险的具体大小。目前,比较常见的定量方法有支持向量法、神经网络模型法、数据挖掘法等,其风险评价的准确性取决于原始数据的质量和模型的拟合效果。风险评价方法的多样性使国内外学者能够根据各自需求对不同领域的风险进行评价。钟登华等(2002)应用层次分析法评价了水处理项目所面临的各种风险,并根据风险大小的排序结果有针对性地制定风险防范措施。许锋等(2005)从顾客、技术、市场等角度入手,分析了新产品开发的风险,利用变精度粗糙集理论对研发过程中涉及的风险进行评价,以便提高新产品开发的成功率。赵峰(2006)基于 BP 神经网络方法对福建省经济开发创业中心的孵化项目进行风险评价。Schmidt 和 Broll(2009)随机选择分析样本,通过对比成功项目与失败项目探讨不同变量选择对风险评价结果的差异化影响。邵予工等(2008)调查了企业微观层面可能出现的风险因素,并使用测度分析法对各风险因素进行评价。李春玲等(2009)评价了科技型中小企业的人力资本风险,为企业实现风险最小化和利益最大化的人力资本投资提供了策略建议。高丽(2011)对我国资源型企业国际化经营风险进行了全面和系统的评价。综上所述,风险评价的主要任务是测度风险识别中潜在风险的大小。学者们根据相应研究领域的特点,选取恰当、有效的风险评价方法对风险进行度量。

## 1.6.6　风险防范

风险防范是风险管理程序的最后阶段,也是风险管理措施的实施环节。在风险评价的基础上,根据风险持续时间的长短、程度的大小、频率的高低等采取符合实际情况的应对措施,降低风险发生的概率,减少风险的经济损失,以最小的成本获得最大的保障。一方面，企业的风险防范可以促进积极影响，保证海外投资的收益，使海外项目经营在安全的环境中顺利完成；另一方面，企业的风险防范能够削弱消极影响，在风险来临时提供必要的策略支持，尽量降低不利因素造成的负面作用。因此，企业的风险防范是十分必要的。矿业企业的海外投资面临的风险因素相比国内更加复杂、不确定性更强，因此在进行风险防范前需要明确防范目标。目标的确立对企业来讲具有指导作用，能使防范措施起到事半功倍的效果。企业根据海外投资的实际情况建立适合当地和本企业的风险防范目标，并持续关注企业效益与防范目标的关系，力求在风险可控的情况下追求投资效益最大化。风险防范目标既能够从宏观战略层面把握企业风险管理的方向，也能够从微观角度促进具体风险防范措施的实施和完善。风险防范目标机制建立后，风险防范的成功依赖于防范措施的实施过程，主要分为风险预防和风险控制。风险预防是指在风险事件发生前，对识别及评价中发现的风险采取预防措施，使其不发生或者降低其发生的概率。其中，风险预警是一种比较常用的风险预防措施，风险预警根据风险评价的结果，将风险分为不同的等级，如三级预警和五级预警，然后对不同等级的风险采取分级控制。矿业企业进行海外投资涉及的风险因素较多，在设置风险预警等级时应遵循及时性、高效性和全面性等原则。完备的风险预警体系，可以使企业尽早预判风险大小情况，为管理者提供决策依据，提前采取适当措施避免重大事故发生。风险控制是指在风险事件发生后，对风险损失采取补救措施，从而降低已发生风险的损失程度并消除潜在风险。风险控制的手段比较多，没有固定的模式，企业通常会设立风险控制部以专门管理各项风险。风险控制部在风险的管理过程中，注重风险与效益的协调，定期汇总风险防控资料，为日常生产工作提供参考。同时，保险是企业转嫁风险的另一种控制措施，通过与第三方保险公司的沟通协调，确定保障范围，签订保险合同，可提高风险控制的效果。另外，由于矿业投资运营的周期比较长，客观环境容易随时间发生变化，企业需要定期评估风险情况，更新风险控制措施，尽量将风险的负面影响控制在可承受的范围内。风险防范作为风险管理的重要一环，无论在宏观层面还是在微观层面都具有重要意义，企业需要明确防范目标，综合采取多种风险防范措施，减少风险事前的发生概率，控制风险事后的损失程度。

# 第 2 章

# 矿山项目风险管理理论与方法

## 2.1 概述

### 2.1.1 研究风险的背景及意义

#### 1. 研究背景

目前，从总的趋势来看，自然科学和技术的很多领域都在从"决定论"向"选择论"的方向发展，使得有些"硬"科学出现"软化"的倾向；与此同时，过去无法进行运算的"软"科学逐渐向程序化发展，有"硬化"的倾向，即"硬科学在软化，软科学在硬化"。产生这种趋势的根本原因有两个：一是某些事物之间因果关系的不确定性和某些信息的不确定性（包括随机性、模糊性和未确知性）正在得到普遍承认和逐步得到正确处理；二是人们认识到，在人类社会中，人类应该更积极、主动地参与事物的发展，使其更符合人类的需要。"软"科学是关于研究"人—事—物"系统的运动规律，以及对该系统进行优化控制（领导和管理）的理论和方法的综合性科学，"软"科学研究和处理问题的方法立足于人的观点、系统工程的观点、优化的观点、控制的观点、综合的观点和科学决策的观点。

项目管理是近年来在我国不断推广和应用的一门新兴管理学科，特别是进入 21 世纪以来，这种推广和应用的速度更为迅猛。这是由于在人类社会进入信息社会和知识经济时代以后，项目成为了组织通过创新来创造利润和财富的主要途径，而项目管理成为了实现创新和盈利的主要手段。但是，在整个项目管理学的发展中也出现了一些不平衡的地方，如人们更多地关注项目管理的基本程序和方法，而忽略项目中存在的风险及其管理的理论和方法。

项目风险管理属"软"科学研究范畴，是一项包含多类学科的综合经济管理活动，也是一门跨自然科学和社会科学的系统化管理科学。因此，项目风险管理研究具有"软"科学和管理科学的特点。

随着人类实践活动的深化，出现了有组织的活动，这也意味着人类开始运作各种"项目"。项目是一种一次性的工作，是在规定的时间内，在明确的目标和可利用资源的约束下，由专门组织起来的人员运用多种学科知识来完成的。项目是在复杂、多变的自然和社会环境中运作的, 受众多因素的影响。对于这些影响因素, 从事项目活动的主体往往因认识不足或没有足够的力量加以控制, 使得项目结果偏离预期的目标, 这种偏离称为项目的风险。风险已成为现代经济的一个重要特征, 风险来源于外部环境的不确定性。外部环境的不确定性可能导致经济活动的整体失败或部分失败。对于项目或事物的不确定性因素, 管理与不管理导致的结果是不一样的, 因为事物或项目的发展变化过程和结果是不确定的, 通过管理会使得事物或项目向好的方面发展。换句话说, 项目的风险管理才是项目管理中最为重要的一个环节, 因为其不确定性有可能使项目面临损失或灾难, 也有可能使项目面临收益或机遇, 如果管理得当, 就可抓住收益或机遇, 或者规避损失或灾难。

项目投资在承担风险的同时又蕴含机会。机会诱使投资者进行投资, 然而项目中隐含的风险又使一些投资者望而却步, 因为一旦风险产生, 将可能给投资者带来损失。因此, 在项目投资活动中把握机会、降低风险或减少风险损失, 成为投资活动成功的重要保证。由于风险来源于事物的不确定性, 因而项目投资风险与投资决策者掌握的信息程度有关。对于项目投资来说, 虽然风险是客观存在的, 但有些因素是投资者可以把握、消除或回避的, 这样, 项目投资的风险评价以及与之相关的风险分析、风险决策、风险防范便成为项目管理的一项重要内容。

随着社会生产力的提高和科学技术的发展, 项目投资的规模和复杂性日益增大, 尤其是一些重大项目, 这些项目规模庞大、涉及因素众多, 具有周期长、投资大、内部结构复杂、外部联系广泛、项目成败影响面大的特点。一方面, 由于项目的复杂性及一次性的特点, 在实施过程中常出现随机干扰因素, 导致项目风险较大; 而另一方面, 由于项目的成败影响面大, 因此只能成功不能失败, 故对管理的要求相对较高, 这就使得对项目的风险进行科学合理的分析、评价、控制和防范变得尤为重要。

### 2. 研究意义

项目和项目管理的实践从人类有意识地生产劳作时就产生了, 特别是人类组成社会, 共同合作进行社会生产与活动以后, 项目和项目管理活动日益普遍。只是与传统项目管理和现代项目管理相比, 古典项目管理更多的是一种自发的和潜在的人类行为。一般认为, 传统项目管理活动可以追溯到二战之前, 而现代项目管理只是近 30 年来才发展起来的一个管理学科的新领域。现代项目管理学科中的项目风险管理是当今管理中的一个非常重要的课题, 对其理论和方法的深入研究是从 20 世纪 90 年代才开始的, 所以这是一个非常新的管理学领域。项目的一次性和独特性使得项目的风险远远大于一般日常运营活动中的风险, 因此要保障项目成功就必须开展项目的风险管理。

风险是社会生产实践活动中固有的普遍特性, 它是由事物发展的变化性、不确定性和人们对事物认识的局限性等因素造成的。项目投资风险是一种客观存在的风险。随着社会主义市场经济体制的发展和各种经济成分的增长, 人们逐渐认识到项目投资风险的现实性及其影响的严重性, 项目投资相关者的风险意识也随之提高。

影响项目投资经济效益评价指标的参数很多, 这些参数均具有一定的不确定性。由于各参数的不确定性, 其项目投资经济效益评价指标值也是不确定的, 因此, 对投资项目进行的经济效益评价的结论必将带有风险。在经济效益评价工作中, 应当对这种风险作出合理的量化分析和估算, 以便投资者了解对项目风险的承受能力, 并尽可能采取措施回避风险。

风险是现实生活中客观存在的极为普遍的现象。虽然,对项目投资风险的研究已有相当长的历史,但目前对项目投资风险的分析仍局限于对风险的定性研究。尤其在项目的可行性研究中,为了估算风险损失费用的大小,往往均按占总投资的一定比例(一般占总投资的6%~10%)来粗略地估算风险损失费用,并以不可预见费计入总投资中。对项目投资风险的这种评估方法明显存在三个方面的缺陷:第一,对风险损失费用的估算带有较大的主观色彩;第二,难以揭示风险的内部机制及其变化规律;第三,不利于投资者对风险的识别以及对风险防范的科学管理。在项目可行性研究中,对风险的分析必须细化,进一步预测风险发生的可能性和规律性,同时必须研究各种风险状况对目标的影响程度。

在一个项目投资的全寿命周期过程中,会出现各种不确定性因素,每个不确定性因素都会对项目产生影响,但最后的影响结果是由这些不确定性因素共同作用而产生的。为了确保项目的实际收益能力,事先对其风险程度进行客观、合理的评价,并采取相应的措施是十分必要的,这对改善我国项目投资的经济效益具有十分重要的现实意义。

首先,进行项目投资的风险评价研究可以进一步完善项目投资的评价体系。目前,我国项目评价体系中存在着重效率、轻风险的倾向。把项目的风险评价作为一个重要内容纳入项目评价体系,可以使项目评价的结论更科学、更全面。效益性和风险性本来就是任何一个项目投资的两个基本属性,任何效益都是在一定风险条件下的效益,反之,任何风险的承担也都是以一定的效益为前提的。因此,一个完整、合理的项目评价体系应该包括项目的效益评价和风险评价两个方面。

其次,进行项目投资风险评价研究可以提高项目的决策水平。从决策学的角度看,衡量一个决策的好坏,主要是看其结果是否与投资决策者的预期目标最大限度地吻合。投资决策者都希望项目投资的实施能带来预期的效益,而对项目进行风险评价实质就是对项目获得预期效益的可靠程度进行评价。显然,这对提高项目的决策水平是很有意义的。

## 2.1.2 风险的定义

风险一词,我们在日常生活中经常谈论,但要从理论角度对风险下一个科学的定义并不容易。风险一词在新华词典中的解释是"可发生的危险和灾祸,在经济生活中特指投资或利润可能回收不回来"。通常人们对风险的理解是"可能发生的问题"。一般而言,风险的基本含义是指损失的不确定性,但对这一基本概念,经济学家、统计学家、决策理论家和保险行业学者尚未得出一个适用于他们各自领域的、一致公认的定义。由于对风险定义的角度不同,从而产生了不同的风险学说。风险的定义归纳起来主要有以下几种。

### 1. 风险损害可能说和风险损害不确定说

风险损害可能说从企业经营角度出发,探讨了风险与损害之间的内在联系,强调损害发生的可能性。法国学者莱曼在1928年出版的《普通经营经济学》一书中,把风险定义为"损害发生的可能性"。德国学者斯塔德勒则把风险定义为"影响给付或意外事故发生的可能性"。

与风险损害可能说不同,风险损害不确定说则从风险管理与保险的关系角度出发,以概率的观点对风险进行定义。如美国学者威利特将风险定义为"客观的不确定性",哈迪则将风险定义为"费用、损失或与损害相关的不确定性"。

### 2. 风险因素结合说

美国学者佩费尔认为"风险是每个人和风险因素的结合体"，这一学说将风险与人们的利益相联系这一观点表述了出来。

### 3. 预期与实际结果变动说

这一学说较为典型的代表人物是威廉姆斯和海因斯，他们认为"风险是在一定条件下、一定时期内可能产生结果的变动"。

### 4. 风险主观说与风险客观说

风险主观说强调的是损失与不确定性的关系。不确定性的范围包括风险产生与否和发生时间、发生过程、发生结果的不确定。这一学说的代表人物麦尔和柯梅克认为"风险是与损失相关的不确定性"。

风险客观说认为风险可用客观的尺度测度其大小。这一学说的主要代表人物费佩尔认为"风险是可测度的客观概率的大小"。

综上所述，风险一词包括了两方面的内涵：第一，风险意味着出现了损失，或者是未实现预期的目标；第二，这种损失出现与否是一种具有不确定性的随机现象，可以用概率表示其出现的可能程度，但不能对其出现与否作出确定性判断。因此，对于风险这一复杂概念，单纯从范畴的角度去界定是不够的，于是有学者尝试从风险要素的交互角度去解释风险的本质。

风险的这些不同形式的定义从不同的角度对风险进行了描述。要全面理解风险的含义，应注意以下几点：

(1) 风险是与人们的行为相联系的，这种行为既包括个人的行为，也包括群体或组织的行为。不与行为联系的风险只是一种危险。而行为受人的决策左右，因此，风险与人们的决策有关。

(2) 客观条件的变化是风险的重要成因，尽管人们无力控制客观条件，却可以认识并掌握客观条件变化的规律性，对相关的客观条件作出科学的预测，这是风险管理的重要前提。

(3) 风险是指可能的后果与目标发生的负偏离，负偏离是多种多样的，且重要程度不同，而在复杂的现实经济生活中，"好"与"坏"有时很难截然分开，需要根据具体情况加以分析。

(4) 尽管风险强调负偏离，但实际生活中也存在正偏离。由于正偏离是人们渴求的，属于风险收益的范畴，因此，在风险管理中也应予以重视，它激励人们勇于承担风险，获得高风险收益。

一般来说，风险是指在一定条件下和一定时期内可能发生的各种结果的变动程度。在涉及风险问题的研究中，风险的定义大致可分为两类：第一类定义强调风险的不确定性；第二类定义强调风险损失的不确定性。第一类定义称为广义风险，第二类定义称为狭义风险。风险具有客观性，其大小随时间延续而变化，是"一定时期内"的风险。严格说来，风险和不确定性是有区别的。风险是指事前可以知道的所有可能的后果，以及每种后果发生的概率。不确定性是指事前不知道所有可能的后果，或者虽知道但不知道它们出现的概率。但在面对实际问题时，两者很难区别。因此，在风险管理实务中对风险和不确定性不作区分，都视为"风险"，即把风险理解为可测定概率的不确定性。概率的测定有两种：一种是客观概率，是指根据大量历史的实际资料推算出来的概率；另一种是主观概率，是在没有大量实际资料的情况下，人们根据有限资料和经验合理估计的概率。而通常情况下，人们对意外损失比对意外收益的关切要强得多，因此，人们在研究风险时，侧重于减少损失，主要从不利的方面来考察风险，经常把风险看成是不利事件发生的可能性。

### 2.1.3 风险的本质

在讨论风险的本质时，除涉及风险的定义外，还应明确下列概念：风险因素、风险事故、风险损失，以及它们三者的关系。

#### 1. 风险因素

风险因素是指能增加或影响损失发生频率和幅度的要素。例如，建筑物所用的建筑材料对建筑结构的影响、一个人的年龄对其健康状况的影响等。一般情况，常把风险因素分为以下三种：

(1)物理风险因素。它是有形的因素，能直接影响某事物的物理性质，如汽车的规格、刹车系统和发动机性能等。

(2)道德风险因素。它是无形的因素，与人的品德修养有关，如欺骗行为等。

(3)心理风险因素。它与人的心理状态有关，也是一种无形的因素，如投保后对损失的防范不够重视等。

#### 2. 风险事故

风险事故是指在风险管理中直接或间接造成损失的事故，因此，可以说风险事故是损失的媒介物。但应把风险事故和风险因素区分开来。例如，汽车的刹车系统失灵而导致车祸发生的人员伤亡事故，这里刹车失灵是风险因素，而车祸为风险事故，不过有时两者很难区分。

#### 3. 风险损失

风险损失在风险管理中指非故意的、非计划的和非预期的经济价值的减少，通常以货币单位来衡量。风险损失可分为直接损失和间接损失两种。直接损失应理解为实质性的损失，间接损失则包括额外费用损失、收入损失和责任损失三种。例如，某企业遭受火灾导致设备损毁属于直接损失。额外费用损失是指设备修理或重置而支出的费用；收入损失是指由于该企业设备损毁以至无法生产成品而减少的利润；责任损失是指责任人由于过失或故意使他人遭受身体伤害或财产损失的侵权行为而依法应当负起的赔偿责任，或指无法履行合同而造成的损失。

#### 4. 风险因素、风险事故和风险损失三者的关系

解释风险因素、风险事故和风险损失三者关系的理论有两种：一是亨利希的骨牌理

论；二是哈同的能量释放理论。虽然这两种理论都认为风险因素引发风险事故，而风险事故导致风险损失，但侧重点却不同。前一种理论强调，风险因素、风险事故和风险损失三张骨牌之所以相继倾倒，主要是由于人的错误；后一种理论则强调，造成损失的原因是事物所承受的能量超过其所能容纳的能量，而物理因素在其中起主要作用。笔者认为，这三者的关系可通过风险的作用链条表示，这就是风险的本质。

认识风险的作用链条对预防风险、降低风险损失有着十分重要的意义。需要注意的是，在一般场合下，可用风险因素表示风险的名称，但这需要在一定风险发生的背景下才有意义。

## 2.1.4 风险的特征

风险的特征是风险的本质及其发生规律的表现。正确地认识风险的特征，对于投资者建立和完善风险管控机制、加强风险管理、减少风险损失、提高经济效益，具有重要的意义。

### 1. 客观性

风险的存在取决于决定风险的各种因素的存在。一方面，不管人们是否意识到风险，只要决定风险的各种因素出现了，风险就会出现，它是不以人们的主观意志为转移的。因此，要减少和避免风险，就必须及时发现可能导致风险的各种因素，并进行有效管理。另一方面，在项目活动过程中，产生风险的因素又是多种多样的，要完全消除或有效控制风险也是不可能的，很多因素本身就是不确定的，如技术、环境、汇率、通货膨胀率等。因此，风险总是客观存在于项目活动的各个方面。风险的客观性要求人们应充分认识风险、承认风险，并采取相应的管理措施，以尽可能降低或化解风险。

### 2. 突发性

风险的产生往往给人一种突发的感觉。当人们面对突然产生的风险时，往往不知所措，这往往加剧了风险的破坏性。风险的这一特点，要求我们加强对风险的预警和防范研究，建立风险预警系统和防范机制，完善风险管理系统。

### 3. 多变性

风险的多变性即风险会受到各种因素的影响，在风险性质、破坏程度等方面呈现动态变化。例如，企业在生产经营管理中面临的市场就是一种处在不断变化之中的风险。当市场容量、消费者偏好、竞争结构、技术资金等环境要素发生变化时，风险的性质和程度也将随之改变，因而要求对风险实施动态、柔性的管理。

### 4. 相对性

一方面，人们对风险有一定的承受能力，这种能力往往因活动、人和时间而异，一般而言，人们的风险承受能力受收益的大小、投入的大小、拥有的财富状况等因素的影响，如收益总是与损失相伴而行，损失的可能性和数额越大，人们希望为弥补损失而得到的收益也越大；反之，收益越大，人们愿意承担的风险也越大。另一方面，风险和任何事物一样，是矛盾的统一体,一定条件的变化会引起风险的变化,风险性质、风险后果等都存在可变性,如随着科学技术的发展,可以对某些风险进行较为准确的预测和估计(天气预报等)。

### 5. 无形性

风险不像一般的物质实体,能够被非常确切地描绘和刻画出来。因此,在分析风险时,应运用系统理论、概率、弹性、模糊等概念和方法进行界定或估计、测定,从定性和定量两个方面进行综合分析。虽然风险的无形性增加了人们认识和把握风险的难度,但只要掌握了风险管理的科学理论,系统地分析产生风险的内外因素,运用恰当的技术方法和工具手段,就可以有效地管理风险。

## 2.1.5　风险的分类

风险范围很广、内容很多,但由于研究风险的角度不同,大致有以下几种分类方法。

### 1. 静态风险与动态风险

根据美国学者威利特的观点,风险按其发生的形态可分为静态风险和动态风险。静态风险是社会经济正常情况下的风险;动态风险是以社会经济的变动为直接原因的风险。换言之,静态风险是由自然力的不规则作用和人们的错误判断、错误行为导致的风险;动态风险是由人们偏好的变化、生产方式和生产技术的变化以及企业组织的变化导致的风险。

静态风险包括:

(1)资产的物理损失。

(2)欺诈及犯罪导致的损失。

(3)法律的错误判断(按法律规定承担的赔偿责任)。

(4)利润的减少(项目收益能力的减退)。

(5)经营者的行为能力丧失。

动态风险包括:

(1)管理风险,包括市场风险、财务风险和生产风险。

(2)技术革新风险。

动态风险和静态风险的特征有明显的差异,两者的区别在于:

(1)动态风险的不确定性,其结果表现为是否创造利益;静态风险的不确定性,其结果表现为是否造成损害。

(2)企业或项目在一定程度上承担动态风险,能对社会产生积极作用;若让其无偿承担静态风险,则对社会毫无益处。

(3)企业或项目在动态风险下追求利益可能会给社会带来损失,而在静态风险下,企业或项目受损,社会也受损。

### 2. 纯粹风险与投机风险

纯粹风险是指当风险发生时,仅仅造成损害的风险;而投机风险是指当风险发生时,可能造成利润损失的风险。纯粹风险又可细分为人的风险、财产风险和责任风险,同时还可细分为可保或不可保风险;投机风险则可细分为市场风险、经营风险、投资风险等。纯

粹风险与投机风险的主要区别在于:

(1)纯粹风险可以适用大数定理,而投机风险不适用。

(2)在纯粹风险发生时,企业蒙受损害往往对社会有害;在投机风险发生时,企业蒙受损失往往对社会有利。

### 3.主观风险与客观风险

美国学者格林和多尔夫曼提出,根据风险发生的原因,风险可分为主观风险和客观风险。主观风险是指由于人的精神状态和心理状态产生的风险,一般难以正确测定,主观风险与人们对风险的认识有关;客观风险是指能以概率推算出来的损害,从广义上说,客观风险意味着可以预期损害发生的可能性和结果的变化。

### 4.可管理风险和不可管理风险

可管理风险是指可以预测,并可采取相应措施加以控制的风险;反之,则为不可管理风险。风险能否管理,取决于风险的不确定性是否可以消除以及活动主体的管理水平。要消除风险管理的不确定性,就必须掌握有关的数据、资料和其他信息。随着掌握的数据、资料和其他信息的增加,以及管理水平的提高,有些不可管理风险可以转变为可管理风险。

### 5.局部风险和总体风险

风险按影响范围可划分为局部风险和总体风险。局部风险影响的范围小,而总体风险影响的范围大。局部风险和总体风险是相对的,项目管理要特别注意总体风险。例如,项目所有的活动都有拖延的风险,但处在关键线路上的活动一旦延误,就会使整个项目的完成日期延误,形成总体风险;而非关键线路上活动的延误在许多情况下是局部风险。

### 6.已知风险、可预测风险和不可预测风险

已知风险是指在认真、严格地分析项目及其计划之后就能够明确的、经常发生的且其后果亦可预见的风险,这类风险发生概率高,但一般后果轻微,不严重;可预测风险就是根据经验,可以预见其发生、但不可预见其后果的风险,这类风险的后果有时可能相当严重;不可预测风险就是有可能发生,但其发生的可能性即使是最有经验的人也不能预见的风险,不可预测风险有时也称未知风险或未识别风险,它们是新的、以前未观察到或很晚才显现出来的风险,这些风险一般是外部因素作用的结果。

### 7.其他分类

项目风险,若按其后果的承担者来划分,有项目业主风险、政府风险、承包商风险、采购方风险、投资方风险、设计单位风险、监理单位风险、供货商风险、担保方风险和保险公司风险等。这种划分有助于合理分配风险,提高项目对风险的承受能力。

## 2.1.6　风险产生的原因

从理论上说,项目的风险可以通过风险管理降低,但却无法完全消除。这主要是由项

目风险产生的原因造成的。项目风险产生的主要原因包括以下几种。

### 1. 人们认识能力的有限性

世界上的任何事物都有各自的属性，这些属性是由各种数据和信息加以描述的，项目也一样。人们只能通过对项目的各种数据和信息去了解项目、认识项目并预见项目的未来发展和变化。但是由于人们认识事物及其特性的能力有限，所以至今在认识深度与广度两方面对世界上许多事物属性的认识仍然存在着很大的局限性，对项目的认识也不例外。人们对项目认识上的这种局限性，从根本上说是人们获取数据和信息能力的有限性和客观事物发展变化的无限性这一矛盾造成的，这使得人们无法获得项目的完备信息，不能确切地预见项目的未来发展变化，从而形成了项目的风险。

### 2. 信息本身的滞后性

从信息科学的角度看，造成事物信息不完备的客观原因是信息本身的滞后性。因为世上所有事物的属性都是由各种数据和信息加以描述的，而这些数据只有在事物发生以后才能获得，经人们加工处理后才能产生对决策有支持作用的信息。因此，事物的信息总是在事物发生以后才能、生成数据并经过再加工后产生。所以任何事物的信息获取总会比该信息的产生滞后一段时间，从而也就形成了所谓的信息本身的滞后性。从这个意义上说，因为项目的实时数据尚未获取，所以在项目决策中所使用的信息都是根据过去发生的事件作出的推断，这就导致了项目信息的不完备，从而导致了项目中各种风险的存在。当然，随着项目本身的发生和发展，人们对它的认识会不断深入，信息的完备程度会不断提高，但一直到项目完结人们才能够获得完备的项目信息。这种信息的滞后性也是项目风险产生的根本原因。

### 3. 项目环境的不确定性

任何一个项目所面临的内外部条件都有可能发生变化，这是客观世界的一种客观规律。在项目的环境与条件发生变化以后，项目本身就必须进行变更以适应项目环境的发展与变化。项目及其环境的各种发展与变化给项目带来的不确定性也是项目出现风险的一个重要原因。

## 2.1.7　风险的主要特性

项目本身的一次性、独特性和创新性等特性，使项目风险具有其独有的特性，项目风险的主要特性有以下几种。

### 1. 项目风险事件的随机性

项目风险事件的发生都是随机的，没有人能够准确预言。项目风险事件就具有这种随机的特性，所以项目风险存在着很大的随机性。

### 2. 项目风险的相对性

同样地，因为人们承受风险的能力不同，项目风险对于不同的项目和项目管理者会有不同的影响。人们认识风险的能力不同，项目收益的大小不同，投入资源的多少不同，项目主体的地位不同，则项目风险大小和后果也不同，所以，项目风险具有一定的相对性。

### 3. 项目风险的渐进性

项目风险的渐进性是指绝大部分的项目风险不是突然爆发的，是随着环境、条件的变化和自身固有的规律一步一步逐渐发展而形成的。当项目的内外部条件逐步发生变化时，项目风险的大小和性质会随之发生、发展和变化。

### 4. 项目风险的阶段性

项目风险的阶段性是指项目风险的发展是分阶段的，而且这些阶段都有明确的界限、里程碑和风险征兆。通常，项目风险的发展有三个阶段：其一是潜在风险阶段；其二是风险发生阶段；其三是造成后果阶段。项目风险的阶段性为开展项目风险管理提供了前提条件。

### 5. 项目风险的突变性

项目内外部条件的变化可能是渐进的，也可能是突变的。一般在项目的内部或外部条件发生突变时，项目风险的性质和后果也会随之发生突变。

## 2.2　矿山项目风险管理沿革与发展

### 2.2.1　风险管理的概述

风险管理是为了应对风险的发生与回应风险可能造成的损失所采用的各类监控方法的统称。项目风险管理是指在本章前一节阐述的风险识别、风险分析和风险评价的基础上，运用各种技术手段和管理方法，对项目实施过程中可能出现的风险进行有效控制，减小危险事件发生的概率；采取防范措施，降低危险事件发生造成的损失，以最小的代价、最大限度地保证项目总体目标实现的管理活动。项目风险管理是现代管理学的重要分支。随着科学技术的进步和经济的全球化，项目风险管理逐步向系统化、专业化的方向发展，应用领域不断扩大，特别是在工程项目风险管理和金融风险管理方面受到了高度的重视，发展迅猛。

项目风险管理一般包括三个要素：管理的目标；危险信息的汇集与风险评价体系的建立；降低风险的措施。项目风险管理大体上涉及六个方面的问题。

### 1. 项目风险管理规划编制

它包含确定项目风险管理的内容、项目组织及成员风险管理的行动方案、最佳风险管理方法的选择和风险判断的依据等。

### 2.项目风险的识别

项目风险识别的主要任务是寻求危险源和识别引发危险事件的主要因素，并对危险事件可能造成的后果进行初步分析。

### 3.里程碑计划

里程碑指的是项目实施过程中的重要内容、关键环节。里程碑计划显示了项目为实现最终指标必须经过的每一重要阶段的工作内容和实施方案，它是项目进度控制的主要依据之一。

### 4.风险分析与风险评价

风险分析是指在风险识别的基础上对危险发生的可能性和危险后果严重程度进行定性评估。风险评价是对危险事件发生的概率和项目目标造成后果进行量化。

### 5.风险的应对

风险的应对是指为了实现项目目标、降低风险的负面影响，制定风险应对策略和应对措施。

### 6.风险监控

风险监控是风险管理的有效工具之一，它包含三个方面内容：①监控已识别的风险；②监控风险评价与风险管理计划中，对无法预计的风险所假设的控制条件的有效性；③识别新的风险。

## 2.2.2　风险管理的历史沿革

事实上，人类一直主动或被动地应对风险。随着历史的进展，人类面临的风险不断发展和变化，同时人类的风险意识不断提高，规避风险的办法日益增多，技术日趋先进。

风险是无形的，人们在一切社会经济和其他活动中时刻面临着各种各样的风险，风险作为一种客观存在，虽然不可避免，但在一定条件下也有着某些规律性。因此，人们可以把风险影响降低到某种可接受的程度，而不可以将其完全消除。风险是无形的，对这种抽象概念进行管理是颇具挑战性的，而正是这种挑战性，使得人们在与风险斗争的过程中不断深化对风险的认识，逐渐形成了相对完善的风险系统管理思想和理论。

风险管理思想最先起源于第一次世界大战后的德国，德国人较早建立了风险管理的系统理论。而美国的早期风险管理研究内容比较狭隘，他们以费用管理为出发点，把风险管理作为经营合理化的手段。在20世纪50年代初，美国一些大公司发生的重大损失使高层决策者认识到了风险管理的重要性。同时，随着科学技术的快速发展，技术至上的长期信仰受到了挑战，当人们利用新的科学和技术来开发新的材料、工艺流程和产品时，也面临着诸多的不确定因素，由于社会、法律、经济和技术的压力，风险管理活动在美国迅速开展起来。

从20世纪60年代起，风险管理研究逐步趋向系统化、专业化，使风险管理成为管理领域中一门独立的学科专业和一项特殊职能,专门用于处理那些未发生的风险事件可能带来的负面影响。随着风险管理被广泛应用到社会经济活动的各个层面,工商界和学术界对风险管理的功能及其重要性也有了全新的认识。风险管理成为现代管理科学的一个重要分支,被视为一种广泛的管理职能,其目标是科学地确定、评估及监控组织内因业务活动而必须承受的所有风险,并采取经济、有效的应对策略,趋利避害,使组织可靠、高效地达到预定目标。

20 世纪 60 年代至 20 世纪 70 年代,美国许多著名大学的工商管理学院都开设了风险管理课程。传统的保险专业也将教学重点转移到风险管理方面,保险仅被作为一种风险筹资的工具而加以研究,有的工商管理学院把保险系改名为风险管理和保险系。越来越多的大学开设了有关风险管理的主修课程及相关的科目,部分著名学府将其列入工商管理硕士(MBA)以及金融工程学科的必修课程。随着风险管理研究和应用的深入,风险管理日渐受到了学术界的广泛重视,逐渐发展为一门比较成熟的学科专业。

随着经济的全球化和社会活动的大型化,世界市场趋向一体化,各行各业处在不确定性的环境中,面临着不同层面的风险,风险管理已成为当今社会的热门话题。工商界和企业界对这方面的人才需求也越来越大,风险管理由原来的辅助性角色逐渐演变为一个相对独立的专门行业。在美国,大多数大企业都设置了一个专职部门进行风险管理。虽然企业的人事部门单独或部分地管理雇员的福利报酬,但就其处理的社会保险金、养老金、医疗保险金、死亡和残疾的抚恤金等而言,仍属于风险管理的范畴。

20 世纪 70 年代,风险管理的概念、原理和实践活动已传播到加拿大和欧洲、亚洲、拉丁美洲的一些国家。在欧洲,日内瓦协会(又名保险经济学国际协会)协助建立了"欧洲风险和保险经济学家团体",该学术团体的会员都是英国和其他欧洲国家大学的教授,研究风险管理和保险学术问题。英国大学开设风险管理课程已有 30 多年历史,日本的一些大学也开设了风险管理课程。之后,在亚洲地区,中国台湾和中国香港地区的部分学者也先后对风险管理进行理论研究和应用。我国在恢复国内保险业务后也开始重视风险管理研究,并翻译和编写、出版了数种有关教材。

风险管理协会等组织的建立、风险管理教育的普及,表明风险管理活动已渗透到社会的各个领域。美国风险与保险管理协会(RIMS)和美国风险与保险协会(ARIS)是美国最重要的两个风险管理协会。1978 年,日本风险管理协会(JRMS)成立。英国建立了工商企业风险管理与保险协会(AIRMIC)。这段时期,风险管理方面的课程及论著数量大增。20 世纪 70 年代中期,全美大多数大学的工商管理学院普遍开设了风险管理课。美国还设立了专门的 ARM 证书以授予通过风险管理资格考试者。协会的活动为风险管理在工商企业界的推广、风险管理教育的普及和人才培养诸方面做出了突出的贡献,促进了全球性风险管理活动的开展。

随着风险管理和项目管理的日益普及,迫切需要更为规范的项目管理学科体系作为理论基础,世界各国的项目管理专业组织纷纷建立各自国家的项目管理知识体系(PMBOK),各国的项目管理知识体系中都把风险管理作为重要的管理内容之一。美国项目管理学会(PMI)知识体系(PMBOK)把项目管理划分为 9 个知识领域,项目风险管理是其中的一个知识领域。我国也于 2001 年 5 月由中国优选法统筹法与经济数学研究会项目管理研究委员会(PMRC)正式推出了中国的项目管理知识体系文件《中国项目管理知识体系》对风险管理进行了详细规范，以作为项目管理规范化运作的理论基础和技术指南。

## 2.2.3　风险管理研究发展趋势

项目风险管理理论与方法的研究已取得了很多成果，为项目投资风险评价提供了有力的工具。但是，总的来说，此类研究结果还不是很理想，特别是管理人员或决策人员对项目的风险管理职能还存在疑虑，甚至认为其作用不大。有人认为用准确、严密的数学方法评价具有风险的项目是浪费时间，这种观点是不科学的，实际上，这种观点坚持：不对有用信息进行分析；不靠实际条件做决策。有条理、有分析的评价，其重要意义在于对情况进行全面的分析和检验，并且了解全面的情况。项目的风险管理是投资决策中一个不容忽视的问题，进一步加强项目的风险管理理论与方法研究是十分必要的。目前，其主要的发展趋势有以下几个方面。

### 1. 加强新方法、新技术在项目风险管理中的应用

风险管理本质上是一种预测技术，像"老三论""新三论"这些反映事物发展变化本质的理论，必然有助于发展项目风险管理的理论。而目前得到越来越多应用的模糊理论、灰色系统理论、分数维理论、神经网络理论等一些主观与客观、定性与定量相结合的非确定性理论与方法，也可以考虑"移植"到项目的风险管理研究中来。现代数学和计算机技术的迅猛发展为风险研究提供了大量的评价技术。在风险分析中，常用的评价技术和方法包括专家打分法、CIM模型、决策树、模糊数学、蒙特卡洛模拟、多目标决策树模型、计划评审技术、敏感性分析法等。一些传统的技术仍是风险分析的工具，这些技术的特点是方法简单、易于理解，数据采集容易，而且有相应比较成熟的计算机软件支持。一些相对较新的技术在方法上要求有较强的数学抽象能力，对复杂的项目系统具有很强的描述能力，而且有的评价技术还可以给管理者提供直接的决策支持。

### 2. 加强风险分析计算机软件的应用

在风险管理中，应将具有良好的用户界面、强大的风险分析数据处理能力和高度柔性输出的风险分析计算机软件加以推广应用。风险分析应用软件统计情况见表2-1。

表2-1　风险分析应用软件统计情况表

| 应用软件 | 所占比例/% |
| --- | --- |
| @ Risk( +Lotusl1-2-3) | 50 |
| @ Pera( +Openplan) | 29 |
| @ Risk( +Excel) | 21 |
| MonteCarlo | 21 |
| CASPAR( computer aided simulation for project appraisal) | 8 |
| AS( application system) | 14 |
| Brisk | 4 |

**续表2-1**

| 应用软件 | 所占比例/% |
|---|---|
| Dynrisk | 4 |
| Pan( +Artcmis) | 4 |
| Peak | 4 |
| Predict | 4 |
| Risk7000 | 4 |

### 3. 加强由传统风险行业向其他新兴行业扩展

风险管理科学的发展与工业化进程是同步的。20 世纪 60 年代以来，大规模集成电路及计算机技术的发展给工业发展注入了新的活力，同时也为风险管理提供了广阔的发展前景。20 世纪 70 年代以前，风险研究还主要集中在大型设备制造、矿山、电力、公路建设等传统的高风险行业，而 20 世纪 70 年代末至 20 世纪 80 年代初，风险研究则更多地向核能、化工、通信、军工等高技术新兴行业转移。同时，随着人们对身体健康、生活环境的关注和要求日益提高，农业及医疗卫生领域的风险研究也迅速发展起来。

### 4. 加强项目成本控制的理论与方法研究

投资是经济发展的原动力，减少投资和提高投资效益又是投资活动的出发点和归宿，为此，应树立项目总体设计和总体经营思想，进而对项目投资进行有效的控制，把资源的合理利用作为实现投资效益的基础和条件。因此，加强项目成本控制的理论与方法研究应是今后努力的方向。

### 5. 建立项目风险管理决策支持系统

投资决策既是一个动态过程，又是一个系统。为避免投资决策失误，提高投资决策水平和投资效益，推动投资决策科学化和民主化，建立项目风险管理决策支持系统具有理论和实践的重要价值。

## 2.3　项目风险管理的必要性与可行性

风险管理是指企业通过识别风险、衡量风险，从而有效地控制风险，用最经济的方法来综合处理风险，以实现最佳安全生产保障的科学管理方法。风险不局限于静态风险，也包括动态风险。风险管理以静态风险和动态风险为研究对象。风险管理强调的基本理论、方法和程序共同构成风险管理的重要内容。风险管理重视成本和效益的关系，即从最经济的角度来处理风险，在主、客观条件允许的情况下，选择成本低的最优方法，制定风险管理决策，消除隐患和规避其中任何一个风险因素、环节就可能阻止事故的发生。

### 2.3.1　项目风险管理的必要性

随着我国改革开放的不断深入,项目投资规模越来越大,无论从时间方面考虑还是从空间方面考虑,工程投资项目具有实施周期长、不确定因素多、经济风险和技术风险大、对生态环境的潜在影响严重、在国民经济和社会发展中占有重要的战略地位等特征。现代工程项目投资规模和投资金额大,影响深远,面临的风险种类繁多,各种风险之间的相互关系错综复杂,因而投资项目在从立项到完成后运行的整个周期中都必须重视风险管理。虽然风险管理在我国项目投资中已逐渐被采用,并且在项目管理中显示了广阔的前景,但仍然存在一些难点,国内对项目投资进行风险管理还存在很多不足之处,具体表现在以下方面。

**1.风险管理意识薄弱**

从计划经济向市场经济转变的过程中,人们的思想观念往往受计划经济陈旧观念的束缚,如项目建设一直都是由建设方来确定项目的工期和投资,这种方式缺少科学民主的决策,往往使项目工期延长、投资增加,同时必然导致项目管理人员缺乏发现问题及优化、改进工作方式的积极性,风险意识更加薄弱。在我国,企业家和政府经济主管官员的风险意识依然淡薄,这是制约项目风险管理在中国发展的主要障碍。大多数企业家和政府经济主管官员不愿在资金短缺的条件下,增列风险管理费用,而宁愿采用风险自留和风险不合理转移的办法。但是,这种自留的风险已经大大超过了企业或项目所预设的风险,一旦风险真正发生,企业或项目就很难维持财务稳定和持续经营。

一方面,风险的转移不是公平地以合理报酬为前提转移给利益的对立方(合同对手),而是在目前建筑市场为业主市场(即承包商的承建能力大大超过业主投资)的情况下,通过免责条款及其他苛刻条件转移给承包商。这种情形虽然可以给业主带来短期的经济利益,但同时也使合同双方当事人的利益尖锐对立,一旦风险发生,承包商可能因无法承受而破产,也终将给业主带来损失。

另一方面,中国的改革开放政策,使大量外资涌入中国,这使经济成分发生了变化,投资主体也变得多元化。多元化的投资主体带来了新的经营观念和风险投资理论,因而许多外商投资项目采取了项目的风险管理技术,许多非国有经济成分的企业的风险意识在不断增强。

**2.风险管理能力差**

虽然人们通过全面风险管理,在很大程度上已将过去凭直觉、凭经验的管理上升到理性的全过程的管理,但风险管理在很大程度上仍依赖于管理者的经验及管理者过去的工作经历,以及他们对环境的了解程度和对项目本身的熟悉程度。在整个风险管理过程中,人的因素影响很大,如人的认知程度、精神状态、创造力等。在项目管理的过程中,人们一旦发现项目存在问题和风险,往往没有合理科学的办法来解决和控制发现的问题和风险。这主要表现在以下两个方面。

其一,风险识别困难。美国及其他发达国家均有专业的风险研究报告或风险一览表,一些大型企业或专业的保险经纪人公司、项目咨询公司还制定有自己的风险管理手册,这均为风险识别奠定了良好的基础。但是，中国目前尚无此类研究与报告，极少有单位在项目完成后对项目中的风险进行总结与评价。这样，中国的项目若要进行项目风险管理，只能从识别风险源开始，这必将大大增加研究费用，风险管理成本也必然随之提高。为了避免这类成本的增加，一些中国项目的主管单位或业主，常聘请外国风险管理专家来完成风险识别工作。但是聘请外国专家的工资与费用均较高，并没有达到降低费用的目的，还可能因为中国与外国的实际情况不同造成风险源误列或漏列，反而对以后的分析与评价造成影响。其二，风险评价的误差大。由于基础工作不扎实，风险评价中无历史资料可借鉴，或者查找历史资料要花费巨大的精力和时间。此外，如果在风险识别阶段存在误差，即使项目评价做得再好，也可能会因主要风险源的漏列而前功尽弃。这些问题突出表现了我国工程投资项目风险管理的相对落后，因此，迫切需要对人们的项目风险管理意识进行全面普及和提高。另外，加强风险管理对各项目组和整个经济行业、社会都具有重要意义。

### 2.3.2　项目风险管理的可行性

风险管理方法的不断改进及其在西方国家的成功应用吸引了许多项目组进行自身风险管理。一方面，风险管理以对风险的预测、识别、评估和科学分析为基础，为管理人员运用各种对策对风险进行全面、合理的处置创造了条件，是现代管理风险的一种科学而直接的方法；另一方面，传统的以保险为单一手段处置风险的方法具有局限性（保险虽然可以将项目的风险转移，使项目自身承担的损失减小，但它并不利于项目自身的风险管理），故越来越多的项目组自觉地采用风险管理方法，综合利用各种控制风险的措施，并使处置风险的方法日益完善。

由于科技的飞速发展及其在社会生产各方面的广泛应用，各种风险因素及风险发生的可能性大大增加，并且加大了风险事件造成的损失，这使各项目组不得不提高自身的风险管理水平，从而使风险管理的各种手段被应用于投资项目中。

## 2.4　风险管理内容与原则

随着科学技术和社会生产力的迅猛发展，项目的规模化以及技术和组织管理的复杂化使项目管理变得复杂而艰巨。作为项目管理的重要一环，项目风险管理这门管理科学越来越为世界各国所重视，并得到逐步推广，它使人们有意识地去认识风险、控制风险、减少风险、转嫁风险。企业可以通过风险管理，以最小的投资使风险损失减少到最低程度，达到最大安全保障，保证企业生产经营活动的顺利进行和经营目标的实现，提高生产效率。风险管理不仅对企业具有重要意义，而且影响着整个经济、社会的发展，是项目投资决策科学化的重要内容，也是提高项目经济效益的有力工具，对防治投资失误、有效利用资源、减少风险损失都具有十分重要的理论意义和现实意义。项目风险管理的研究和推广应用，对项目组织具有重要的现实指导意义，其作用主要体现在以下几个方面。

（1）项目风险管理能促进项目实施决策的科学化、合理化，降低决策失误的风险水平。项目风险管理利用科学的、系统的方法，管理和处置各种项目风险，有利于该项目减少或消除各种经济风险、技术风险、决策失误风险等，这对项目的科学决策、企业的正常经营具有重大意义。

（2）项目风险管理能为项目组织提供安全的经营环境。项目风险管理为处置项目风险提供了各种措施，从而消除了项目组织的后顾之忧，使其全身心地投入各种项目活动中，保证了项目的顺利进行。

（3）项目风险管理能够保障项目组织经营目标的顺利实现。项目风险管理的实施可以使项目组织面临的风险损失减少到最低程度，并能在损失发生后及时、合理地得到补偿，使项目组织增加收入和减少支出，并获取稳定的、不断增长的利润，保障组织目标的实现。

（4）项目风险管理能够促进项目组织经营效益的提高。项目风险管理是一种以最小成本达到最大安全保障的管理方法，它将有关风险管理的各种费用合理地分摊到各过程中，减少了费用支出；同时，项目风险管理的各种监督措施也要求各职能部门提高管理效率，减少风险损失，这也促进了项目组织经营效益的提高。

项目风险管理的研究和推广应用不仅对单个组织有重要意义，而且对整个社会的发展有积极的作用，这种作用主要体现在以下几个方面。

（1）项目风险管理有利于中国特色社会主义市场经济的健康发展。环境的剧变，竞争的加剧，资源的稀缺，使我国的社会主义市场经济建设充满了风险。特别是随着我国加入WTO，我国经济与世界经济接轨，经济建设需要更为科学而全面的风险管理。项目风险管理对消除和控制社会经济建设中的不确定性，规范社会经济行为，保障我国社会主义市场经济的健康发展具有积极意义和重要作用。

（2）项目风险管理有利于资源实现最优配置，提高全社会的资金使用效率，从而促进国民经济产业结构的优化。项目风险管理不是消极地承担风险，而是积极地预防和控制风险。它可以在很大程度上减少风险损失，并为风险损失提供补偿，促使更多的社会资源和资金合理地向所需产业部门流动。因此，它有利于消除或减少风险存在所带来的社会资源和资金的浪费，从而促进社会资源和资金的良性运转和国民经济产业结构的优化。

（3）项目风险管理有利于社会的稳定发展。项目风险管理的实施有助于消除风险给经济、社会带来的损失及由此产生的各种不良后果，有利于社会生产的顺利进行，促进经济稳定发展和经济效益的提高，而且各组织通过项目风险管理对整个社会经济的稳定、正常运转和不断发展起到了重要的作用。

（4）项目风险管理有利于创造一个保障经济发展和人民生活安定的社会经济环境。项目风险管理为项目提供了最大安全保障，消除了人们对项目风险的忧虑，使人们生活在一个安定的社会经济环境中，有助于经济的发展和人民生活水平的提高。

项目风险是影响项目目标实现的所有不确定因素的集合。项目风险管理是在项目实施过程中识别、评估各种风险因素，并采取必要对策消除或有效控制能够引起不利影响的潜在危险和事件。项目风险管理的目的就是把有利事件的积极影响尽量扩大，而把不利事件的影响降到最小。

## 2.4.1　风险管理的基本原则

项目风险管理的首要目标是避免或减少项目损失的发生，项目风险管理主要遵循以下几个原则。

### 1. 经济性原则

风险管理人员在制订风险管理计划时应以总成本最低为总目标，即风险管理也要考虑成本。以最合理、最经济的处理方式把控制损失的费用降到最低，通过尽可能低的成本，达到项目安全保障的目标，这就要求风险管理人员对各种效益和费用进行科学的分析和严格的核算。

### 2. "二战"原则，即战略上蔑视、战术上重视的原则

对于一些风险较大的项目，在风险发生之前，对风险的恐惧往往会造成人们心理和精神上的紧张不安，这种忧虑心理会严重影响工作效率并阻碍其工作的积极性。这时，应通过有效的风险管理，让大家确信项目虽然具有一定的风险，但风险管理部门已经识别了全部不确定风险因素，并且已经妥善地做出了安排和处理，这就是战略上蔑视。而作为项目风险管理部门，则要坚持战术上重视的原则，即认真对待每一个风险因素，杜绝松懈麻痹思想。

### 3. 满意原则

不管采用什么方法，投入多少资源，项目的不确定性是绝对的，而确定性是相对的。因此，在项目风险管理过程中存在着一定的不确定性，只要最终能得到令人满意的结果就行了。

### 4. 社会性原则

项目风险管理计划和措施必须考虑周围地区及一切与项目有关并受其影响的单位、个人等对项目风险影响的要求；同时，风险管理部门还应充分注意有关方面的各种法律、法规，使项目风险管理的每一步骤都具有合法性。

## 2.4.2　风险管理范围的界定

通过上述对项目风险及项目风险管理的分析可以看出，项目风险管理无论是从不同种类的项目出发，还是从不同种类的风险着手，其研究内容都是非常丰富且十分繁杂的。因此，有必要对项目风险管理进行概念上的界定。

### 1. 项目的界定

由于风险是普遍存在的，项目风险管理是普遍适用的，可应用于军事、工业、高新技术、建筑等各个不同领域中，下面从不同角度阐述适合风险管理的项目。

从项目分类方面来看，风险管理尤其适用于以下一些项目：

(1) 研发项目。诸如军工研制项目，由于该类研制项目生产规模大、周期长、技术复杂、生产批量小，在实施过程中存在着诸多不确定因素，比一般项目具有更大的风险，故进行风险管理尤为重要。

(2) 现代大型工程项目。这类项目往往投资大、施工环境复杂，项目实施过程中不确定因素很多，同时，传统风险管理的一些手段如保险应用于这类大型工程项目时具有局限

性，这使现代大型项目需要更有效的风险管理。

（3）国际承包工程项目。由于国际承包工程项目是一项跨国的经济活动，涉及多个国家或参与单位的经济利益，因而合同各方不容易互相理解，容易产生矛盾和纠纷，与国内工程相比，风险要大得多，尤其在政治和管理方面有着巨大的风险。

从项目性质方面来看，对具备下列特征的项目尤其应该进行风险管理：

（1）创新多、使用新技术多的项目。

（2）预研不充分、不确定因素多的项目。

（3）项目目标没有最终确定的项目。

（4）投资数额大的项目。

（5）边设计、边施工、边科研的项目。

（6）合作关系复杂的项目。

（7）受多种因素制约和受业主严格要求的项目。

（8）具有重要政治、军事、经济、社会意义的项目。

（9）国家行为的项目。

**2. 项目风险的界定**

项目风险按其产生的原因可分为自然风险、社会风险、经济风险、技术风险和组织风险。对自然风险和社会风险而言，作为风险核心要素的风险后果分别是自然灾害等意外事故和战争、种族冲突等社会政治事故，涉及保险学和社会学、政治学的知识、观点和方法，这些都有专门的书籍资料介绍。因此，项目风险管理侧重研究项目中的经济风险、技术风险和组织风险。

**3. 项目风险管理措施的界定**

项目风险管理领域和管理措施与保险有显著的区别，风险管理着重识别和衡量纯粹风险，而保险只是应对纯粹风险的一种方法。项目风险管理的手段有多种，如风险回避、风险自留、风险损失控制、风险转移等。保险无疑是风险转移的最重要方式之一，且保险精算理论目前已成为一门独立的学科。同时，风险管理与安全管理也有显著的区别，虽然安全管理或损失管理是风险管理的重要组成部分，但风险管理过程包括在识别和衡量风险之后对风险管理方法进行选择和决策。因此，项目风险管理的范围大于保险和安全管理。

## 2.4.3　风险管理过程

项目风险管理发展的一个主要标志是建立了风险管理的系统过程，从系统的角度来认识和理解项目风险，从系统的角度来管理风险。项目风险管理过程一般由若干主要阶段组成，这些阶段不仅相互作用，而且与项目管理的其他管理区域互相影响，每个风险管理阶段的完成都需要项目风险管理人员的努力。

不同的组织或个人对风险管理过程的认识是不一样的。美国系统工程研究所（SEI）把风险管理的过程分成若干个环节，即风险识别、风险分析、风险计划、风险跟踪、风险控制和风险管理沟通。

美国项目管理协会（PMI）制定的 PMBOK 中描述的风险管理过程为：风险管理规划、风险识别、风险定性分析、风险量化分析、风险应对设计、风险监督和控制六个部分。

## 2.4.4　风险管理内容

项目风险全过程各个步骤的项目风险管理内容涉及许许多多的项目风险管理工作,项目风险管理包括以下基本内容。

### 1.项目风险管理指南的编制

任何一个项目风险的管理都必须有章可循,因此,任何一个项目风险管理都必须编制项目风险管理指南、规划或手册,以确定项目风险管理的规则和方法。

### 2.项目风险的识别

项目风险的识别是指识别和确定项目存在哪些风险,以及这些项目风险可能造成的影响程度和可能带来的后果等。项目风险识别的主要任务是找出项目风险事件,识别引起项目风险事件的主要因素,并对项目风险事件和后果作一些初步的定性估计。

### 3.项目风险的度量

项目风险的度量是指对项目风险和项目风险后果所进行评价和估量。项目风险度量的任务是对项目风险发生可能性大小和项目风险后果的严重程度等作出定量的估计或统计分布描述。

### 4.项目风险应对措施的制定

项目风险应对措施的制定也是项目风险管理中一项非常重要的工作,制定项目风险应对措施的主要任务是设计和安排对项目风险需要采取的应对措施和活动方案。

项目风险应对措施千变万化,主要分为如下几种:其一是项目风险容忍措施,即对已识别的项目可容忍风险不采取任何措施;其二是项目风险规避措施,即对已识别的项目组织无法承受的项目风险予以规避;其三是项目风险转移措施,即对介于可容忍和无法承受之间的项目风险采取承包或购买保险等措施;其四是项目风险消减措施,即对无预警信息的项目风险一般采取削减项目风险后果的措施。

### 5.项目风险的监督与控制

项目风险的监督与控制是指根据项目风险管理指南、项目风险识别与度量结果及制定出的项目风险应对措施所开展的、对整个项目全过程中各种风险的监督与控制工作。项目风险监督与控制的目标包括:监督项目风险管理指南与项目风险应对措施计划的实施情况,监督项目风险应对措施的有效性并积极采取必要的纠偏措施,努力发现项目风险征兆并采取必要的项目风险应对措施,监督有关项目风险跟踪识别与度量工作和新的项目风险应对措施制定工作的开展与落实。

## 2.5　项目风险管理类型与测量

### 2.5.1　风险管理类型

在进行项目风险管理时,首先要编制项目风险管理规划,而确定项目风险管理内容是编制该规划的重点,项目风险管理内容十分丰富,可归纳成十个方面的问题。

**1. 投标(报价)风险**

投标是实力、能力、技术、信誉策略的竞争。要想中标并保证中标后能获得预期的利润,必须进行投标(报价)风险分析,制定项目投标(报价)阶段风险管理工作程序,编制初步投标风险备忘录、报价部门风险备忘录、报价经理风险备忘录和综合风险备忘录等。

**2. 融资风险**

为项目筹措资金、进行融资是项目业主在项目启动与策划过程中的主要任务之一,也是其主要风险之一。但越来越多的项目,特别是国际工程项目,要求投资者具有融资能力,能提供融资服务并作为评标、定标的主要条件。有的项目要求承包商带资承包工程,即要求承包商具有垫付资金的能力,包括建设资金与流动资金。因此融资风险也成了工程承包商的主要风险之一。

**3. 项目环境风险**

选择与考察项目投资环境是项目业主的主要任务之一,也是其主要风险之一,国际工程项目更应注重此类风险。导致项目环境风险产生的因素可概括为七类:①社会政治因素;②法律因素;③经济因素;④文化因素;⑤自然地理因素;⑥基础设施因素;⑦社会服务因素。

**4. 合同风险**

合同是规定项目业主和承包商之间权利、义务的法律文件,它由包括从工程发包到最后签署合同协议书的整个期间双方确认的所有有关文件组成。对于合同文本,要注意规避或转移以下风险。

(1)合同条款。由于合同条款一般由业主或由业主委托的咨询公司拟定,并体现在其招标文件之中,虽然一般是参照国际通用条款,但业主往往通过"专用条款",使合同条款有利于自己。另外,对于国际工程,还在很大程度上受工程所在国立法的约束和影响。因此,承包商应努力争取有利于己方的合同条款,而回避不利于己方的合同条款。

例如:有关支付条款必须十分明确地规定支付时间、币种和支付办法;有关条款必须十分明确地规定人力不可抗拒因素发生时双方的权利、义务;有关合同争端,应争取双方均可接受的仲裁机构及仲裁程序;有关索赔条款必须尽量规避在合同条款中不恰当地使用一些极端的、多义性的或许诺性的、对承包商十分不利的词语等。

（2）合同谈判。合同谈判不仅要进一步明确双方的权利、义务和合同价格，而且要确定一些技术性或商务性的问题。对于上述合同文本中存在的不利于承包商的合同条款，要在合同谈判中努力争取规避、修改或转移。如果争取不到或部分仍存在时，则要权衡利弊得失，及时对合同价格进行调整。

### 5. 设计风险

设计风险主要有以下几方面：

（1）工艺技术选用不当、不成熟，包括工艺流程、工艺方案、关键设备选型、特殊技术要求及保护等方面。

（2）专利/专有技术选用不当/不成熟。

（3）设计产品不合格，如设计错误、疏漏、不充分、不完善、估算不准等。

（4）设计管理不善。设计负责人没有做好设计工作的准备，如没有按照项目工作分解结构，提出设计工作分解结构和设计工作任务清单；没有编制设计计划与设计进度计划；没有制定设计统一规定。

### 6. 采购风险

由于工程项目的设备、材料采购的费用占项目总投资相当大的比例（如石油化工、矿业工程项目的设备、材料采购费用占总投资的50%~60%），因此，搞好采购工作对节约项目投资、保证建设进度有着重要的意义。以下问题可导致采购风险的出现，致使采购工作影响项目目标的实现。

（1）没有处理好经济原则与质量保证原则、安全保证原则、进度保证原则的关系。只重视价格，忽视质量、安全及对进度的影响。

（2）采购计划与采购进度计划不完善。采购任务范围不清，与业主及施工单位在项目采购任务方面的分工及责任关系不清；无法对采购进度进行有效的控制。

（3）对供货厂商的评审及定标失误，供货质量不符合项目要求。

（4）在签订采购订单（即采购合同）时，费用的支付方式、支付条件、支付手续条款内容，没有征得项目财务经理或项目会计的认可，没有按对公司最有利、风险最小的原则进行。

（5）没有对采购费用、进度、趋势进行分析、预测与监控，当出现实际进度或费用与计划要求不相符或实际进度或费用的偏差超过容许的临界曲线范围时，没有对引起偏差的原因进行检查、分析并采取纠正或补救措施。

（6）项目采购经理及采购专业人员（采购、催交、检验、运输等工程师）的工作未按规定程序进行，工作不力，致使采购的进度拖延，质量不符合要求，费用超计划。

（7）对国际承包工程，采购人员不熟悉海关业务和当地有关法规，不熟悉各种清关手续（如进出口许可证、发票、提单、保险单、产地证、装箱单、海关纳税证等入关文件和单据），稍有失误，就可能造成损失。

### 7. 施工风险

施工是工程项目建设全过程的重要阶段，一般是指从现场施工开工到机械竣工这一段时期。机械竣工有两个标志：已按计划的内容全部建成；已经完成设备、管道的内部处理以及电气、仪表的调试工作。

以下情形可导致施工风险的出现，致使在施工进度、施工质量、施工安全等方面出现许多问题，施工费用严重超计划。

(1)对施工分包的评审与定标失误，施工单位素质差，管理不善，施工质量不符合项目要求。

(2)施工计划与施工进度计划不完善，没有建立现场施工进度报告系统，没有做好施工开工前的准备工作。

(3)没有做好施工质量的管理与控制。对现场施工质量的监督不力，施工期质量控制的内容与办法不具体，施工质量记录不完整。

(4)施工安全管理不善。没有制定完备的施工安全手册规定和安全管理计划，没有监督施工单位认真执行施工安全手册和安全操作规程。

(5)施工现场没有制定必要的管理制度(包括各种管理规定，如人员调配、图纸及工程资料管理制度；库房、设备材料管理规定；施工协调程序；质量检查程序；施工预算和费用控制办法等)，致使施工管理混乱，施工质量存在隐患。

(6)没有定期召开施工计划执行情况检查会和现场施工调度会，施工计划执行中发生的偏差和施工中存在的问题，没有得到及时的纠正和处理。

(7)项目施工经理及施工管理人员(进度、费用、技术、质量、材料、分包合同等管理工程师)的工作未按规定程序进行，工作不力，致使施工管理不善，窝工、停工频繁，引起工期的延长与费用的增加。

### 8. 试运行(开车)风险

试运行(开车)是项目实施的最后一个阶段，包括试车、考核和验收的管理与服务工作。这一阶段涉及工程公司、专利商、供货商、施工单位和用户(项目业主)等诸多部门，各方责任和关系比较复杂。开车风险包括存在安全隐患、无法完成开车任务、不能通过考核验收、面临延期考核或罚款等。

### 9. 管理风险

在管理控制方面出现的风险问题，将可能在更大程度上影响项目目标的实现。管理风险主要包括以下几个方面：

(1)项目经理不称职，在项目管理中没有全面做好项目实施的组织、领导、协调与管理工作。

(2)项目控制不力，在项目实施过程中没有进行有效的费用、进度和材料的控制。

(3)项目质量缺乏得力的监控，没有着重抓好工程实施各阶段的质量监控工作。

(4)项目财务管理混乱。

### 10. 项目收尾风险

项目收尾过程包括管理收尾与合同收尾。其主要内容是进行项目交接和进行项目后评价。项目收尾草率、交接不清，文件、图纸、资料不全，将会给项目以后的营运和维护、保养、维修及扩建改造带来风险隐患。

## 2.5.2　风险度的确定

风险的物理意义是指单位时间内损失或者失败的均值。也就是说，人们以损失的均值作为风险的估计值。但是，在有的情况下，为了比较各种方案和综合地描述风险，常需要用一个数值来反映整个区域的风险(风险分布)，这就引入了风险度的概念。

根据以上对风险的定义，当使用均值作为风险度变量的估计值时，风险度定义为标准方差 $\sigma$ 与均值 $E(x)$ 之比。即风险度 $R_D$ 由式(2-1)决定：

$$R_D = \frac{\sigma}{E(x)} \tag{2-1}$$

在有的文献中，将风险度 $R_D$ 称为变异系数(coefficient of variation)。

在有的场合，由于某种原因，并不采用均值作为风险变量的估计值，而用 $x_0$(与均值无量纲的某一标准值)作为估计值，则风险度定义为：

$$R_D = \frac{\sigma - [E(x) - x_0]}{E(x)} \tag{2-2}$$

风险度愈大，就表示对将来的损失越没把握，或者未来危险和危害存在和产生的可能性愈大，风险也就愈大。显然，风险度是决策时的一个重要考虑因素。对风险和风险度的认识在于：一方面是它们的客观性和不可避免性；另一方面在于人类可尽其所能使之降到最低且达到人们可以接受的水平。

# 2.6　项目风险管理理论体系及范畴

风险分析，就是在特定的系统中进行危险辨识、频率分析、后果分析的全过程。风险应对指的是制定风险控制策略，为降低失效概率、减少损失所采取的各种措施。改变危险源的性质、减少暴露，降低意外事故发生的可能性、发挥防范措施的功效等都是控制风险的手段。风险控制理论主要是在探讨失效发生原因的基础上，提出控制风险的各种措施，进而为风险管理提供依据。

## 2.6.1　系统安全理论

系统安全理论(system safety approach)提出的控制风险的措施有下列四项。
(1)将潜在危险因素作为重点加以辨识。
(2)制定与不定期风险管理相关的规范、条款和标准。
(3)设立风险评价体系信息网络。
(4)建立风险检验、监视、监控系统。

## 2.6.2　操作检查技术系统理论

操作检查技术系统理论认为组织管理的失误是导致风险事件发生的原因。其内容包括以下几个方面。

(1)误操作和危险工况的出现是组织管理系统存在缺陷的征兆。

(2)对可能产生严重损害的事件,应彻底辨认并严加控制。

(3)应对风险管理设定目标,并凭借计划、组织、领导和控制来达到目标。

(4)应对风险管理人员进行专门训练,并赋予责任。

(5)风险管理应做到规范化。

### 2.6.3　能量释放理论

能量释放理论(energy release theory)认为失效事件发生的基本原因是能量失去控制。该理论提出了五项风险控制的措施。

(1)能量的产生或形成应加以控制。

(2)控制造成伤害性能量的释放。

(3)在能量和实物间设置障碍。

(4)建造可降低能量伤害的环境。

(5)采取防范措施减小能量释放伤害的后果。

### 2.6.4　骨牌理论

骨牌理论(the domino theory)是指事故的发生依据其因果关系由五张骨牌构成。它适用于生产装置的风险控制。

第一张骨牌:装置设计、制造时遗留的先天不足。

第二张骨牌:人员维修管理不善。

第三张骨牌:运行产生缺陷以及误操作。

第四张骨牌:意外失效或人们未辨识的危险。

第五张骨牌:失效造成灾害。

骨牌理论强调三点:一是失效发生,先天不足往往是起源;二是移走前四张骨牌中任意一张,都可能防止最终灾害的发生;三是移走第三张骨牌往往是控制风险的最佳方法。

### 2.6.5　风险应对策略

风险应对策略一般有如下五种。

(1)规避风险。即对可能发生的风险进行规避,如改变某项活动的性质,放弃某项不成熟的技术,制定规章制度严禁某些作业实施。以工艺过程项目为例,在设计阶段,生产工艺过程参数的选择,应尽可能规避高风险的流程和规避采用高风险工艺生产系统与装置。对于高温、高压、易燃、易爆、有毒物介质的生产过程或其他工况严苛的生产系统,在设计阶段,必须进行风险预评价,并有规避风险的技术措施;在生产运行阶段,根据对潜在危险的预测,及时采取检验、维修与控制手段,或者改变工艺条件,避免失效的发生。

(2)控制损失。即消除或减少损失发生的根源,减小事件发生的频率和损失的幅度,如制订安全计划、设备操作规程、灾难预防计划、定期检查计划和应急预案等,旨在改变风险因素的性质,提高项目单位的防护能力。

对于工业生产项目,紧急隔离,紧急减压,设置蓄水池、喷淋装置、消防设施、截断阀,甚至修改工艺过程,改变人们操作、管理方式等都是常用的方法。

（3）预防风险。即指采取技术措施预防风险事件的发生。如设挡土墙防止雨水破坏土体稳定；设自控连锁冗余系统防止人为失误；施工现场设大容量变压器防止机电设备过负荷烧毁；世界银行贷款采取多种货币支付，防止借款国因贷款货币汇率变化承担外汇风险等。

预防风险以减小失效事件发生的频率和损失幅度为主，预防风险并不强调将风险降低至零，故有别于风险规避。在风险控制理论中，骨牌理论主张采取改变人们操作、管理方式的方法控制损失；能量释放理论则主张用物理方法控制损失。这都是预防风险可以采用的措施。

技术储备也是预防风险不可或缺的手段。如新技术开发，拥有先进的检验、监控装备，相关的操作与控制计算机软件，高素质技术管理人才和先进的管理机制等。

（4）转移风险。即在不降低风险水平的情况下，将风险造成损失的一部分转移到其他单位或部门。它是工程项目风险管理中广泛应用的风险应对方法。其主要方法如下。

①合同转移。在项目实施前、有关各方签订合同时，在合同中将项目风险分解，明确规定由各方承担。例如业主的风险责任，业主违约行为的处理，业主不按期付款的处置；承包商的风险责任，承包商的索赔权利；项目有关各方其他违约处理条款；仲裁机构适用法律的依据等。

②担保。如银行出具的投标保函、预付款保函，合资项目由政府部门出具的担保等。

③保险。这是项目转移策略中最常用的方法。它是根据有关法律与保险公司签订合同，当危险事件发生时，将遭受损失的一部分或全部由保险公司承担，从而将项目风险转移给保险公司，它主要针对的是工程进行中一些未可预料的风险，如人员伤亡、机械设备损坏、第三方破坏、自然灾害等。

（5）接受风险。即由项目组织者自己承担某些风险事件所造成的损失的一种应对措施，属于财务性管理策略。其一般的做法是建立专门的风险损失补偿基金或准备金，以应付特定的风险或者未可预料的风险所造成的损失。

## 2.6.6 风险管理范畴

风险管理的基本范畴包括风险分析、风险评估和风险控制，简称风险管理三要素。

### 1.风险分析

风险分析就是研究风险发生的可能性及其所产生的后果和损失。现代管理学科对复杂系统未来功能的分析能力日益提高，使得风险预测成为可能，采取合适的防范措施可以把风险降低到可以接受的水平。风险分析应该成为系统安全的重要组成部分，它既是系统安全的补充，又与系统安全有所区别，风险分析比系统安全的范围或许要稍广一些。例如，衡量安全程序的标准，在很大程度上是事件发生的可能性，还有后果或者损失的期望值，这两者都属于风险的范围。

### 2.风险评估

风险评估是指分析和研究风险的边际值是多少、风险—效益—成本分析结果怎样、如何处理和对待风险。因为事故及其损失的性质是复杂的，所以风险评价的逻辑关系也是复杂的。

**3. 风险控制**

在风险分析和风险评估的基础上，就可以做出风险决策，即风险控制。对于风险管理研究，其目的一般分为两类：一是主动地创造风险环境或状态，如现代工业社会有风险产业、风险投资、风险基金之类的活动；二是对客观存在的风险做出正确的分析判断，以控制、减弱乃至消除其影响和作用。

工业风险管理是指企业通过识别风险、衡量风险、分析风险，从而有效控制风险，用最经济的方法来综合处理风险，以实现最佳安全生产保障的科学管理方法。对此定义需要说明以下几点：

(1)风险管理研究是以静态风险和动态风险为研究对象的全面风险管理。

(2)风险管理的基本内容、方法和程序共同构成风险管理的重要方面。

(3)强调风险管理应体现成本和效益关系，要从最经济的角度来处理风险，在主客观条件允许的情况下，选择成本最低、效益最佳的方法，制定风险管理对策。

## 2.6.7　风险管理程序

风险管理程序可分为以下四个阶段。

**1. 风险的识别**

风险的识别是指对潜在的各种风险进行系统归类和全面识别。在这一阶段应强调风险识别的全面性。要对客观存在的、潜在的各种风险加以识别，就需要做周密的系统调查分析，并进行综合归类，揭示潜在的风险及其性质等。风险识别的方法包括故障类型及影响分析(FMEA)、预先危险性分析(PHA)、危险及可操作性分析(HAZOP)、事件树分析(ETA)、故障树分析(FTA)、人的可靠性分析(HRA)等。

**2. 风险的衡量**

风险的衡量是指对特定风险发生的可能性及损失的范围与程度进行估计和衡量，通常是运用计算机技术、概率论和数理统计方法进行科学的风险分析。

**3. 风险管理对策的选择**

风险管理对策主要分为两大类：风险管理控制对策和风险财务处理对策。

**4. 执行与评估**

风险管理决策和结果评价的实质是协调、配合采取风险管理的各种措施，通过信息反馈不断地检查风险管理决策效果及其实施情况，并视情形不断地进行调整和修正，使之更接近风险管理目标。

## 2.7　风险管理步骤

### 2.7.1　风险管理技术步骤

风险管理是研究风险发生规律和风险控制技术的一门管理科学，各经济单位在风险识别、风险分析、风险评估和风险控制的基础上优化组合各种风险管理技术，对风险实施有效并控制妥善处理风险所致的后果，以期达到以最小的成本获得最大安全保障的目的。

风险识别、风险分析、风险评估、风险控制管理技术的选择和效果评价构成一个风险管理周期。

### 2.7.2　风险监控管理规划

工程项目风险监控是指进度计划监控、资金监控、质量监控和合同管理过程监控。风险监控以风险管理计划、风险应对计划和对新发现的风险进行识别与评价、更新风险应对计划，以及附加的财务分析、审计等作为依据。项目风险监控是检测对已识别风险实施应对措施的有效性，对新的潜在风险进行评价和制订应急处理计划，保证实现项目总体目标的重要手段，是一种控制风险的策略。

#### 1.风险监控方法

风险监控的方法有许多种，本章前述的一些控制和评价风险的方法也可应用于风险监控。下面再介绍另一些有关风险监控的方法。

(1)建立项目风险管理全过程监控系统。风险监控的任务是根据风险管理计划规定的风险判据和衡量标准，全面考察与评价风险应对措施执行的效果。根据项目风险管理内容，建立一套风险管理指标系统，使之能在项目实施流程各阶段，提供准确的风险信息，以便及时采取应对措施，这是项目全过程风险监控的关键。

风险管理指标系统的内容应详实，具体包括风险的定义、种类和判据；管理的组织形式、项目风险控制程序、信息报告制度、风险责任制度；风险信息收集与评价、变化的控制、正确的行动、应变计划、更新计划；资金计划、资源能源的分配、资金风险预测与控制；结尾工作风险统计汇编、技术处理总结，以及领导的支持、交流和谋略等。项目风险管理全过程监控系统，可使风险监控工作规范化，减少错误的应对风险可能性，是项目风险管理的有效工具。

(2)风险的预警系统。风险的预警是指在项目评价中对可能出现的危险采取超前的预先控制措施，以减少可能酿成的损失。在项目实施过程中一旦发现危险的征兆，及时启动应急行动并发出警报信号，这种将危险在发生之前予以控制的理念，正是当前风险监控方法的发展趋势。

(3)制订应对风险的应急计划。针对项目实施过程中环境的复杂性、风险事件出现的不确定性，必须对各种类型风险进行预测与管理，并制订相应的应急处理计划，未雨绸缪，做好应变准备，这是实施风险监控的重要途径。

### 2.风险监控工作过程

（1）跟踪已识别的风险，考察风险是否发生。

（2）如果已识别的风险确已发生，就要实施风险管理策略和执行风险应对计划。

（3）如果实施风险应对计划的效果不明显，则应该启动风险应急预案。倘若没有可用的风险应急预案，必须针对风险的具体状况，采取紧急措施，减小风险事件造成的损失。

（4）在制订风险管理计划时，对无法预计的风险所作的假设控制办法，应在风险监控时确认其是否有效。如控制办法无效，将会带来极大的风险，需要制订详细计划。

（5）要持续（定期）检查和识别影响项目进度与质量的新的风险是否发生。如果确已发生，应对它们进行风险评价，果断采取应对措施。

（6）无论是对已识别的风险启动应急预案，还是对新识别的风险进行评价和更新风险应对计划，都要变更管理程序，启动风险应急资金或重新申请资金。

### 3.费用偏差分析

费用偏差分析又称挣值法，是风险监控中测量项目实施过程的费用支出和时间进度是否符合原定计划要求的常用方法。挣值（earned value）即已完成工作的预算。它用三个参数表述：

（1）计划工作量的预算费用（budgeted cost of work scheduled, BCWS），是指在项目实施过程中某阶段计划完成工作量所预计的费用（或工时）。

（2）已完成工作量的实际费用（actual cost of work performed, ACWP），是指在项目实施过程中某阶段实际完成工作量所消耗的费用（或工时）。

（3）已完成工作量的预算费用（budgeted cost of work performed, BCWP），是指在项目实施过程中某阶段实际完成工作量按预算定额计算出来的费用（或工时）。

在风险监控中要考察挣值所显示的四个指标。

（1）费用偏差（cost variance, CV），计算公式为：

$$CV = BCWP - ACWP \tag{2-3}$$

当 CV 为负值时，表示实际消耗费用或工时超过预算值；当 CV 为正值时，表示实际消耗费用或工时低于预算值；当 CV 为零时，表示实际消耗费用或工时恰好等于预算值。

（2）进度偏差（scheduled variance, SV），计算公式为：

$$SV = BCWP - BCWS \tag{2-4}$$

当 SV 为正值时，表示进度提前；当 SV 为负值时，表示进度延误；当 SV 为零时，表示实际进度与预计进度一致。

（3）费用执行指标（cost performed index, CPI），计算公式为：

$$CPI = BCWP / ACWP \tag{2-5}$$

当 CPI 大于 1 时，表示实际工程实施进度比预期进度快；当 CPI 小于 1 时，表示实际消耗费用高于预算值；当 CPI 等于 1 时，表示实际消耗费用与预算值一致。

（4）进度执行指标（schedule performed index, SPI），计算公式为：

$$SPI = BCWP / BCWS \tag{2-6}$$

当 SPI 大于 1 时，表示工程实施进度比预期进度快；当 SPI 小于 1 时，表示工程实际进度比预期进度慢；当 $SPI$ 等于 1 时，表示工程实际进度与预期进度一致。

**【例题 2-1】** 一个工程项目中某一工种，预计需要 852 个工时。每个工时支付的费用为 120 元，计划每天完成 6 个工时，142 天全部完工。合同规定工程进行 40 天，业主支付施工单位 28800 元工程价款。当工程进行了 40 天时，管理人员检查工程进度，发现已完成全部工程工作量的 26.06%；业主已支付工程费用 28627 元。试问：项目的费用支付与工程进度时间是否符合原定计划的要求？

**解：**

(1)按合同规定，40 天工作量应支付的费用 $BCWS = 28800$(元)。

(2)40 天实际支付费用 $ACWP = 28627$(元)。

(3)根据预算：已完成工作量应支付费用 $BCWP = 852 \times 0.2606 \times 120 = 26644$(元)。

(4)费用偏差：$CV = BCWP - ACWP = 26644 - 28627 = -1983$(元)。

(5)进度偏差：$SV = BCWP - BCWS = 26644 - 28800 = -2156$(元)。按题意，每天工作 6 个工时，每个工时 120 元，每天应支付费用为 $6 \times 120 = 720$ 元。故工期延误为 $2156/720 \approx 3$ 天。

(6)费用执行指标：$CPI = BCWP/ACWP = 26644/28627 = 0.931$。实际支付费用大于预算值。

(7)进度执行指标：$SPI = BCWP/BCWS = 26644/28800 = 0.925$。工程进度较预期延误。

## 2.7.3 风险识别与评估模式

风险管理最为重要的前提是对风险进行识别评估。

### 1.风险识别模式

由于每一个投资项目本身就是一个复杂系统，因而影响它的风险因素很多，影响关系错综复杂，有直接的、也有间接的，有明显的、也有隐含的或是难以预料的，而且各风险因素所引起的后果的严重程度也不相同。在进行项目决策时，完全不考虑这些风险因素或是忽略其中的主要因素，都将会导致决策的失误。但如果对每个风险因素都加以考虑，则又会使问题复杂化，这也是不恰当的。

风险识别就是从系统的观点出发，横观工程项目所涉及的各个方面，纵观项目建设的发展过程，将引起风险的极其复杂的事物分解成比较简单的、容易被识别的基本单元。从错综复杂的关系中找出因素间的本质联系，在众多的影响因素中抓住主要因素，并且分析它们影响投入产出的程度。在此阶段主要分析以下问题：

(1)在投入与产出过程中有哪些风险应当考虑？

(2)引起这些风险的主要因素是什么？

(3)这些风险的后果及其严重程度如何？

风险识别通常由风险分析人员与工程的规划、设计人员及有关专家一同进行，通过调查、分解、讨论等提出所有可能存在的风险因素，筛除那些影响微弱、作用不大的因素，并研究主要因素间的关系。

### 2.风险估计模式

风险估计就是对识别出的风险进行测量,给定某一风险发生的概率。对风险进行概率估计的方法有两种。

第一种是根据大量的试验,用统计的方法进行计算,这种方法所得的数值是客观存在的,是不以人的意志为转移的,称为客观概率。

但在实际可行性研究中进行风险分析时,所遇到的事件经常不可能做实验。又因事件是将来发生的,因而不可能做出准确的分析,很难计算出客观概率。但由于决策的需要,必须对事物出现的可能性做出估计,于是由有关专家对事件的概率做出一个合理的估计,这就是第二种方法,即主观概率。主观概率是估计者根据合理的判断和当时能搜集到的有限信息及过去长期的经验进行估计的结果。

主、客观概率的使用方法完全一样,而主观概率在风险估计中的应用近年来已日益引起人们的重视。

对于大型工程项目,由于缺乏历史资料的借鉴,经常利用主观概率估计的方法对识别出的风险进行估计。另外,对大型工程项目进行经济风险分析时,由于该项目的特征可以通过它的投入产出反映出来,因而各种风险因素的直接作用后果将使得项目在各个时期的投入产出现金流发生变化。当实际投入产出现金流与预测值发生偏差时,将最终导致投入产出的偏差。因此,风险估计阶段的主要任务,就是在综合考虑主要风险影响的基础上,对随机投入产出现金流的概率分布进行估计,并对各个时期现金流之间的各种关系进行研究。

### 3.风险评价模式

风险评价的方法很多,大致可分为两类:第一类方法属于规范的决策方法,它能给出方案选择的规则并选出最佳方案;第二类方法只是用来检验各种风险因素对指标的影响,而不进行方案的选择。现行的各种项目评价规范所采用的方法均属于第二类方法,其中广为应用的是依据统计量的方法,先计算出目标概率分布的统计量,再根据这些统计量并参考其他管理技术评价的方法得出最后结论。常用的统计量包括均值、方差、变异系数等。

## 2.8　工程项目风险分析的一般方法

项目投资风险分析是一门理论性与实践性都很强的边缘学科,它广泛地利用各种定性、定量方法对风险进行识别、估计和评价。风险分析涉及的学科领域很广,而论及风险分析的方法,大多见于国内外各类期刊上,尚很少见到系统介绍各种风险分析方法的专著。至于期刊上所介绍的方法又大多是针对风险分析某个阶段的具体问题而提出来的,因此,在应用上缺乏普遍性。下面,对风险分析常用的方法作一些概括介绍。

### 2.8.1　专家调查法

专家调查法是大系统风险识别的主要方法,它以专家为主要评估者,各领域的专家运用专业的理论知识与丰富的实践经验，找出各种潜在的风险并对其后果做出分析与估计。这种方法的优点是在缺乏足够统计数据和原始资料的情况下，可以做出定量的估计；缺点主要表现在易受心理因素的影响。

专家调查法主要包括专家个人判断法、智暴法和德尔菲法等十余种方法。其中智暴法与德尔菲法是用途较广、具有代表性的两种方法。

### 2.8.2　故障树分析法

故障树分析法是 1961 年美国贝尔实验室对导弹发射系统进行安全分析时，由瓦特森提出来的，由于这种方法优点很多，故后来被广泛用于工业和其他复杂大型系统之中。该方法是利用图解的形式将大故障分解成小故障，或对各种引起故障的原因进行分析，故障树分析实际上是借用可靠性工程中的失效树形式对引起风险的各种因素进行分层次的辨识，因图的形式像树枝，故称故障树。

故障树经常用于直接经验较少的风险辨别，其主要优点是能比较全面地分析所有故障发生原因(包括人为因素)，因而包罗了系统内外所有失效机制，比较形象化；不足之处是这种方法用于大系统时容易产生遗漏和错误。

### 2.8.3　情景分析法

情景分析法是一种分析引起风险的关键因素及其影响程度的方法，一个幕景就是对项目未来某种状态的描述，它采用图表或曲线等形式来描述当影响项目的各种因素发生某种变化时，整个项目情况的变化及其后果。其描述方法可分为两类，一类是某种状态的描述，另一类是发展过程的描述，即未来若干年某种情况的变化链，可向决策人员提供最好的、最可能的或最坏的投资前景，并且详细描绘出不同情况下可能发生的事件和风险。当各种目标相互冲突排斥时，情景分析就显得特别有用。

### 2.8.4　筛选—监测—诊断技术

近年来，国内外学术界都较重视"灾变"新理论，筛选—监测—诊断技术是比较实用的风险分析方法。筛选是依据某种程序将潜在危险的影响因素进行分类选择的风险识别过程；监测是对某种险情及其后果进行监测、记录和分析显示的过程；而诊断则是根据症状或其后果与可能的起因等关系进行评价和判断，找出可疑的起因并进行仔细检查。筛选、监测和诊断是紧密相连的，由于客观事物的复杂性和可变性，往往一次筛选—监测—诊断过程不能彻底解决问题，在诊断之后还有可能产生新的风险因素，因此，需要重新进行这一过程。

以上列举的几种风险识别的方法，在使用时应针对实际问题的不同特点进行选择，这些风险识别方法实际上是将有关知识、推断和搜索的理论应用于风险因素的分析研究。风险识别从某种角度来说是一种分类过程，在风险识别的过程中，实际上对各种风险因素按概率大小和后果严重程度进行了分类，从风险识别要用到概率这一角度来看，它又是信息、搜索、探测和报警理论的一部分。

### 2.8.5　风险识别存在的问题

由于风险识别中要考虑的因素很多，有些因素很难定量描述，使得这些问题解决起来很困难。总结起来，风险识别的理论目前存在以下三方面的问题。

#### 1.可靠性问题

是否有潜在的或严重的风险未被发现或认识清楚。

#### 2.成本问题

风险识别研究对某些重大过程是必不可少的，但研究成本往往较大。到底需要多少经费从事风险识别研究？哪些经费是必要开支？哪些问题可以解决？这些问题反映了风险识别研究存在一个研究效果与成本问题。采取的原则应该是研究的目的应该明确，尽量做到只收集和处理与工程项目有关的信息资料，充分利用每一条信息和每一个软件，用尽量少的数据、信息和现象从本质上阐明尽可能多的问题。

#### 3.偏差问题

由于客观事件和环境的限制，往往使观测到的数据、现象与实际有出入，或者由于研究者主观上的原因，使调查结果发生偏差。

## 2.9　项目承包商风险管理方法

工程项目在营建过程中，从承包商角度来看，存在着建设周期长、投资数额大、工作和工序繁多的特点。因此，在施工中，这些因素制约着承包商未来获取收益的多寡。建设周期长，各个时期的不可预见因素就会相应增多，与时间相关的外界因素和内部因素的变化都会影响工期的按期完成；投资数额大，若筹资、付款方式和利率或者有关合同条款发生变化，就会加大成本，从而减少承包商的利润；工作和工序繁多，一旦施工组织不合理或者发生返工，同时发生索赔，就会极大地影响工程进度、成本和质量，使承包商的利益受损。所以，对工程项目施工进程中风险进行分析和控制研究，具有重要意义。

### 2.9.1　承包商面临的风险

工程承包，既是一项商务活动，又是一项工程施工活动。它必然受到工程所在地的自然环境、社会环境和相关人为因素的影响。其中有关合同条件所确立的责任、权利和义务对承包商影响极大，这些都要求承包商具有全面的专业技术知识和较强的经营管理能力。目前，建筑市场的竞争日趋激烈，技术含量提高，项目趋向大型化和复杂化，企业趋于联合，资金相对集中，这些对中小型企业尤为不利，使它们面临着更多的风险，导致企业的平均利润率下降。由此看来，工程承包是一项风险较大的工程施工活动。

工程承包风险，是指工程实施结果相对于预期的结果的变动程度，即承包商预期收益的变动程度。工程承包风险是由许多不确定因素造成的。如果在投标和工程实施过程中，不考虑风险因素,就会加大实际成本而导致利润降低甚至亏损。但是,过多地把潜在风险因素的可能费用转移到投标报价的成本中去,又会使失标的概率大大增加。因此,要想获取目标预期利润,必须正确地考虑工程承包风险。

从有关统计资料来看,风险费用在承包商报价中所占比例比较低,这是因为承包商对众多的风险因素采取了积极的管理措施,如风险责任的转移、分担、保险等控制风险事故发生或降低风险损失的措施。JCEM 关于美国承包商对工程风险的分配和重要性的调查表显示,风险市场时期相对于繁荣市场时期,在相对数的比例上,实际承包成本增加 4%,利润下降 25%,风险增加 3 倍。如果考虑实际报价的差异,其绝对值的增加会更大。也就是说,在报价构成比例基本相同的情况下,风险市场时期通常要比繁荣市场时期需要支付更多的风险费用。

另外,业主和承包商在工程施工中分别承担的风险量百分比平均为 33.5% 和 36.9%,共同承担的风险量百分比为 29.6%。在共同承担的风险量中,业主往往利用作为雇主的有利条件,将风险损失尽量转嫁到承包商头上。在实际营建中,承包商承担的风险比率往往为 60% 以上。所以,承包商要想达到顺利实施工程和盈利的目的,对工程承包风险进行正确的分析、控制与管理就显得极为重要。对于承包商而言,重要的风险因素主要有:

(1)劳力、设备和材料的取得。
(2)劳力和设备的生产率。
(3)不合格的材料。
(4)劳工纠纷。
(5)安全。
(6)通货膨胀(总价合同)。
(7)承包商的工作能力。
(8)变更指令的谈判。
(9)工程质量。
(10)合同延误。
(11)财务控制能力。
(12)工程实际数量。

这些风险因素的特点有:①不平衡或巨额的现金流;②特殊的质量或技术要求;③重要的法律或合同要求;④重要或敏感的外部环境。一旦项目有以上特点,就有必要进行风险分析及有关风险管理工作。

## 2.9.2　承包商风险体制与迁移

承包商在进行传统风险控制时,一般按照施工的顺序,把控制过程分成若干阶段,分析各阶段潜在的风险因素,从而制订出相应的对策。从表面上看,传统方法是利用阶段控制理论,但这始终是以静态的眼光看待风险和分析风险,各阶段之间的风险管理工作缺乏必要和有机的联系,没有把各阶段的工作、工序和风险因素统一起来进行综合考虑,只是简单、针对性强却缺乏弹性的解决方法。这种办法对常见的变动因素有一定的控制作用,但对施工中出现的异常变化,应变效果就显得不那么迅速和有效了。非动态管理形成的后果,实际上是一个组织和管理程序的问题,涉及风险管理体制和风险控制策略的问题。

现实中的风险大多是异常的、不可预见的风险因素，因此，利用传统方法往往会使许多风险得不到有效的控制。这主要是由于承包商缺乏有效的风险管理体制。有效的承包商风险管理体制，要求企业建立风险管理部门，进行阶段管理和系统规划，在施工的各个时期进行监督控制和决策。这里可以借用鞭子运动时的现象加以说明。

一条多节的、柔软的鞭子在运动时，它的每一节都在横向摆动，但整体上仍保持鞭子本身的大致形态和方向。这一点，在鞭子运动的节数越多时，就越明显，我们称之为"鞭梢效应"。用经济学的语言来描述，就是将单一的决策问题多阶段化，用以回避风险、提高决策效率，即整个过程可以按时间、空间人为地划分为若干相互联系的阶段，每个阶段都需要做出决策，目标是使整个过程的活动效果最好。作为整个过程的最优策略应具有这样的性质：不论过去的状态和决策如何，相对于前面的决策所形成的状态而言，余下的决策必须构成最优策略。简言之，一个最优策略的子策略总是最优的。由于每个阶段决策的选择既依赖于当前的状态，又影响到以后过程的发展，所以各阶段选取的决策不同，整个过程的活动策略和效果也就不同。可以认为，不论过去阶段的状态是何种形式，目前的决策活动都必须以当前的状态为决策依据，来考虑下一阶段的活动，而无须考虑过去如何，亦即过程的风险状态由过去转移到现在面临的风险状态。面临的风险发生迁移，进入到新的风险控制循环，即形成风险的"迁移效应"。我们可以用风险图的形式来说明。风险图与施工用网络图有本质的区别。施工用网络图的箭线指的是具体的工作，而风险图的箭线指的是可选择的策略方案与相应风险带来的后果。

若把一项承包活动分为 a、b、c 三个阶段，每个阶段又存在若干策略和相应的风险后果。例如，在 a 阶段，有三种策略，即①—②、①—③、①—④。当①—②策略实施后，到达相应的风险结果②，那么决策者（即承包商）应以②为基准思考点去寻求②—⑤、②—⑥、②—⑦策略中的最优策略，力求获取最小风险和最大利益。此时的利益与是否考虑①及③、④已无关，即风险决策无后效性。这里形成的风险状态和决策从①向②的转换，称为风险的迁移特性。而过去通常利用的风险控制体系是直线式的，仅仅在每个状态上进行简单的风险考虑，分析可能出现的结果，各风险状态之间缺少切实的关联。一旦风险变成现实，易被过去各阶段的工作所影响和束缚，极易矫枉过正，使风险进一步加大，从而增加成本。

### 2.9.3　承包商风险控制体制

承包商风险控制体制在工程管理中是极为重要的。只有解决了体制问题，才能从根本上使风险发生的概率变为最小，或者使风险带来的损失降至最少。要解决承包商风险控制体制问题，应从以下几个方面入手。

#### 1.企业制度创新和建立风险控制秩序

企业的管理制度和组织形式的合理性是风险控制的基础，工程承包企业必须建立灵活务实的制度形式。一般而言，承包风险的发生除了不可抗力之外，主要原因就是承包企业制度不健全和工作秩序混乱，表现为管理出现盲区、决策得不到执行、权力交叉、工作推诿、责任不明、秩序混乱。因此，有必要在企业的组织形式和管理制度上进行适合本企业的创新，以提高企业的活力；同时，建立明晰和井然的工作秩序，使决策得以顺利、有效地实施。适用的组织形式应以矩阵式项目经理制为主体,设立相应的风险管理部门,但管理跨度和管理层次不宜太多,应与企业发展规模相适应;此外,应建立内部风险保护基金,以降低承包商运营风险,提高总体收益。

### 2. 在组织上建立以风险部门和风险经理为主体的监督机制

参照国外成熟的风险控制经验,在承包商实施营建过程中建立风险部门,并设立风险经理。其作用是对项目的潜在风险进行分析、控制和监督,并制订相应的对策方案,为决策者提供决策依据。风险经理直接对承包商负责。另外,风险经理的工作可以延展到企业运营的整个过程,即既可以延伸到单个项目投标报价前期准备、控制和实施工作,也可以围绕整个公司把握建筑市场脉搏进行阶段性风险管理。阶段性风险管理是针对项目的前期经营招标、中期实施、后期总结和处理三个阶段进行的有效控制和根据相应风险决策而实行的动态前瞻式管理。它主要利用风险的"鞭梢效应"对风险的迁移性进行反馈式动态规划控制。例如,加拿大公共工程部制订的工程分步交付体系(the project delivery system, PDS)其实质就是一种组织和管理复杂工程的管理方式,其中利用了大量的风险管理手段,以确保关键性的细节不被忽略,包括利用阶段性的检查,对大量活动和细节进行控制来管理风险。

### 3. 明确风险责任主体,加强目标管理

承包风险管理的关键点,在于确立风险责任主体及相关的权利和义务。有了明确的权利和义务,工作的广度、宽度和深度就一目了然,易于监督和管理。首先,定岗、定责,即确定岗位的数量及相应的任务和责任,岗位和责任的确定又是灵活的,可根据工程项目的进展进行相应的调整。其次,利用管理环的 PDCA(plan, do, check, action)和 5W1H(what, when, where, who, why, how)方法进行目标管理。在 P 阶段,根据前面确定的权利和义务,列出规范化表格,同时与 5W1H 对应起来编制工作计划,使责任人明确工作的内容、性质、方法、期限、应变策略、检查人和向谁负责等事项。

设计承包商风险控制检测表,包括目标管理,工作状态影响程度,现有资源工作内容,目标责任人、实施人,检查人开始时间、完成时间,考核标准,时间、时限、频率、顺序,人员状态,维修能力,环境安全方案策略,期限质量,财务操作,经验、技术、设备、人员,材料、资金、服务等。依此类推,在 DCA 阶段,建立与 5W1H 对应的实施、检查和处理工作表格,使责任人明确有关细节,做到一目了然,最终形成以表格为载体的目标控制体系。管理目标明确的表格化管理,可使静态的表格与动态的反馈式前瞻管理相结合。

### 4. 确定最优资本结构

承包商的资本结构是指负债和权益及形成资产的比例关系,即相应的人、资金、材料、设备机械和施工技术方法的资本存在形式。利用财务杠杆和经营杠杆确定最优资本结构形式,对承包商获取最满意利润具有决定性的意义。通过减低占工程造价比重较大的人工费、材料费,适度调整借贷资金的比例,比较不同的资本结构方案并从中选出最佳方案,从而实现规模、资金、管理水平、技术能力的有机结合,达到最优资本效率。当然,资本结构也不是一成不变的,它也应该随着工程实施中实际情况的变化而相应改变,这样才能使

资本的产出最大。

除了以上几个方面，承包商还应积极寻求回避风险的新办法，利用国际上有效的风险回避和管理手段，降低企业运营成本；此外，对于现有承包市场的调适和开拓新的市场，也不容忽视。新市场的建立一般以新的施工技术和新型建造材料的推广为契机，所以，承包商要充分利用新技术、新材料和新工艺带来的机遇，开拓新市场，从而引导需求。

承包商对工程风险的控制，应以企业制度的创新为基础，通过设立风险管理部门、风险经理和风险保护基金，建立相应阶段的动态前瞻性决策机制，以目标管理为主要形式，利用合理的资本结构，对各个营建过程、潜在风险因素和有关细节进行科学的管理和控制，以降低风险带来的损失，提高盈利能力和资本效率。这样，承包商才能在竞争日趋激烈的建筑市场立于不败之地，无论是面对建筑业的繁荣期还是萧条期，始终保持企业的活力。

## 2.10　项目业主风险管理方法

工程建设项目由于投资规模大、建设周期长、生产的单件性和复杂性等特点，在投资决策和投资实施过程中存在着许多不确定的因素，相比一般产品生产具有更大的风险。为此，在投资活动越来越市场化的情况下，业主作为工程建设项目的投资主体，工程项目管理的组织者、指挥者，建筑产品的所有者和经营者，其对工程建设项目投资风险控制的好坏决定着建设项目的成败，关系着投资企业的兴衰，业主如何管理、控制投资风险成为投资活动各环节都必须充分关注的关键问题。按照"谁投资、谁决策、谁受益、谁承担风险"的原则，确定了企业投资的主体地位，真正实现了企业投资的方向、规模由业主说了算，投资项目的市场前景、经济效益、资金来源和产品技术方案等均由业主自主决策、风险自担。

### 2.10.1　项目的决策风险

项目决策是指业主遵照国家政策法规，根据地方经济、产业发展趋势，以及自身的发展方向、经济实力、投资、融资条件和还贷能力等因素，通过对市场供需情况、资源利用情况、消费群体及竞争情况进行调查，分析市场需求，预测产品价格（包括确定投资方向和产品方案、确定项目的生产规模及建设方案的行为过程）。项目的决策风险是由于业主在进行项目决策研究时收集的信息资料不够完整、可靠且信息具有时效性，选用的分析方法不够合理、适用，预定的方案未经过多方比对、科学论证，决策研究人员的专业知识水平和社会实践经验不够全面、丰富等因素造成的决策失误或滞后，以致工程项目建成后无法取得预期的经济效益和社会效益。

### 2.10.2　项目的融资风险

项目的融资风险分为资金筹措风险与融资方案经济性风险。项目投资数额巨大，单以业主自有资金投入很难保证资金的及时、足额到位，一旦发生资金筹措与周转的困难，会使项目无法正常开工、工程建设周期延长，从而引起工程管理费及建设过程中不可控因素增加，造成建设成本增加等风险，严重时会发生资金链断裂，项目建设被迫中断，甚至中途夭折，给业主带来巨大损失。

## 2.10.3　项目的管理风险

"项目上马拉班子，项目结束散摊子"式的传统业主方项目管理，普遍存在"重经济、轻设计、重技术、轻管理、重进度和不按科学规则办事"的现象。由于管理非专业化、人员非职业化，项目管理被动应付，缺乏条理，轻重不分，顾此失彼，效率低下，存在短期行为普遍、行政权力干预多，容易滋生腐败等诸多弊端。简单粗放的项目管理存在着潜在的、极大的人为风险。

## 2.10.4　项目的建设风险

工程项目建设实施阶段是能否实现项目预期目标的关键阶段，也是项目全寿命周期中历时较长、参与人员最多、投入资金最大、风险和不确定因素最多的时期。

### 1. 工程项目承包和服务的采购风险

项目决策完成后，业主通常需要选择不同的发包形式，通过招标方式选择勘察设计、施工承包、设备材料供应、工程监理等工程项目承包和服务单位。在招标采购计划制订过程中，招标方式的选择、招标文件的拟定、评标办法的制订，以及评标定标执行过程存在招标范围不明确、工程供货清单遗漏或差错等因素，可能造成承包和服务单位选择不当，从而影响建筑产品的质量、项目建设结果，损害业主的利益。

### 2. 工程项目的设计风险

工程设计决定着工程项目的建设方案、生产工艺、构造方式、设备材料选型，设计方案的安全性与经济性是决定项目质量与成本的主要因素。长期以来，我国设计收费采取按面积或按造价的比例计取的方式，导致设计单位偏重设计方案安全性而忽视经济性，业主由于缺乏专业知识，很难对设计方案的工艺技术从优化角度提出具体要求并进行有效考评。保守的设计给业主造成很大的投资浪费。

### 3. 工程项目承包商和咨询服务单位的履约风险

通过建设项目承包和服务的采购，业主购买了承包商和项目管理服务单位关于建造过程与能力的承诺，这种承诺的实施过程往往受到众多因素的影响，无疑给业主带来了潜在的风险。如承包商为获得项目承包资格，不惜低价中标再以更低的价格非法转包，承包商在工程建设过程中偷工减料、以次充好等履约不力或不履约的行为；监理单位专业水平欠缺、缺乏公正性，甚至因利益驱动，违背职业道德与承包商串通合谋损害业主利益，使业主蒙受巨大损失。

### 2.10.5　业主风险控制要点

**1.诚实守信规范行为，避免人为因素风险**

业主认真履行合同义务，尤其是工程款的支付义务，设计图纸的交付义务，四通一平、建设场地的提供义务等，是确保工程项目顺利实施的前提；尊重科学、遵循自然规律，不利用业主的"强势"地位随意提出缩短工期、压低报价、垫资建设等不合理的要求，是预防和避免人为风险的最有力保障。

**2.效益为重灵活筹资，规避资金筹措风险**

（1）寻找合作伙伴，共同开发，共同受益。在自有资金实力有限的情况下，选择投资伙伴共同开发是项目资金筹措的有效方式。合作伙伴的选择需以诚信为前提，本着双赢的原则共担风险、共享收益。

（2）项目分期滚动开发，缓解资金压力。在项目投资周期长、资金占用成本较高时，业主可根据项目自身特点拟定分期开发方案，集中有限资金投入先期开发的项目，确保建设工期不延期，降低资金占用成本。前面项目竣工投产的收益可为后面项目开发积累资金，业主还可以前面竣工项目为标的物，通过向金融机构抵押、质押获得贷款，提高项目融资能力。

（3）借助金融机构各种灵活多变的金融工具是业主增强项目融资能力的重要途径。业主应以战略眼光建立与金融机构的长期的友好合作关系，以诚实守信的企业形象获得金融机构高等级的信用评估级别，借此得到金融机构最大的融资支持。通过提高项目决策过程中金融机构的参与程度，借助金融机构专业的理财人力资源，对项目决策进行科学论证，同时提高金融机构对投资者的认知与认同度，吸引其投资。

**3.转变项目管理理念，降低项目管理风险**

目前，业主应该在项目实施阶段聘请招标代理和工程监理公司对项目建设进行监督管理的基础上，根据建设项目的实际情况，逐步将这一管理理念向决策设计阶段乃至工程项目实施全过程延伸。如聘请具有相应资质、实力雄厚、具有类似工程经验的投资咨询公司、项目管理公司，运用科学先进的项目管理理念、技术、知识和方法，优化建设方案，优化工程设计并组织实施，甚至授权项目管理公司全权代理业主，对工程建设全过程进行建设手续代办、合同管理、协调管理、资料管理等工作，帮助业主实现综合利用资源，节省投资，节能、节地、节水、节材和环境优、质量高、效益好的投资建设目标。

**4.优化承包方式，规避工程项目承包和服务采购风险**

工程总承包是指从事工程总承包的企业受业主委托，按照合同约定对工程项目的勘察、设计、采购、施工、试运行（竣工验收）等实行全过程或若干阶段的承包。工程总承包的主要方式：①设计采购施工（EPC）/交钥匙总承包，是指工程总承包企业按照合同约定，承担工程项目的设计、采购、施工、试运行服务等工作，并对承包工程的质量、安全、工期、造价全面负责。交钥匙总承包是设计采购施工总承包业务和责任的延伸，最终向业主提交一个满足使用功能、具备使用条件的工程项目。②设计-施工总承包(D-B),是指工程总承包企业按照合同约定,承担工程项目设计和施工,并对承包工程的质量、安全、工期、造价全面负责。③根据工程项目的不同规模、类型和业主要求,工程总承包还可采用设计-采购总承包(E-P)、采购-施工总承包(P-C)等方式。

工程总承包作为先进的生产方式和经营管理模式,如 EPC(设计、采购、建造)、D-B(设计-施工总承包)和项目管理服务承包等形式,其最大的特点是实现了设计、施工一体化,克服了设计采购、施工、试运行相互制约和脱节的矛盾,把资源最佳配置融入工程建设项目的过程之中,减少了管理链和管理环节,有利于承包商充分发挥科学的项目管理方法和先进的施工技术,有效地减轻了业主的管理压力。更为有意义的是,其把设计和项目管理内容纳入项目承包,有利于调动承包商的积极性和创造性,把工程建设的过程上升为节约资源、提高效率、提升生产力的过程。明智的业主应该充分利用承包商的能力和经验降低经济风险,而不是为了省钱自己干一些力所不能及的工作,以致增大风险。

### 5. 加强合同履行监控,预防工程项目参与各方的履约风险

工程建设项目中的业主、项目咨询服务单位、设计单位、承包商、供货商等共同构成了复杂的合同关系。必须明确,不论采用何种类型的合同形式,工程项目建设的最终责任都要由业主承担,可采用合同示范文本有效防止拟定的合同出现缺项、漏项及不平等条款,明确各方责、权、利,有利于项目建设的顺利实施,有利于合同的全面履行,有助于合同纠纷的公平解决;注重合同范围管理,有助于理顺各个工程项目的合同关系,有效防止各参与方互相扯皮推诿的现象,有效防止项目的安全、进度、质量、成本管理失控,维护各方的合法权益。对合同执行过程进行动态管理,可及时掌握合同履行情况,将实际进展与计划进度进行分析比较,有助于对各参与方履约情况做出客观评价,有效防止履约风险。

### 6. 利用工程担保,转移工程项目的投资风险

工程担保是指担保人(一般为银行、担保公司、保险公司、金融机构、商业团体或个人)应工程合同方(申请人)的要求向另一方(债权人)做出的书面担保,是工程风险转移的重要手段,通常包括工程投标保函、履约保证证明、履约保函、预付款保函、支付保函等。各种形式的工程担保均能保障工程建设的顺利进行。

# 第 3 章

# 矿业投资风险评价理论与方法

## 3.1　投资及其风险

### 3.1.1　投资的内涵

在经济学上，投资是与储蓄相对应的，从宏观的角度看，如果不考虑外资，一定时期的投资总量与储蓄总量总是相等的。由于储蓄是一种延期的消费，故在西方经济学中将投资定义为：为了将来的消费或价值，而牺牲现在的消费或价值。在我国，由于投资在较长的一段时间里是指资产投资，因此投资被定义为：经济主体为获取预期收益，投入一定量货币资金而不断地将其转化为资产的全部经济活动。在这个定义中，它包括如下几个方面的内容：

（1）投资是由投资主体进行的一种有意识的经济活动。

（2）投资活动的目的是获取一定的预期收益。

（3）投资的手段和方式。投资的手段包括有形资产和无形资产。投资的方式主要有直接投资(主要形成实物资产)和间接投资(主要形成金融资产)。投资的手段和方式可以概括为一定量的货币资金投入。

（4）投资是一个复杂的行为过程。投资的行为过程，既包括一定量货币的投入，也包括将货币转化为资产，即投资的实施、使用、回收，是资金运动的全过程。由于资金的投入与回收在时间上有一段距离，且获取的是一种预期收益，因此，投资具有不稳定性和风险性。投资的风险与时间的长短有密切关系，一般情况下，时间越长，不确定性和风险性就越大。

### 3.1.2　风险的不同学说

风险(risk)是人类历史上长期存在的客观现象。关于风险的定义，由于人们研究的角度不同，对风险的看法和给出的定义也不尽相同。目前，国内外学术界对风险尚无一个统一的定义。

### 1. 风险的不同学说

（1）风险损害可能说与风险损害不确定说。风险损害可能说，主要探讨风险与损失之间的内在联系，强调损失发生的可能性。1985 年，美国学者海尼斯（Haynes）在其所著的 *Risk Economic Factor* 一书中提出了风险的概念，他认为"风险意味着损害的可能性"。

风险损害不确定说，主要从风险管理的角度出发，以概率论的观点对风险进行定义，强调损害发生的不确定性。1901 年，美国学者威利特（Weillet）在他的博士论文《风险与保险的经济理论》中指出"风险是关于不愿发生的事件的不确定性的客观体现"，这个定义有两层含义：第一，风险是客观存在的现象；第二，风险的发生具有不确定性。

（2）预期与实际结果变动说。美国保险学者小威廉姆斯（Weilliams）、海因斯（Richard Heins）将风险定义为"风险是在一定条件下，一定时期内，预期结果与实际结果的差异，差异越小则风险越小，差异越大则风险越大"。

（3）风险主观说与风险客观说。1964 年，美国的小威廉和汉斯把人的主观因素引入风险分析，认为"虽然风险是客观的，但不确定性则是主观的、个人的和心理的一种观念，不同的人对同一风险可能存在不同的看法"。风险主观说强调损失与不确定性之间的关系，这种不确定性产生于个人对客观事物的主观估计，不能以客观的尺度予以衡量。

20 世纪 20 年代初期，美国学者奈特指出"风险是可测定的不确定性"；美国学者佩费尔将风险定义为"风险是可测度的客观概率的大小"。风险客观说则是以风险的客观存在为前提，以对风险事故的观察为基础，用概率和统计的观点加以定义，其认为不确定性是客观的，风险概率也是客观的，可以用客观的尺度加以测度，从而奠定了现代风险管理的理论基础。

### 2. 风险的定义

综合上述各种学说，可将风险定义为：人们对未来行为的决策及客观条件的不确定性而导致的实际结果与预期结果之间偏离的程度。这个定义包含了以下含义：

（1）风险是与人们的行为相联系的，这种行为既包括个人的行为，也包括群体或组织的行为。而行为受人们的决策左右，因此，风险与人们的决策有关。

（2）客观环境和条件的不确定性是风险的重要成因，逐步认识并掌握客观状态变化的规律性是风险分析与管理的重要前提。

（3）风险的大小取决于实际结果与预期结果偏离的程度，它与该事件发生的概率及其产生的损失有关。风险可以用风险程度（degree of risk）来度量，用数学表达式表示为：

$$R = f(P, L) \tag{3-1}$$

式中：$R$——风险；

　　　$P$——风险概率（risk probability）；

　　　$L$——损失（risk loss）。

### 3. 风险与不确定性（uncertainty）

美国经济学家弗兰克·H. 奈特在《风险、不确定性与利润》（1921）一书中，第一次区分了风险(risk)和不确定性这两个概念,并在不确定性概念的基础上建立了一种净利润的理论。风险和不确定性的主要区别在于:前者具有客观的可能性,决策者可以通过精确的预期和签订保险合同加以避免;后者是不可能用保险合同避免的且不能精确预见的可能事件。

风险与不确定性既有联系又有区别。不确定性是指人们在客观条件下,对风险的主观估计。故有些学者将其称为主观风险(subjective risk),而将风险相对地称为客观风险(objective risk)。

风险虽是客观存在的,但由于人们对客观世界的认识受到各种条件的限制,故不可能准确预测风险的发生。从这个意义上讲,风险具有不确定性。也就是说,风险的存在是客观的、确定的,但风险的发生是不确定的。风险的不确定性包括风险是否发生的不确定性、发生时间的不确定性、发生状态的不确定性及其结果的不确定性。

风险是不以人的意志为转移的客观存在,且可以用客观尺度测度其大小;而不确定性则是人们对事物的主观判断,无法以客观尺度去度量。不确定性的大小取决于判断人对被判断事物的认识程度、个人的经验等诸多因素。对同一事件,不同的人,甚至同一个人在不同时期,对不确定性的判断可能会相差很远。

### 3.1.3　对投资风险的态度

投资风险是投资主体在投资过程中可能出现的资金上损失的机会和损失的程度。进行投资风险分析,首先应该弄清投资风险的含义。只要控制好了风险,收益也就是水到渠成的事情了。

投资风险的含义可以从多种角度来考察。第一,投资风险同人们有目的的投资活动有关。人们从事投资活动,总会预期一定的结果,如果对预期的结果没有十分的把握,人们就会认为该投资活动有风险。第二,风险同将来的活动和事件有关。对于将来的投资,总是有多种投资方案可供人们选择,但是没有哪一个行动方案可确保达到预期的结果。那么,应该采取何种方案才能不受或少受损失,并取得预期的结果呢?这就是说,风险同投资方案的选择有关。第三,如果投资的后果不理想,甚至失败,人们就会思考:能否改变以往的行为方式或路线,把以后的投资做好?另外,当客观环境或者人们的思想、方针、行动路线发生变化时,投资的结果也会发生变化。这样,投资风险还与上述变化有关。假如世界永恒不变,人们就不会有风险这一概念。

综上所述,我们可以得出这样的定义:投资风险是投资活动所获得消极的、人们不希望的后果的潜在可能性。该定义需要注意:

(1)损失或收益大小及其发生的可能性大小都应该能够测量。

(2)投资活动可以是单独、互不联系、同时发生的,还可以是持续发生的。

可见,投资风险可以这样理解:

①投资风险具有不确定性。

这种观点认为,投资风险既是机会又是威胁。所谓威胁,指可能给投资主体带来不利后果的各种各样的力量。人们从事经济社会活动既有可能获得预期的利益,也有可能蒙受意料不到的损失或损害。风险蕴含的机会引诱人们从事包括项目在内的各种活动,而风险蕴含的威胁,则唤起人们的警觉,让人们设法将其回避、减轻、转移或分散。人们对风险这种二重性的态度因人、因时、因地和因环境而异。这种观点符合客观实际,也符合辩证唯物主义认识论。机会和威胁是投资活动的一对"孪生子",是风险投资必须正确处理的一对矛盾。承认投资项目有风险,就是承认项目既蕴含机会又蕴含风险。

②投资风险是损失或损害。

说投资风险是损失或损害,一方面是因为人们从事投资活动的确有可能蒙受损失或损害,告诫人们提高警惕;另一方面,这种观点强调人类活动的不利后果,关注的重点是如何处理不利后果。因此,保险业人士多采纳风险的这种含义。这也是风险防范把保险作为一个策略的原因。

③投资风险是预期和后果之间的差异。

持有这种观点的人认为,投资的后果同人们的预期之间总是存在着不一致和偏离:后果偏离预期越大,风险也就越大。按此种观点,风险可定义为:投资风险是实际后果偏离预期有利后果的可能性。

## 3.2  矿业投资风险的基本特征

(1)风险是客观存在的,因而是无法回避及消除的。人们通常所说的回避风险、消除风险有两重含义:一是指改变所从事的投资活动,既然投资活动的对象改变了,风险也自然就不同了;二是指将风险所造成的经济损失通过各种经济的、技术的手段转移和分散。

(2)风险是相对的、变化的。投资活动的主体不同,风险就不同。随着时间和空间的改变,风险也会发生变化。对于投资活动风险,人们的承受能力主要受以下几个因素的影响:

①收益的大小。收益总是伴随有损失的可能性,损失的可能性和数额越大,人们希望为弥补损失而得到的收益也越大。反过来,收益越大,人们也愿意承担越大的风险。

②投入的大小。项目投资活动投入越多,人们对成功所抱的希望也越大,愿意接受的风险也就越小。一般人希望投资获得成功的概率随着投入的增加呈 S 曲线规律增加:当投入少时,人们可以接受较大的风险,即获得成功的概率不高也能接受;当投入逐渐增加时,人们就开始变得谨慎起来,即希望投资获得成功的概率提高了。

③投资活动主体的地位和拥有的资源。级别高的管理人员同级别低的管理人员相比,能够承受更大的风险。对同一风险,不同的个人或组织的承受能力也不同。个人或组织拥有的资源越多,其风险承受能力越大。这也说明,进行风险投资时,政府支撑是必不可少的。

(3)风险是可预测的,即可通过定性或定量的方法对风险进行估计。

(4)风险的可变性。

辩证唯物主义认为,任何事情可以在一定条件下向自己的反面转化。当条件发生变化时,必然会引起风险的变化。正因为风险具有可变性,才吸引了更多的人敢于冒险。风险的可变性包括以下几个方面:

①风险性质的变化。风险的大小是随着技术的不断提高和人们对其掌握的程度而不断变化的。在某一时刻风险大的项目，当该项目有关技术发展成熟时，风险就会变小，风险的性质就发生了根本性变化。

②风险后果的变化。风险后果包括风险发生的频率、收益或损失大小。随着科学技术的发展和生产力水平的提高，人们认识和抵御风险的能力也逐渐增强，能够在一定程度上降低风险发生的频率并减少损失或损害。

③出现新风险。随着投资活动的展开，会有新的风险出现，特别是投资活动主体为回避某些风险而采取行动时，另外的风险就会出现。

## 3.3　投资风险的类型

为了进一步深入、全面地认识投资风险，并有针对性地对其进行管理，对投资风险进行分类是必要的，投资风险可以从不同角度、根据不同的标准来划分：按风险后果可划分为纯粹风险和投机风险；按风险来源可划分为自然风险和人为风险；按风险是否可管理可划分为可管理风险和不可管理风险；按风险影响范围可划分为局部风险和总体风险；按风险后果的承担者可划分为投资业主风险、政府风险、投资方风险、设计单位风险、担保方风险和保险方风险等；按风险的可预测性可划分为可预测风险和不可预测风险。

投资收益的风险主要分为系统性风险与非系统性风险两大类。

系统性风险主要是指企业外部发生的、企业自身所不能控制的风险，如利率风险、市场风险、购买力风险、国际政治风险和外汇风险等。

非系统性风险是企业商业或某种证券所独有的风险，是由经营能力和管理能力等可控因素带来的，可以通过投资多样化而避免损失的风险，故亦可称为多样化风险。

由于投资风险本身的特殊性，我们对投资风险的分类主要按其分布来划分。根据投资的运作阶段和环节，投资风险可分为技术风险、融资风险、管理风险(包括意识风险、决策风险、生产风险、组织风险)、市场风险、外部风险、其他风险(包括知识产权风险、信用风险、人才风险等)。

### 3.3.1　技术风险

风险投资进行与否，关键在于是否存在有其值得风险投资的技术。至于技术是否可行，在预期与实践之间是否出现偏差或存在不确定性，这其中存在着巨大的风险。技术风险具体表现为以下几点。

**1.技术上成功的不确定性**

一项技术能否按预期的目标达到应有的功能，在研制之前和开发过程中是不确定的。因技术的失败而造成风险投资失败的例子很多。

**2.技术前景的不确定性**

新技术在诞生之初都是不完善的、粗糙的，对于在现有技术知识条件下能否很快使其完善起来,开发者和进行技术创新的企业家都没有把握。因此,新技术的发展前景是不确定的,风险投资企业往往面临着相当大的风险。

### 3.产品生产和售后服务的不确定性

技术一旦开发出来,如果不能成功地生产出产品,仍不能完成风险投资过程。

### 4.技术效果的不确定性

一项高新技术产品即使能成功地开发、生产出来,事先也难以确定其效果。例如,有的技术有副作用,如造成环境污染、生态破坏等。

### 5.技术寿命的不确定性

由于高新技术产品更新换代迅速、寿命周期短,因此极易被更新的技术替代,但被替代的时间是难以确定的。当更新的技术比预期提前出现时,原有技术将蒙受被提前淘汰的损失。

### 6.配套技术的不确定性

当一项科研成果转化所需要的配套技术不成熟时,也可带来风险。一项科研成果,特别是重大科研成果,往往需要多种专业的相关技术的配套,才能达到预期效果。配套技术风险在技术扩散、技术转移过程中表现得尤为突出。

## 3.3.2　融资风险

风险投资企业有了值得它投资的高新技术,接下来的问题就是筹集资金进行投资了。企业在融资过程中也会经常面临风险,主要表现在:当风险投资企业发展到一定规模,对资金的需求迅速增加时,由于高新技术产品寿命周期短、市场变化快、获得资金支持的渠道少,企业如果在某一阶段不能及时获得资金而失去时机,就有被潜在的竞争对手超过或经营失败的危险;风险投资企业在接受银行贷款时,因利率过高或经营失误而无力偿还;顾客赊账,长期拖欠账款,甚至因其破产而变成死账款;另外,风险投资企业发行股票扩大投资、研制新产品等都有一定的风险。

## 3.3.3　管理风险

管理风险是指风险投资企业在投资过程中因管理不善而导致投资失败所带来的风险,主要表现在以下几个方面。

(1)意识风险。

即企业领导者进行风险投资时因为创新意识不强而带来的风险。

(2)政策风险。

即风险投资企业因决策失误而带来的风险。

(3)生产风险。

这种风险贯穿于整个生产过程。

（4）组织风险。

风险投资企业组织结构不合理所带来的风险。

### 3.3.4　市场风险

市场风险是指新产品、新技术的可行性与市场不匹配引起的风险。大量资料表明，市场风险是导致新产品、新技术商业化和产业化过程中断甚至失败的核心风险之一，主要原因来自四个方面：

（1）难以确定市场的接受能力。
（2）难以确定市场接受的时间。
（3）难以预测新产品的扩散速度。
（4）难以确定竞争能力。

### 3.3.5　外部风险

相较于投资过程而言，各种社会的、政治的、自然的环境所引起的风险，称为投资的外部风险。这种风险的一个基本特点就是投资参与者不可控制。例如，来自政府的一些法令可能限制部分技术的发展；一些自然环境带来的风险，如火灾、水灾、风灾、地震等。

### 3.3.6　其他风险

除上述几种风险因素外，投资还经常伴随着其他风险，如知识产权风险、信用风险、人事风险、道德风险等。

## 3.4　不确定性分析与风险分析

### 3.4.1　不确定性分析

科学的投资决策是建立在收益预期和不确定性分析的基础之上的。没有不确定性分析，主观期望可能距实际偏差很大，这样的决策是毫无意义的。通过不确定性分析，可以了解各种不确定因素的变化对投资效益的影响。在此基础上，可以进一步找出应该采取的应对措施或决策方案。不确定性分析通常包括盈亏平衡分析和敏感性分析。

#### 1. 盈亏平衡分析（break-even analysis）

盈亏平衡分析通常又称为量本利分析或损益平衡分析。它是根据投资项目在正常生产年份的产品产量或销售量、成本费用、产品销售单价和销售税金等数据，计算和分析产量、成本和盈利这三者之间的关系，并从中找出三者之间联系的规律。在盈亏平衡点上，投资项目无盈利，也不亏损。通过盈亏平衡分析可以看出投资项目对市场需求变化的适应能力。

盈亏平衡分析按所用的求解方法可以分为图解法和解析法；按分析变量之间的函数关

系可分为线性盈亏平衡分析和非线性盈亏平衡分析；按是否考虑资金的时间价值，又可分为静态盈亏平衡分析和动态盈亏平衡分析。

一般来说，盈亏平衡点越低，表明项目适应市场变化的能力越强，盈利的安全性越高。但是仅仅以盈亏平衡点的高低来判断投资方案的优劣，并不一定能够得到最优方案。所以，若要在更高盈利的安全性与获取更大盈利的可能性之间做出抉择，只有通过风险分析才能实现。这也说明盈亏平衡分析具有一定的局限性。

#### 2. 敏感性分析( sensitivity analysis )

在项目的经济寿命期内，会有许多不确定因素对项目的经济效益产生影响。在这些不确定因素中，有一些因素稍有改变就可引起某一经济效益指标的明显变化，而另一些因素对经济效益的影响则不很明显，甚至不产生影响。也就是说，项目的经济效益对这些因素的敏感程度不同。根据经济效益对它们变动的反应敏感度的不同，将其分为敏感性因素和不敏感性因素。敏感性分析就是在诸多的不确定因素中，确定哪些是敏感性因素，哪些是不敏感性因素，并分析敏感性因素对经济效益的影响程度。

敏感性分析是动态分析方法，它引入了资金的时间价值概念。它是在现值的基础上进行的，即在不确定因素变化的情况下，计算项目的净现值和内部收益率等经济效益指标会发生什么变化。

敏感性分析可分为单因素敏感性分析和多因素敏感性分析。通过敏感性分析，我们可以了解和掌握在投资项目经济分析中由于某些参数估算的错误或使用数据不太可靠而可能造成的对投资价值指标的影响程度，有助于我们确定在投资决策过程中需要重点调查研究和分析测算的因素。但是，敏感性分析没有考虑各种不确定因素发生变化的可能性有多大，即在未来发生的概率是多少，这就有可能给做出正确的投资决策带来一定的困难。敏感性分析从本质上来说只是一种定性分析，为了克服敏感性分析的局限性，还必须借助于其他的风险分析方法。

### 3.4.2　风险分析

#### 1. 风险分析( risk analysis ) 的含义

风险分析通常也称为概率分析，它是运用概率论与数理统计方法来预测和研究各种不确定因素对投资项目投资价值指标影响的一种定量分析方法。风险分析就是根据不确定因素在一定范围内的随机变动，分析确定这种变动的概率分布和不确定因素的期望值以及标准偏差，进而为项目的决策提供依据的一种方法。

在投资项目风险分析中，从理论上说，投资项目中的各项参数以及由它们决定的净现金流量可能出现的数值有无限多个，但在实践中，通常把它们简化为可能出现的数值为有限个的离散型随机变量。风险分析主要有解析法和模拟法。

（1）解析法。

用解析法来对投资项目进行风险分析时，一般是计算项目净现值的期望值和方差以及净现值大小或等于 0 的概率。由于项目计算期内的净现金流量都是随机变量，因此，项目净现值也必然是一个随机变量。若设项目计算期内各年的净现金流量为 $CF_t(t=0, 1, \cdots, n)$，则项目净现值的计算公式为：

$$NPV = \sum_{t=1}^{n} \frac{CF_t}{(1+i)^t} \tag{3-2}$$

①项目净现值的期望值为：

$$E(NPV) = \sum_{t=1}^{n} \frac{E(CF_t)}{(1+i)^t} \tag{3-3}$$

②项目净现值的方差与标准差。

假设各年净现金流量之间是相互独立的随机变量，则净现值的方差为：

$$D(NPV) = \sum_{t=1}^{n} \frac{D(CF_t)}{(1+i)^t} \tag{3-4}$$

净现值的标准差为：

$$\sigma(NPV) = \sum_{t=1}^{n} \sqrt{D(CF_t)} \tag{3-5}$$

③项目净现值大于或等于 0 的概率。

如果需要计算项目净现值大于或等于 0 的概率，可以认为项目净现值近似地服从正态分布，则项目净现值大于或等于 0 的概率为：

$$P[(NPV) \geqslant 0] = 1 - P(NPV < 0) = 1 - P\left[Z < \frac{0 - E(NPV)}{\sigma(NPV)}\right] \tag{3-6}$$

由标准正态分布表可直接查其概率。

（2）模拟法。

在实际工作中，用解析法对投资项目进行风险分析有时会遇到困难，即有时我们往往没有足够的根据来对项目投资价值指标的概率分布类型做出明确的判断，或者说这种分布无法用典型的概率分布来描述。在这种情况下，如果我们能够知道影响项目投资价值指标的不确定因素的概率分布，就可以采用模拟的方法来对投资项目进行风险分析。

模拟法也称蒙特卡洛（Monte Carlo）技术，它的理论基础就是用样本参数（样本平均数或样本方差）来估计总体的参数，即用反复随机抽样的方法来模拟随机变量可能出现的各种结果，然后计算出与其相对的项目投资价值指标，进而分析和推断项目投资价值指标的概率分布。

用模拟法对项目进行风险分析的具体过程和步骤：

①确定要分析的不确定因素（随机变量）及其概率分布，并将其发生的概率转变为累计概率分布。在一般情况下，用一个适当的理论分布（如均匀分布、正态分布等）来描述随机变量的经验概率分布，是可取的方法。如果不能直接引用典型的理论分布，则一般可根据历史统计数据资料或主观预测判断来估计研究对象的一个初概率分布。

②随机抽样，产生随机变量值，即模拟不确定因素的随机变化，求出不确定因素的可能值。

③求出项目投资价值指标。应用计算机将上述相应的不确定因素对项目现金流的影响进行仿真模拟，从而得出不同的净现值等投资价值指标，将其绘制成频率分布图并进行对

比,从而确定最可能出现的净现值。

### 2.风险分析的优点

(1)使得投资项目的不确定性明晰化。风险分析可以使与项目有关的因素的不确定性清晰地表现出来,并在项目经济分析中加以系统而充分的考虑,风险分析技术使我们能够最大限度地利用可获得的有关信息。

(2)模拟法是一种更全面的分析风险技术,使我们能够确定与项目有关的各种因素同时变化时对项目投资效果所产生的影响。通过随机现金流量模拟,可以获得项目投资效果的各种可能的取值,以及把握项目风险的总体趋势。

(3)可以测算投资效果变化的范围。风险分析技术的最大优点之一就是它能够测量项目投资价值指标及以预期现金流量为基础得出投资价值指标的离中趋势(偏离程度)。这种离中趋势或项目投资价值指标的变动形式决定项目取舍或方案比较结果,是做选择时应当考虑的重要因素。此外,通过风险分析所得的项目投资价值指标的概率分布,也将有助于我们对项目的风险做出判断。

风险分析作为一种能改善风险条件下的投资决策过程并有助于获得最佳投资决策的技术,已经受到了人们的高度重视,并得到了日益广泛的应用。有效地理解和处理不确定性和风险对投资风险分析与决策至关重要。

## 3.5　投资风险分析内容

投资风险分析就是要对风险的识别、估计和评价做出全面的、综合的分析。其主要内容如图 3-1 所示。

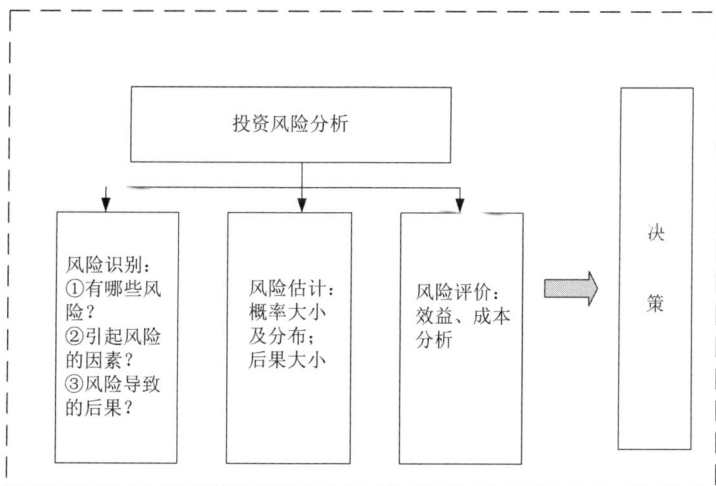

图 3-1　投资风险分析的主要内容

一方面，投资风险分析与决策密切相关，投资风险分析就是为了更好地进行投资决策，或者说，投资风险分析是投资决策的一部分；另一方面，对风险的评价与处理也包括投资决策的成分。

### 1. 风险识别

风险识别主要应回答以下几个问题：①有哪些风险应当考虑？②引起这些风险的主要因素是什么？③这些风险所导致后果的严重程度如何？

在实施风险管理之前，必须充分认识各种潜在的风险因素及发生灾损事故的可能性，特别是应对风险企业生产和经营过程中面临的特殊风险有明确的了解，密切注意广泛采用的先进技术所带来的新的风险，提高对风险客观性和预见性的认识，充分掌握风险管理的主动权。风险识别的主要内容包括：项目的技术、经济和社会价值；市场风险与竞争背景；开发环境与开发者素质；开发计划的合理性与可行性；其他可能等。

当投资某项目时，能引起风险的因素很多，它们导致的后果的严重程度各异。完全不考虑这些因素或遗漏主要因素是不对的，但每个因素都考虑也会使问题复杂化，因而也是不恰当的。风险识别就是要合理地考量不同的风险因素。在风险识别阶段主要是对风险进行定性分析。

### 2. 风险估计

风险估计就是对风险进行预测和度量。估计风险的性质，估算风险事件发生的概率及其后果的大小，以减少项目的不确定性。风险估计必须做到：确定项目变数的数值和计量这些变数的标度；查明项目进行过程中各种事件的各种后果及它们之间的因果关系；根据选定的计量尺度确定风险后果的大小；同时还要考虑那些有可能增大或减小的潜在威胁演变为现实的概率的所有转化因素，如果潜在威胁真的演变为现实，则须考虑后果的严重程度。

风险估计有主观和客观两种。客观的风险估计以历史数据和资料为依据，主观的风险估计无历史数据和资料可供参照，靠的是人的经验和判断。一般情况下，这两种估计都要做。因为现实项目活动的情况并不总是泾渭分明、一目了然的。特别是对于应用新技术的项目，由于新技术发展快，以前项目的数据和资料往往已经过时，对新项目失去了参考价值。

风险估计的对象是项目单个风险，而非项目整体风险。风险估计有如下几方面的目的：加深对项目自身和环境的理解；进一步寻找实现项目目标的可行方案；使项目所有的不确定性和风险都经过充分、系统而又有条理的考虑；明确不确定性对项目其他各方面的影响；估计和比较项目各方案或行动路线的风险大小，从中选择出威胁最少、机会最多的方案或行动路线。

### 3.风险评价

风险估计只对项目各阶段单个风险分别进行估计或量化，没有考虑各单个风险综合起来的总体效果，也没有考虑这些风险是否能被项目主体所接受。在风险评阶阶段，我们把注意力转向包括项目所有阶段的整体风险，各风险之间的相互影响、相互作用及它们对项目的总体影响，以及项目主体对风险的承受力方面。这些问题涉及范围较广，与决策问题紧密相连。

## 3.6　矿业投资风险评价指标的优化

### 3.6.1　矿业投资的风险识别

#### 1.风险的基本特征

理论界对风险有各种各样的理解。第一种观点认为，风险是人类活动结果的不确定性。第二种观点认为，风险就是不利的后果。第三种观点认为，风险是由未来行动决策及客观条件的不确定性而引起的后果与预定目标之间发生多种偏离情况的综合。风险是某种活动损失的可能性，风险有可能发生，也有可能不发生。人类通过研究，可以采取各种措施、手段来规避、化解风险。

风险的特征包括以下几点。①客观性。风险的存在不以人的意志为转移，只要从事具体的生产经营活动，就必定会面临着风险的威胁，而且风险无处不在，无时不有。②随机性。风险事件有可能发生，也有可能不发生，具有极大的随机性，因此，当人们面临风险时，常有一种突如其来的感觉，让人不知所措。③相对性。风险的种类、大小、性质会随着企业内外部条件的变化而变化。④潜在性。风险往往不显露在表面，看不见、摸不着，难以精确描绘。⑤可测性。尽管我们无法消除风险，但是风险是可以识别、预测、估量、评价、防范和规避的，只要措施得当，完全可以把风险带来的损失降到最低，并且高风险常伴随着高回报。

#### 2.矿业投资风险的分类

矿产资源是自然形成的，一般埋藏于地下，因此，人类只有通过运用科学理论知识和先进的勘查技术、手段，按照一定的程序，才能查清矿床的形状、大小、储量、品位、产状、空间分布及分选性能等，对于有开采价值的矿床，则投入资金进行开采，为工业生产提供原材料。由于矿产资源是自然形成的，隐蔽性强、不确定性因素多，加上人类认识能力的限制，因此矿业投资具有高风险性。总之，矿业投资回收期长（短则十几年，多则几十年）、投资金额大、投资风险高、效益不确定，因而矿业投资的不确定影响因素较多，风险也较高。

影响矿业投资风险的因素很多，有矿床形成本身的地质条件，人类对矿产资源的认识水平与能力，以及来自政府和市场方面的因素。根据不同的划分标准，矿业项目投资的风险有不同的类型。

矿业投资风险根据矿业项目进展的阶段性可划分为勘查阶段的风险和矿山生产阶段的风险。

(1)勘查阶段的风险。

矿产勘查工作(固体矿产)一般分为预查、普查、详查和勘探四个阶段。矿产勘查从预查阶段到勘探阶段,人类对矿产资源的认识逐渐加深,自然因素造成的风险逐渐减少。但由于矿产的预查和普查的风险极大,世界各国政府通常以公益性的地质事业形式承担这部分风险,而详查和勘探的风险则由矿业公司或探矿公司来承担。目前,我国也是由政府承担预查和普查的风险,详查和勘探的风险逐步由矿业公司或勘查企业来承担。

勘查阶段的风险主要来自三个方面:第一,自然风险,即由于自然条件形成的矿床的自然特性,包括形状、产状、大小、空间位置和矿石质量等,决定矿床是否具有工业价值以及矿床所具有的工业价值的大小、开采的难易程度等;第二,人类的认识能力和认识水平也会给矿业投资带来风险,人类的认识水平越高,认识能力越强,则对矿产资源的认识越清楚,对矿床储量的计算就越准确,因而不必要的浪费就越少,风险也就越小;第三,环境风险,即除了矿床的自然风险、人的认识能力的限制外,还有外部环境的影响。

矿业勘查包括详查和勘探两个具体阶段。矿产详查的结果是证实普查阶段圈出的区域或矿点是否具有进一步勘探的价值,而勘探的结果则是找出具有开采价值的矿床。通常情况下,经过详查阶段得到具有勘探价值的矿床的机会是很小的,因而详探阶段的风险(指地质风险)很大。勘探阶段的风险(指地质风险)也比较高。例如,加拿大 COMINCO 公司在 1929 年到 1969 年四十年间,批准进行矿点检查的项目有 1000 个,经详查转勘探的有 78 个,最后投入开发的有 18 个,矿产勘查阶段的风险系数为 0.982。我国在 1976 年至 1983 年间,共检查群众报矿点 15117 处,其中有进一步工作价值的有 1892 处,同期检查物化探异常的矿点有 22724 处,其中见矿异常的有 2079 处;新发现的矿产地 1251 处,提交可供工农业建设利用的矿产报告 914 处,占有进一步工作价值的群众报矿点和见矿异常矿点之和的 23%,勘查阶段风险系数为 0.77。

(2)矿山生产阶段的风险。

经过勘探确认具有开采价值的矿床可转入矿山生产阶段,进行矿山的建设和开采。尽管进入矿山的生产阶段,矿业投资的地质因素和人类的认识因素带来的风险大大降低,但社会经济因素、政治因素和市场因素带来的风险却在增加。上述例子中,加拿大 COMINCO 公司在 1000 个矿点检查中所得到的 18 个投入开采的矿床,最终可盈利的只有 7 个,成功率只有 7‰,换句话说,矿产勘探和矿山生产的累计风险系数为 0.993,而矿山生产阶段的风险系数为 $(1-7/18)=0.611$。这说明除了地质因素和人类的认识因素带来的风险外,还有其他因素风险。

由于矿山建设周期比较长(从矿山建设到投产一般为 3 年),加上矿山的开采周期很长(短则几年,长则几十年、上百年),因此市场环境、需求状况、政治背景、宏观政策、技术条件、人事安排等诸多因素都在变化,这些变化对矿业投资有积极的影响,也会带来消极的影响,即风险。

按照矿业投资风险在矿业生产各阶段的表现形式，一般可将风险分为地质风险、信用风险、完工风险、运营风险、市场风险、金融风险、政治风险、环境保护风险、不可抗拒力风险和人事风险等。

### 3. 对矿业项目风险的分类

本书根据我国矿业风险评价的实际，将风险主要分为自然风险、市场风险、政策性风险、资金风险、管理风险和生产技术风险等。

（1）自然风险。

自然风险是指由于自然因素的不确定性给矿业项目投资所带来的各种风险，主要包括两个方面：一是矿床技术条件诸如其品位与储量、矿石可选性的变化导致的产量和采选成本的变化；二是工程条件诸如矿床水文地质、矿岩力学性能的变化导致的施工费用的增加、工程进度的延迟及工程设计的修改。另外，地震、洪水、风暴等自然灾害也会对矿业项目投资造成一定的自然风险。在矿业项目投资中，这种风险一旦发生则会产生极大的损失。

（2）市场风险。

企业所处的产业或所要进入的行业，是对企业影响最直接、作用最大的企业外部环境因素。在矿业项目投资中，企业应该考虑自身所处产业在国家产业政策体系中的位置、国家是否持扶持态度、行业竞争是否激烈、行业增长情况如何等问题。同时，企业还应该考虑企业矿产品的销售市场、销售价格、所处竞争地位、产品需求等情况。

（3）政策性风险。

政策性风险主要指货币及外汇政策、环境保护政策、税收政策和进出口政策等方面的变化，给矿业项目投资带来的风险。这类风险仅能通过矿业厂商与组织对政府决策施加有限的影响而得到一定程度的控制。

市场利率的变化与项目融资中的贷款结构有直接的关系。市场利率上升，意味着融资成本上升。利率的敏感性取值可以金融市场上的可测利率为依据。

（4）资金风险。

资金风险是指由于资金不能及时提供而导致矿业项目活动某环节中断的可能性。矿业项目投资需要的资金巨大，且每个环节都不能中断，必须保证供应，才能使矿业项目活动持续下去。企业在经营过程中出现资金困难，或矿业项目需要的资金无法筹借到，就会导致矿业项目失败。

（5）管理风险。

管理风险是指在矿业项目投资过程中，由于管理失误而导致矿业项目投资失败的可能性。如组织协调不力、相关部门配合不好、高层领导关注不够、风险决策机制不健全、项目人员的素质不高等因素都会引起管理风险。

（6）生产技术风险。

生产技术风险是指在矿业项目生产过程中，由于地质勘探、采矿技术、选矿技术、安全技术和环境保护等方面的失误，项目不能正常进行而引起的风险。

### 3.6.2　资本资产定价模型中参数的选取

无风险投资收益率 Rf 是指在资本市场上可以获得的风险极低的投资机会的收益率。一般选取与项目预计寿命周期相近的政府债券(国库券)的利率作为 Rf 的参考值。Rf 通常也被作为项目风险承受力底线的指标。考虑到矿业投资的高风险性,国内有些学者认为,在不考虑风险收益的情况下,矿业部门平均的投资收益率应高于工业部门的平均投资收益率 3 个百分点。

风险校正系数 $\beta$ 值的计算最为困难,一般方法是将资本市场上已有的与同一种矿业项目相近的公司的系统风险 $\beta$ 值作为将要投资项目(分析对象)的风险校正系数。

由于我国应用该模型的假设条件还不完全具备,需要对 $\beta$ 值进一步修正,如式(3-7)所示:

$$\beta' = (1+r) \times \beta \qquad (3-7)$$

式中:$\beta'$——修正后的风险校正系数;

　　$\beta$——所参照的风险校正系数;

　　$r$——修正系数,$0 < r < 1$。

$r$ 的大小与我国矿业资本市场的完善程度有关,资本市场越趋于完善,竞争就越充分,$r$ 就越小。$r$ 的确定方法可由我国矿业资本市场发育程度(设定若干指标,进行专家打分)与矿业资本市场比较发育的国家(所参照风险校正系数的国家)进行对比求得。目前直接对比矿业资本市场还比较困难,鉴于矿业资本市场与矿业权市场的联动性,可与矿业权市场发育程度进行对比。

市场经济国家的矿业权市场发育程度,有不同的衡量指标。尽管目前就这一问题在国际上尚未形成统一的认识,各种指标的科学性尚未充分论证,但是,为了定量地描述一段时间矿业权市场发育的程度,实时监测一定时期内矿业权市场的发展趋势,综合评价矿权市场的发育对矿业可持续发展的影响,预警、预报矿业权市场运作过程中的异常征兆,不同国家,以及一些主要的国际机构(包括一些跨国矿业公司),均探索性地建立了不同的反映探矿权市场发育程度的指标。

矿权政府管理绩效指标($G$)主要描述的是政府有关矿业权市场管理的各项政策法规、行政管理给矿业权市场所带来的行为后果,相对反映矿权市场规范程度。政府对矿业权市场的管理,对矿权市场的规范和发育程度影响最大。

在现代市场经济国家,商业性矿产勘查不作为一个独立的产业,它是大矿业的一个有机组成部分。作为矿业生产的源头,商业性矿产勘查是现代矿业的发动机,为现代矿业提供源源不断的新的可供开采的储量,以及提供进入矿业生命周期的矿产地。商业性矿产勘查对现代矿业有着十分特殊的作用。正是因为如此,市场经济国家的政府对这项工作特别重视:一方面,能充分发挥市场配置资源的作用,规范和发展矿权市场,并使矿权市场与矿业资本市场、矿产品市场、矿产勘查劳务市场等有机整合,实现充分、有序的竞争;另一方面,采取多种宏观调控措施,包括财政、税收和金融手段,可将支持矿业工作的商业性矿产勘查活动维持在一个合理、有效的水平。

综合国际市场经济国家的矿权政府管理绩效指标($G$)由以下 4 个评价指数构成:法律支持度($G1$)、服务满足度($G2$)、政策灵敏度($G3$)、市场监管度($G4$),见表3-1。其中,法律支持度($G1$)包括 11 项评价标准，服务满足度($G2$)包括 8 项评价标准，政策灵敏度($G3$)包括 9 项评价标准，市场监管度($G4$)包括 7 项评价标准，共涉及 35 项评价标准。

表 3-1　矿权政府管理绩效指标

| 指标类别 | 指标组成 | 评价标准 |
|---|---|---|
| G1 法律支持度 | G11 探矿权保障程度 | G111 探矿权的财产权地位是否确定 |
| | | G112 探矿权人取得采矿权的法律规定和实施程序；矿业权的设置方式 |
| | | G113 探矿权是否可以被征用，征用的范围和公共利益原则是否清晰，补偿是否公正、充分，程序是否明晰、正当 |
| | | G114 相关权利如土地权、取水权、伐木权、环境保护等对探矿权的影响和挑战 |
| | G12 商业性质矿产勘查的准入门槛和准入成本 | G121 探矿权的取得方式；早申请者优先原则能否实行；是否必须实行招标制度；是否限制条件 |
| | | G122 探矿权申请人是否有资质限制；资金、技术能力是否满足取得探矿权的先决条件；非法人是否可以取得探矿权 |
| | | G123 矿产勘查过程中的联合风险经营协议和买卖选择权协议的实践 |
| | | G124 探矿权租金的征收比率，与土地租金的关系，是否仅是名义上的 |
| | G13 矿产勘查退出机制 | G131 是否将勘探资本作为风险资本、创业资本运作 |
| | | G132 探矿权转让：程序、成本、市场透明度 |
| | | G133 通过 IPO 方式退出的机制与可行性 |
| G2 服务满足度 | G21 基础地质调查 | G211 基础地址调查的规模、组织方式、运行机制 |
| | | G212 国家地质调查机构的定位、性质；是否直接参与矿产勘查 |
| | | G213 开展地质调查项目前后该地区矿业权申请个数的变化；开展地质调查工作前后该地区私人公司的商业性矿产勘查和勘查支出情况的变化 |
| | G22 地质资料服务 | G221 地学产品(主要指各种图件和报告)的销售和分发情况、价格、可得性 |
| | | G222 国家地学信息库和知识库的可得性 |
| | | G223 客户查询、咨询情况 |
| | | G224 地质资料公开文档系统的可得性 |
| | | G225 地质调查机构向公众提供信息的程序、标准、指南是否就位 |

续表3-1

| 指标类别 | 指标组成 | 评价标准 |
|---|---|---|
| G3 政策灵敏度 | G31 矿业税收制度 | G311 矿业税收制度是否考虑了矿产勘查的特殊性 |
| | | G312 矿产勘查支出的税收处理原则 |
| | | G313 是否实行类似美国的耗竭补贴制度或者加拿大的全部通过股票制度 |
| | G32 矿业财政制度 | G321 是否对矿产勘查实行财政补贴制度，补贴的范围、目标，补助金的运行机制 |
| | | G322 对矿产勘查所需资金的贷款，是否有专门的规定 |
| | G33 矿业资本市场 | G331 矿业资本市场与探矿权市场、矿产品市场的融合度 |
| | | G332 是否有专门的针对矿产勘查公司的上市条例、规定；勘查公司上市的"门槛"要求 |
| | | G333 是否有专门的针对矿产勘查及其他风险资本的二级市场或"非挂牌证券市场" |
| | | G334 是否有专门的针对矿业等活动的政策性银行 |
| G4 市场监管度 | G41 行业自律 | G411 政府对探矿权市场是管理还是治理 |
| | | G412 是否有成熟的勘查商业文化 |
| | | G413 探矿权市场结构模式 |
| | | G414 探矿权市场运行的标准、规范、指南是否完善 |
| | | G415 中介机构及其运作模式 |
| | G42 市场监管的信息化水平 | G421 信息披露制度：信息披露范围，披露"失灵"纠正机制 |
| | | G422 探矿权管理有关的信息系统建设：主要以服务为目的的与地质调查成果有关的信息服务系统；兼具管理和服务目的的矿业全管理信息系统；主要以监管和调控为目的的矿业市场监管信息系统 |

　　矿权市场运行绩效指标($P$)主要反映探矿权的市场运行规则、矿权市场主体运行所带来的行为后果。矿权市场运行绩效指标，相对反映矿权市场发育程度。

　　综合国际市场经济国家的矿权市场运行绩效指标($P$)由以下3个评价指数构成：市场繁荣度($P1$)、市场诚信度($P2$)、市场规范度($P3$)，见表3-2。其中，市场繁荣度($P1$)包括14项评价标准，市场诚信度($P2$)包括15项评价标准，市场规范度($P3$)包括12项评价标准，共涉及41项评价标准。

表 3-2　矿权市场运作绩效指标

| 指标类别 | 指标组成 | 评价指标 |
|---|---|---|
| P1 市场繁荣度 | P11 勘查投资综合指数 | P111 年度政府勘查预算：勘查投资的地区分布、矿种分布、勘查阶段分布 |
| | | P112 年度企业勘查预算：勘查投资的地区分布、矿种分布、勘查阶段分布（草根勘查、矿场勘查、矿山勘查和可行性研究）、企业结构分布 |
| | | P113 年度勘查许可证发放情况及其变化 |
| | | P114 探矿权亩数（勘查许可证所覆盖面积）及其变化 |
| | P12 探矿权交易综合 | P121 探矿权转让（deal）宗数 |
| | | P122 探矿权转让交易额 |
| | | P123 矿业企业并购宗数与交易额 |
| | | P124 勘查企业 IPO：宗数、募集资金额 |
| | | P125 勘查企业并购案例中，所涉及目标矿种的单位吨位价格（不同级别的储量和/或资源量的价格） |
| | P13 勘查效果综合指数 | P131 新增矿产资源/储量、矿产地 |
| | | P132 勘查投入工作量，重点是钻探进尺、坑深工作量 |
| | | P133 矿产勘查从业人员：学历结构、年龄结构、工资水平 |
| | | P134 单位勘查投资发现率：勘查投资的成本-效益分析 |
| | | P135 勘查设备分析：设备主要是钻机的利用率、开工率 |
| P2 市场诚信度 | P21 探矿权市场信用 | P211 探矿权申请诚信：宣誓制度、见证人制度 |
| | | P212 探矿权人履约诚信（最低勘查收入、汇交地质资料、租费、环境保护等） |
| | | P213 探矿权市场交易诚信：探矿权评估 |
| | | P214 是否有健全的内部约束机制、完善的外部监管机制、适当的利益激励机制和清晰的失约约束与惩戒机制 |
| | | P215 是否有探矿权人诚信评价与发布体系：确定矿业权人的信用等级，明确矿业权人不良行为记录公布制度 |
| | P22 探矿权管理信用 | P221 探矿权审批诚信 |
| | | P222 与探矿权管理有关的收费管理诚信 |
| | | P223 探矿权管理执法诚信 |
| | | P224 探矿权管理上下级诚信 |
| | | P225 探矿权管理质量标准和时间标准 |
| | P23 探矿权市场信用评价体系 | P231 探矿权市场信用标准系统 |
| | | P232 探矿权市场信用信息系统 |
| | | P233 探矿权市场信用评价系统 |
| | | P234 探矿权市场信用信息应用系统 |
| | | P235 探矿权申请人、探矿权人信用档案建设 |

续表3-2

| 指标类别 | 指标组成 | 评价指标 |
|---|---|---|
| P3 市场规范度 | P31 探矿权管理机构建设 | P311 政府矿政管理机构的设置、定位，与国家其他管理部门的协调能力和协调机制 |
| | | P312 政府矿政管理部门管理人员的数量与专业结构 |
| | P32 勘查企业组织 | P321 上市勘查公司数量、结构 |
| | | P322 初级勘查公司数量、结构 |
| | | P323 大型矿业公司内部的勘查分部 |
| | P33 勘查中介机构组织 | P331 投资银行与证券经纪公司 |
| | | P332 专业咨询公司，包括地质、法律和财务等专业咨询公司 |
| | P34 行会组织 | P341 独立地质学家或称职专业制度 |
| | | P342 储量计算、探矿权评估等行会组织的行业从业标准、执业规范、道德行为规范 |
| | P35 市场监管 | P351 涉及资源的多部门联合征信制度及从部门封闭型的监管方式向社会网络化的监管方式转变 |
| | | P352 社会监管、听政制度、公众参与 |
| | | P353 违法案件宗数与处理结果 |

资料来源：张新安，市场经济国家矿权市场发育制度指标研究，第一届中国探矿者年会，北京，2004.

矿权政府管理绩效指标($G$)和矿权市场运行绩效指标($P$)互相反映、互为对照，共同反映市场经济国家矿权市场的发育程度。

可以参照上述指标，调整和设计符合我国国情的矿权市场发育程度的指标。

另外，资本市场平均投资收益率 $R_m$ 的确定通常以较长时间内平均股票价格指数的收益率来代替资本市场上的均衡投资收益率。在实际计算中，可能会出现($R_m-R_f$)<0 的情况，为此，可采用计算一个较长时间段内的($R_m-R_f$)平均值来代替 $R_m$ 的单独估计值。

由于我国对矿业的风险收益率还没有进行系统的研究，矿业勘查及矿山建设、开采阶段的风险收益率($R_m-R_f$)可参考 Smith L. D. 多年对西方市场经济国家矿业项目投资进行详细分析得出的研究成果，见表3-3。

**表 3-3　不同矿业勘查开发阶段的风险收益率**

| 矿业勘查开发阶段 | 风险收益率/% |
|---|---|
| 普查阶段 | 17.5 |
| 详查阶段 | 12.5 |
| 勘探阶段 | 7.5 |
| 矿山建设、开采阶段 | 2.5~5.5 |

### 3.6.3　风险敏感系数

敏感性分析的目的是考察矿山融资项目的主要因素发生变化时对项目净效益的影响程度。在矿山项目融资风险评价中，敏感性分析是分析全部投资净现值指标对矿产品产量、矿产品价格、生产成本、投资等影响因素的敏感程度。通过敏感性分析可知当评价指标达到临界点(如净现值大于零)时允许多个因素变化的最大幅度，即变化极限，并可求此极限值，再根据所求极限值确定风险敏感度。进行敏感性分析时，可以全部投资净现值为纵坐标，以不确定因素的变化率(百分数)为横坐标，根据敏感性分析表所列数据绘制敏感性分析图。

#### 1. 测度敏感性的风险因素

一般情况下，矿山生产项目投资中需要测度敏感性的风险因素有如下几个。

(1)矿产品价格。

矿产品价格的变化直接影响矿山生产项目未来的现金流入量。矿产品价格不仅受国内经济因素的影响，而且受国际经济因素的影响。比如经济的景气程度，经济快速发展时期，对矿产品的需求量增加，矿产品价格可能会上升，反之，经济不景气或处于衰退时期，对矿产品的需求量减少，矿产品价格下降。在进行矿山生产项目融资的敏感性分析时，要分析矿产品的未来价格变化趋势。通常可以略低于目前实际价格的矿产品价格作为初始价格，然后按照预期的通货膨胀率逐年递增作为现金流量模型的基础价格方案，在基础价格方案之上对项目前几年(至少5年)的价格水平加以调整，或在基础价格方案上在高出生产成本5%至10%的范围内调整。

(2)投资。

矿山生产项目不仅投资量大，而且从矿山建设到正式投产，随着投资额的增大，项目风险也在增加。因此，投资成本超过项目预算，无疑会增加项目的风险，在进行投资额的敏感性分析时，投资成本的超支假设一般在10%至30%的范围内取值。

(3)政策变化。

汇率的变化对矿山生产项目的现金流量的影响包括：①如果矿山生产项目需要进口设备，那么，预算汇率和实际汇率的差别将可能增加项目的投资成本。②对于矿产品出口的项目，汇率的变化会影响其销售收入。③对于有国际融资的矿业项目，汇率的变化还会影响项目的偿债能力。因为项目融资一般要求以当前汇率作为基础方案，然后根据各种权威的预测数据加以调整。

政府的税收减免政策可大大降低融资成本，但如果政府对矿山生产造成的环境污染提出更严格的限制，如增收污染附加税，则会导致矿山生产成本的上升。这里主要测度税率的变化对现金流量的影响。

(4)产量。

产量的变化直接影响矿山生产项目的现金流入量。产量达不到预期目标的原因有：劳动生产率过低或矿山的储量不足。对于正在生产的矿山，产量的取值可以参考矿山的历史数据；对于新开发的矿山，产量的取值可根据使用同类技术的相似项目的生产情况来做出判断。由于采用融资的项目所使用的技术是成熟型的，因此，产量的变化一般较小，通常要求产量的变化不应超过 15%。

（5）生产成本。

矿山生产成本提高的原因：一方面是通货膨胀造成设备及原材料价格的上涨；另一方面是对地质条件的复杂性估计不足，导致生产成本被低估。为此，可采取比基础方案的生产成本高 5%~10% 的比率或采用比基础方案通货膨胀率高的生产成本增长率计算生产成本。

**2. 风险敏感系数**

为了计算现金流量对各种风险因素变化反应的灵敏程度，我们借用经济学上弹性系数的概念，采用风险敏感系数指标来衡量。风险敏感系数是指风险因素每变动 1% 时评价指标（这里是现金流量）变化的百分比，用 $e$ 来表示。假设风险评价指标 $Z = f(X)$，风险因素 $X = (X_1, X_2, X_3, \cdots, X_n)$，$n$ 代表风险因素个数，则第 $i$ 个风险因素对风险评价指标的风险敏感系数 $e_i$ 的计算公式为：

$$e_i = f'(X_i) = \frac{\Delta Z / Z}{\Delta X_i / X} \tag{3-8}$$

式中：$e_i$——第 $i$ 个风险因素对风险评价指标的风险敏感系数；

$\Delta Z / Z$——评价指标变动的百分比；

$\Delta X_i / X$——第 $i$ 个风险因素变动的百分比。

利用风险敏感系数计算公式，我们可以计算出评价指标对各种风险因素变化反应的灵敏程度，从而更准确地把握和控制风险。

上述计算中，风险敏感系数可大于零，也可小于零。到底风险灵敏系数是大于零好，还是小于零好，不能一概而论，应做具体分析。矿产品价格上涨、产量增加、矿山建设工程工期提前，使现金流量增加，风险敏感系数大于零，这是有利的方面；矿产品价格下降、产量减少、矿山建设工程延期，使现金流量减少，风险敏感系数小于零，则是不利的方面。而利率降低、汇率下降、投资额减少、生产成本降低、税率降低，使现金流量增加，风险敏感系数小于零，则是有利的方面；利率上升、汇率下降、投资额增加、生产成本提高、税率提高，使现金流量减少，风险敏感系数小于零，则是不利的方面。

根据风险敏感系数大小，可以构建对风险因素重视程度的关系表（表 3-4）。风险敏感系数绝对值大于等于 1 的风险因素为高度敏感因素，需要给予高度重视；风险敏感系数绝对值小于 1 大于等于 0.1 的风险因素为敏感因素，需要重视；风险敏感系数绝对值大于 0 小于 0.1 的风险因素为缺不灵敏因素，无须花很大的精力；风险敏感系数等于零的风险因素为与评价指标无关的因素，无须管它。

表 3-4　风险敏感系数与重视程度的关系

| 风险敏感系数 | $\lvert e \rvert \geq 1$ | $0.1 \leq \lvert e \rvert < 1$ | $0 < \lvert e \rvert < 0.1$ | $\lvert e \rvert = 0$ |
|---|---|---|---|---|
| 重视程度 | 高度重视 | 需要重视 | 无须重视 | 无关 |

### 3.6.4　矿业项目过程风险评价指标的优化

矿业投资项目不同于其他行业,在矿业生产项目投资实践中,不仅要关注项目的绝对经济强度(结果),而且要关注矿业项目过程的经济强度。本书根据前人对矿业项目过程经济强度的风险评价指标研究成果,提出以下几个评价指标:储量保证系数、项目偿债强度、项目持续发展强度等。

**1. 储量保证系数($RGC$)**

储量保证系数的计算公式为:

$$RGC = 1 - \frac{KC}{BY} \tag{3-9}$$

式中:$RGC$——储量保证系数;

　　$KC$——项目投资期间计划开采储量;

　　$BY$——保有储量。

储量保证系数是反映矿山企业生产阶段有无足够的矿产储量储备可供开采的指标,也是反映矿山企业储量风险的指标。对于石油、天然气、矿山和金属矿床等项目,如果储量储备不足,则矿山生产的风险就很大。因此,矿山生产项目投资的一个先决条件条件是,要求储量保证系数保持在一定水平之上,通常要求最低储量保证系数在0.5以上。如果储量保证系数低于0.3,则项目的储量风险过高,须在投资前做进一步的勘探工作,以保证储量的最低开采量的要求。

**2. 项目偿债强度($PRI$)**

项目偿债强度是指项目用于偿还债务的有效净现金流量与当期应偿还债务的比值。项目偿债强度可以作为债权人对项目风险的基本评价指标,可通过现金流量模型来计算。项目偿债强度可进一步划分为单一年度偿债强度和累计偿债强度两个指标。

单一年度偿债强度($PRI_t$):

$$PRI_t = \frac{NCF_t}{RP_t + IE_t} \tag{3-10}$$

式中:$NCF_t$——第 $t$ 年项目净现金流量;

　　$RP_t$——第 $t$ 年到期债务本金;

　　$IE_t$——第 $t$ 年应付债务利息。

由于矿山生产项目投资承担较高风险,而高风险要求高收益,因此矿山生产项目投资的偿债强度要求较高,以接近1.5为宜。

累计偿债强度($\sum PRI_t$):

$$\sum PRI_t = \left(NCF_i + \sum_{i=1}^{t-1} NCF_i\right) / (RP_t + IE_t) \tag{3-11}$$

式中:$NCF_i$——自第 1 年至($t-1$)年项目的净现金流量。

设计累计偿债强度指标的目的是保证矿山生产项目有持续的偿债能力。由于矿山生产项目可能会在某几个特定的年份(如在矿山的建设期和设备更新期)出现较低的 $PRI$,因此,通常矿山生产项目会把一定的盈余保留在项目公司中,只有超过累计偿债强度部分才被允许作为利润返还给投资者,这样就可以使项目在不同年份之间都有偿债能力。矿山生产项目累计偿债强度应接近 2.0。

### 3. 项目持续发展强度(SDI)

项目持续发展强度指标由储量收益覆盖率导出,表示项目未来的发展潜力。项目年度持续发展强度应不低于 0.5,计算公式为:

$$SDI_t = 1 - \frac{1}{RCR_t} \tag{3-12}$$

式中:$SDI_t$——第 $t$ 年的项目持续发展强度;

$RCR_t$——第 $t$ 年的储量收益覆盖率。

## 3.7　矿业投资风险评价存在的问题

### 3.7.1　关于静态评价与动态评价的局限性问题

矿业项目的经济评价按其是否考虑资金时间价值因素,可分为静态评价(不考虑资金时间价值因素)和动态评价(考虑资金时间价值因素)两种评价方法。20 世纪 50 年代,西方国家对项目的投资经济效果评价,也还是采用简单的评价方法(即采用收益率和返本期)进行静态分析;到 20 世纪 60 年代,开始采用贴现法进行动态分析,其特点是考虑了项目的整个寿命期和时间因素,从静态和动态两方面来研究和分析诸如价格、资本利息等重要的经济指标,而这些指标正是进行经济计算、归并和编制综合指标的基础。

静态计算的最大特点是计算简便、直观。所以在初步可行性研究中,在对矿业企业进行盈亏平衡、敏感性及其他不确定性分析时,对逐年收益大致相等的项目使用静态评价方法还是比较有用的。其缺点是不能反映项目整个寿命期的全面情况。动态评价方法考虑了资金时间价值,这就需要计算贴现系数。但贴现率的选择十分重要,而且人为因素对其影响较大,一旦选择不当就会产生较大的偏差。因此,动态、静态评价方法各有所长,每种评价方法均有一定的局限性。

### 3.7.2　矿业投资风险评价指标和标准存在多样性的问题

矿业投资风险评价指标是采用一个单一的综合指标,还是采用一组指标(由多个指标组成的"指标体系"),一直是大家探讨的问题。在过去的工程设计经济分析中,常采用多指标,这些指标在设计中平行罗列,在审查时如何区分主次,很难决断。但找出一个更加综合的价值指标作为评价指标也是比较困难的。虽然 20 世纪 90 年代以来,数学方法的应用使许多经济因素逐步量化,这对经济效果计算和评价,无疑是十分有利的,但任何一个指标毕竟有其局限性,因此制定一个单一的、全面的、概括的综合评价指标是不大可能的。比较现实的办法还是确定一组评价指标,但这些指标应该有主次之分,譬如绝对效果指标、相对效果指标,以及其他附加、补充指标等。对矿业项目投资风险评价指标的确定就

更加困难，不同矿种、同一矿种不同地区，风险评价指标的选取也不一样，很难用统一的
方法和指标对所有的矿业项目投资风险进行评价。

### 3.7.3　关于矿业投资的不确定性分析

在对风险评价的计算中，大部分数据来自预测或估计，其中必然包括某些不确定因素
和风险，这就有必要分析这些不确定因素对投资项目的影响。敏感性分析只能分析单个不
确定因素的变化对效果的影响，而不能对多个不确定因素进行综合分析。

### 3.7.4　关于对矿业项目过程风险的评价

目前，对矿业项目的投资风险评价注重评价结果的较多，但对过程评价的研究，尤其
是指标的设计较少，很难做到对矿业投资风险的全过程监控。矿业项目不同于一般的施工
项目，过程风险的跟踪对项目的成败起着至关重要的作用。现有的研究成果中，对项目过
程评价指标主要有债务覆盖率、债务承受比率、储量覆盖率、储量收益覆盖率等，但这些
指标更侧重对偿债或收益等经济强度的评价，反映项目过程风险的程度较弱。

# 第 4 章
# 矿业投资风险分析常用方法

## 4.1　概述

### 4.1.1　矿业投资风险和不确定因素

风险是普遍存在的，任何工程都有风险，只是大小不同。矿床的勘探和开发是一项极其复杂的综合工程，对这样一个工程进行投资决策，必然会遇到风险问题，因为在决策时无法完全查明矿床的特点，而且各种环境参数(如市场条件、经营成本、矿业政策等)只有事后才能完全搞清楚。矿产风险决策通常包括：进一步圈定矿体、继续进行某个勘探工程、新建矿山、扩大矿山能力、改变矿山经营参数、选择采矿方法、安装选矿设备、生产矿山的大规模改造及更新设备等。

矿产工程的风险主要来自三个方面：

(1)矿山自然条件的不确定性，包括矿床自然条件，如地质条件的不确定性，矿岩物理力学性质、水文条件的不确定性，品位和储量的不确定性等。

(2)社会环境的不确定性，包括矿产品价格、投资、成本、市场供需、矿业政策、环保法规、国际政治经济形势等。

(3)基础资料的不确定性。由于矿床经济评价和矿山可行性研究的大部分基础资料都来自类似矿山或者经验，因此其正确性难以保证。

### 4.1.2　矿业投资风险评价的目的和意义

风险是指投资项目预期收益发生偏差的可能性，这种可能性越大，则风险越高。由于矿山工程的建设期和投资回收期很长，面临着大量的不确定因素，再加上投资规模巨大，矿山一旦开建很难再改变投资方向，因此投资支出能否取得预期效益具有更大的不稳定性。因此，在矿山可行性研究中，风险分析绝不是可有可无的，而应该成为可行性研究的重要组成部分。研究项目风险的目的主要有两个方面：

其一是进行不同方案之间的比较，以便做出正确的决策，这时需要了解整个项目的综合风险程度。

其二是应付意外事件的发生，以便采取相应的对策，这时不仅要了解项目的总风险，还要了解各种因素对收益的影响大小。对投资者来说，可能还要了解资金的偿还能力方面的风险，以便考虑风险的分摊方法。

不管怎样，任何一个项目，至少要考虑两个方面的问题：

(1)有关投入方面的风险，即项目能否按预期的费用保质、保量地如期建成(包括如期投产、达产)。

(2)有关回收方面的风险，即现金流入的数量、时间及它们的不确定程度。

这两个方面综合起来，构成一个项目的总风险。

### 4.1.3　矿业投资风险评价方法评述

投资风险分析应用于采矿工业中，最先源于石油和天然气的勘探和开发，对于非石油和天然气矿物，目前，勘探和采矿工程的风险分析仍处于初级阶段。由于其分析方法复杂，不容易获得基础数据，勘探和采矿工程的风险分析十分困难。近几年来，随着计算机技术的发展，风险分析在采矿工程中的应用日益增多。下面就经典矿业投资决策中，对风险分析的常用方法作简要的评述。

#### 1. 根据风险调整返本期( risk adjusted payback period)

通过缩短投资项目的标准投资返本期来补偿投资风险，因为投资回收期越短，意味着投资回收越快，资金亏损的风险越小。但回收期的长短并不能全面地反映投资的风险，因为投资的风险不仅表现在资金的回收上，还表现在项目的年净现金流量、内部收益率、税收、寿命等一系列参数是否符合原来的预测水平上。因此，应用投资回收期评价项目的风险，其作用是有限的。另外，对于一个特定的工程，返本期要做多大程度的调整？究竟要缩短到什么程度？没有一个客观的标准，主要依据决策者的主观意志。

#### 2. 根据风险调整贴现率( risk adjusted discount rate)

国外采矿投资决策者经常采用风险补贴( risk premium)的方式来提高贴现率。因此，在贴现现金流量时，风险比较大的矿山采用的贴现率要高于风险比较小的矿山，加到贴现率上的"补贴"反映了对风险的主观评价，这是一种半定量的方法。

#### 3. 根据风险调整投入参数

在采矿工程评价实践中，投资决策者常常在对投资费用和成本、吨位、品位、金属价格等进行单一估值中，建立某种保守偏差( conservative bias)，并在评价时有意识地采用这种偏差，但这种偏差程度带有很大的随意性。

#### 4. 经验估值法

此法假设不知道确切的现金流量。通常，决策者必须先检查有关工程的资料，然后，决定工程是否继续进行。在这种情况下，有些公司可预报三组数据：最优、最差、最有可能。"最优"与"最差"的数值提供了一个可能的范围，"最有可能"的数值是一种保守的估计，它是决策者按照实际经验确定的。一般认为"最有可能"表示有75%或更多的把握。"最优""最差"和"最有可能"的数值估计方法，大多是根据决策者的主观经验，为了减少这种方法的片面性，最好有三至四个有经验的人单独估计"最好""最差"和"最有可能"的数值，然后把他们的估计值取平均值作为分析的基础，这种方法属于定性方法。

上述这些方法无疑会减少矿业投资风险，但与此同时，常常会导致人们放弃许多本来原本经济合理的投资机会。因此，对于投资额很大的矿山工程而言，采用这些主观的方法来考虑风险是不能令人满意的。为了尽可能避免风险分析中的任意性，地质、采矿工作者从工程经济中引进了一些定量和半定量的风险分析方法，如盈亏平衡分析、敏感性分析、蒙特卡洛模拟、概率分析等方法。盈亏平衡分析和敏感性分析都是通过分析某个不确定变量的变化，计算项目预期收益的变化大小，以此确定该不确定因素对项目收益的影响程度，使决策者能够确定影响项目收益的关键因素，以引起重视。这两种方法是半定量风险分析方法。由于这两种方法计算简便，目前我国的矿山可行性研究基本上采用这两种方法。蒙特卡洛模拟(Monte Carlo simulation)实质上是敏感性分析的一种特殊应用，即对众多的不确定因素，根据它们的分布规律利用计算机对它们进行随机抽样，将不确定因素的概率估计值输入模型进行分析，经过数千次的重复模拟计算，得出一组用概率表示的收益指标(如 NPV、IRR 等)。在国外，蒙特卡洛模拟被广泛应用于财务分析和经济评价中，它对勘探风险和采矿工程风险的评价特别有用。因为许多关键的不确定变量，如品位、储量、金属价格、采矿投资、选矿成本、采选回收率等，可以根据工程师的经验取最好、最差、最有可能三种估计值，避免了分析变量概率分布规律的困难。蒙特卡洛模拟在国内矿产工程评价中，至今未被广泛应用的原因主要是受软件及基础数据缺乏的限制。当前，开发适合我国实际的、实用的蒙特卡洛风险分析程序有重要意义。

## 4.2　盈亏平衡分析法

盈亏平衡分析法用于研究一定的市场、生产能力及经营条件下，项目产量、成本收益的平衡关系。盈利与亏损有一个分界点，称为盈亏平衡点，在收支平衡图上表现为生产成本线与销售收入线的交点。在该点上，收入等于成本，项目既未盈利又未亏损，所以盈亏平衡分析又叫收支平衡分析。盈亏平衡分析是评价项目经济效益的一种常用的不确定性分析方法。分析收支平衡点需要的经济参数有产品销售量、产品销售价格、单位产品可变成本、固定总成本，这些经济参数需满足下列假定条件：

(1)产品销售价格不变。

(2)产品年生产总成本中，单位产品的可变费用与产量成正比，年固定费用是常数，不随产量变化。

(3)产品年产量全部销售，没有积压。

产品销售收入：

$$S = P \cdot Q \tag{4-1}$$

产品年总成本为：

$$C = V \cdot Q + F \tag{4-2}$$

式中：S——年销售收入，元；

　　　P——单位产品销售价格，元/吨；

$Q$——产品产量，吨；

$C$——产品年总成本，元；

$V$——单位产品可变费用，元/吨；

$F$——年固定费用，元。

根据收支平衡关系 $S=C$，可推出如下三个关系式：

收支平衡产量（$Q_0$）：

$$Q_0 = \frac{F}{P-V} \quad\quad (4-3)$$

收支平衡时的销售收入（$S_0$）：

$$S_0 = P \cdot Q_0 = \frac{P \cdot F}{P-V} \quad\quad (4-4)$$

收支平衡时的生产负荷率（$\eta$）：

$$\eta = \frac{Q_0}{Q} = \frac{F}{Q(P-V)} \times 100\% \quad\quad (4-5)$$

【例 4-1】某矿山的设计年产量 $Q=500$ 万吨，固定费用 $F=1500$ 万元/年，单位产品可变费用 $V=10$ 元/吨，产品售价 $P=15$ 元/吨，求收支平衡产量 $Q_0$，收支平衡时的销售收入 $S_0$ 和生产负荷率 $\eta$。

**解：**

（1）收支平衡产量：$Q_0 = \dfrac{1500}{15-10} = 300$（万吨）。

即当矿山年产量为 300 万吨时，收支平衡；小于 300 万吨时，出现亏损；大于 300 万吨时，有盈利。

（2）收支平衡时的销售收入：$S_0 = 15 \times 300 = 4500$（万元）。

（3）收支平衡时生产负荷率：$\eta = \dfrac{Q_0}{Q} = \dfrac{300}{500} = 60\%$。

即矿山的产量不可小于设计生产能力的 60%，否则就会出现亏损。

收支平衡图的经济意义。收支平衡点可以用坐标形式清晰地表示出来（图 4-1），销售收入线 $S=PQ$ 与生产成本线 $C=VQ+F$ 的交点 $B$ 即为收支平衡点，$B$ 点对应的横坐标 $Q_0$ 为收支平衡产量，对应的纵轴 $S_0$ 点为收支平衡时的销售收入。我们通过收支平衡点的分析，可了解到，当产品销售量等因素变化时对预计的企业收益有何影响，目的在于考察投资项目可以承担多大程度的减产风险和滞销风险。从图 4-1 中可以看到，收支平衡点 $B$ 点越小，亏损区的面积就越小，项目可以承担的风险就越大，企业投产后获利的可能性就大。此外，运用收支平衡分析法，还可以回答如下的经济问题：

① 在产品成本与价格一定时，完成企业计划利润指标的最低产量为多少？

若计划利润为 $S_1$，则 $S_1 = Q_0 \cdot P - (V \cdot Q_0 + F)$，$Q_0 = \dfrac{S_1 + F}{P-V}$。 $\quad\quad (4-6)$

② 产品成本、产量和计划利润指标一定时，应如何确定销售价格 $P$？

由 $PQ_0 = Q_0 V + F + S_1$，得 $P = V + \dfrac{F + S_1}{Q_0}$。 $\quad\quad (4-7)$

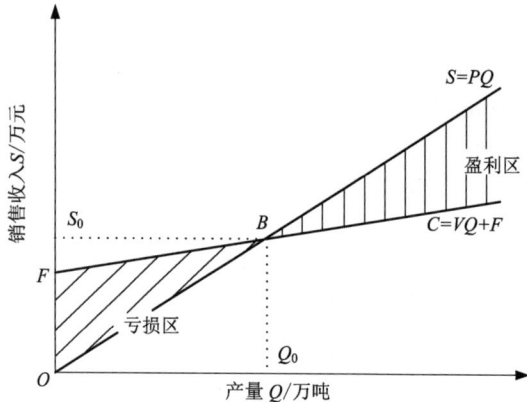

图 4-1　收支平衡图

③产品价格下降了，产量不能增加，计划利润指标又要保证，产品成本应下降多少？设产品价格下降 $\Delta P$ 元，则成本下降额 $\Delta C = \Delta P \cdot Q$ 。

④产品价格、产品成本和计划利润指标分别发生变化时，产量如何随之相应变化？请读者自己完成。

## 4.3　敏感性分析

### 4.3.1　敏感性分析的含义

敏感性分析(sensitivity analysis)是常用的一种评价投资项目风险不确定性的分析方法，它是研究不确定因素对项目经济效果的影响程度，具体地说，它是研究各种投入变量数值发生变化时，在项目进行决策中各种经济指标的变化程度。例如，矿山储量、品位、售价发生变化时，表征项目经济效果的各种指标(如 $IRR$、$NPV$ 等)的变化程度如何。不同的不确定因素，对投资项目评价指标的影响程度是不同的，即投资项目的评价指标对不同的不确定因素的敏感程度是不相同的，敏感性分析的目的就是要从这些不确定因素中，找出特别敏感的因素，以便提出相应的控制对策，供决策者参考。

### 4.3.2　敏感性分析的步骤

(1)确定分析指标。敏感性分析指标就是指敏感性分析的具体对象，常用的指标有投资回收期、内部收益率、净现值等。

(2)确定不确定因素。影响工程项目的不确定因素很多，一般根据基础资料的可靠性确定需要分析的不确定因素。矿山投资项目中，常见的不确定因素有储量、品位、价格、生产成本、生产能力、资金构成及来源、基建期、达产期、通货膨胀率等。

(3)按敏感度的大小确定敏感性因素。首先，固定其他因素，变动其中某一个不确定因素，计算不确定因素变化对分析指标的影响的具体值，依次逐个计算；然后，将计算结果加以整理，并采用表或图的形式表示出分析指标随不确定因素变动的对应数量关系；最后，通过表中的因素变动率或图中曲线斜率的大小，判断影响项目经济效果的敏感性因素，对有可能超出临界范围的敏感因素，提出相应的应对措施。

### 4.3.3　敏感性分析的举例

【例 4-2】某矿拟购进一台电铲，购价为 17 万美元，使用寿命为 10 年，残值为 2 万美元，其年度收入估计为 3.5 万美元，年经营费需 0.3 万美元，基准收益率为 12%，试分析该项投资的风险。

**解：**

根据各项数据可求出投资的净现值：

$$NPV = -17 + (3.5 - 0.3)(P/A, 12\%, 10) + 2(P/F, 12\%, 10) = 17.24 > 0$$

按确定性条件的评价方法，该项投资是可行的。

现在分析净现值分别对年收入、年支出、使用寿命、残值的敏感性，因此，可使各个因素在一定范围内变动(±30%)，计算相应的净现值，计算结果见表 4-1。将四种不确定因素的变化与净现值的关系绘成曲线(图 4-2)。

表 4-1　例 4-2 净现值计算结果

| 参数/万美元 | 净现值/万美元 | | | | | | |
|---|---|---|---|---|---|---|---|
| | 因素变动范围/% | | | | | | |
| | −30 | −20 | −10 | 0 | 10 | 20 | 30 |
| 年收入 | −42.08 | −22.3 | −2.53 | 17.24 | 37.02 | 66.79 | 76.57 |
| 年支出 | 22.33 | 20.63 | 18.94 | 17.24 | 15.55 | 13.85 | 12.16 |
| 使用寿命 | −17.52 | −4.6 | 6.94 | 17.24 | 26.44 | 34.66 | 41.99 |
| 残值 | 15.37 | 15.96 | 16.6 | 17.24 | 17.89 | 18.53 | 12.16 |

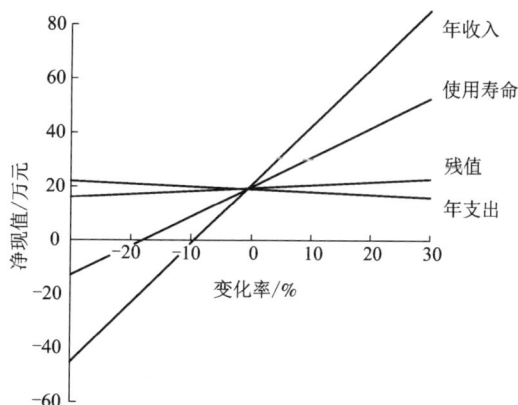

图 4-2　敏感性分析图

（1）经济效益对某一参数的敏感性大，则此曲线的斜率也越大，反之则小。此方案净现值对年收入和使用寿命两个参数的敏感性大。年支出次之，残值最小。

（2）各曲线与横轴的交点称为临界值。临界值是使方案净现值发生由正到负的转折变化点，图 4-2 中年收入参数接近 10%，使用寿命参数接近 15%，决策时，可以通过临界值来估计某一参数对投资盈亏的影响。

### 4.3.4　敏感性分析的适应性

敏感性分析有助于找出影响项目经济效果的敏感因素及其影响程度，对于提高项目经济效果评价的可靠性有现实意义。这种分析方法简单、容易掌握，尽管计算工作量较大，但可以借助计算机。然而，敏感性分析仍然有很大的局限性，它不能明确指出某因素变动对经济效果影响的可能性有多大，这是因为敏感性分析是建立在两个假设条件下的：

第一，当计算分析其中一个不确定因素变化时，其他因素都不变；

第二，每个不确定因素在不同的时间内变化的概率是相等的。

实际上无论哪种类型的项目，各个不确定因素变化对项目经济效果的影响是交叉的、综合的，而且各个因素变化的幅度大小及其发生的概率是随机的。实际工作中可能会出现这样一种情况：找出的某一个敏感性因素，在未来可能发生某一幅度的变动的概率很大，以至于必须考虑其变化对项目的经济效果的影响。这些问题都是敏感性分析本身所无法解决的，因此，必须借助于其他方法，比如下面将介绍的概率分析法和蒙特卡洛模拟法。

## 4.4　概率分析

### 4.4.1　概率分析的含义

风险的计量方法很多，用得较多的是概率分析方法，即用项目的预期收益或预期收益率的平均离散程度（即标准差）来度量。

概率分析的基本原理：假定各参数是服从某种分布的相互独立的随机变量，方案的经济指标作为这些随机变量的函数，自然也是一个随机变量，在进行概率分析时，先对参数值做出概率估计，然后以此计算方案的经济指标，最后通过经济指标的期望、标准差、风险度等来反映方案的风险和不确定性。

期望值是随机变量的平均值，也是最大可能值，它最接近实际事件的真实值。

期望值 $E(X)$ 可用式（4-8）计算：

$$E(X) = \sum_{i=1}^{n} x_i \cdot P(x_i) \tag{4-8}$$

【例 4-3】某勘探工程，若找到矿床，说明工程成功，若找不到矿床，则失败，预计找到矿床的概率为 20%，一旦成功，可获净现值 2000 万元，若失败则亏损 200 万元，问该项勘探工程是否可行？

**解：**

成功的概率=0.2；失败的概率=1-0.2=0.8。

勘探工程的期望净现值 = 2000×0. 2+(-200)×0. 8 = 240(万元)，因为工程的期望净现值大于零，说明工程可以接受。

标准差表示随机变量的离散程度，也表示与真实值的偏差，标准差可用式(4-9)计算：

$$\sigma = \sqrt{E[X - E(X)^2]} = \sqrt{\sum_{i=1}^{n} [x_i - E(X)^2] \cdot P(x_i)} \qquad (4-9)$$

式中：$x_i$——项目预期收益；

　　$P(x_i)$——预期收益发生的概率，$\sum_{i=1}^{n} P(x_i) = 1$。

【例 4-4】某投资项目，其投资回收期为 5~7 年，其中 5 年的概率为 0. 2，6 年的概率为 0. 5，7 年的概率为 0. 3，试计算该项目的期望值和偏差。

**解：**

该项目的期望值和均方差为：

$E(X) = 5×0. 2+6×0. 5+7×0. 3 = 6. 1(年)$

$\sigma = \sqrt{(5-6. 1)^2×0. 2+(6-6. 1)^2×0. 5+(7-6. 1)^2×0. 3} = ±0. 7$

上述计算表明，投资项目的期望回收期为 6. 1 年，前后会有 ±0. 7 年的偏差。

由于均方差表示与预期收益的偏差程度，不同的方案，其期望值不同，因此，不能直接进行比较。通常，项目风险的大小可以用项目预期收益的标准差除以期望值(称之为风险度)表示，它表示投资单位货币所承担的风险。

风险度计算公式为：

$$D = \frac{\sigma}{E(x)} \qquad (4-10)$$

风险度是一个相对指标，其主要缺点是计算复杂，未考虑资金的时间价值，且数据不易得到。但这种方法从理论上来说比较严谨，并且便于不同方案进行直接比较，还可以作为风险价值与风险报酬的计算依据。为了便于计算和数据收集，可将相对风险分为若干个档次，如好、较好、一般、差等，然后通过比较直接把某个方案归入某个档次，这种方法看起来比较粗糙，但在日常经营决策中很实用。

【例 4-5】某勘探公司，有四个勘探方案，估计的收益和概率分布见表 4-2，试从这四个互斥方案中选择一个方案。

**解：**

下面以 B 方案为例进行计算，其他方案的计算过程略去，结果填在表 4-2 中。

B 方案的期望值和标准差为：

$E(X) = 0. 1×(-4)+0. 2×1. 0+0. 4×6+0. 2×11+0. 1×16 = 6(万元)$

$\sigma = \sqrt{E[(x-E(x))^2]} = \sqrt{E(x^2)-[E(x)]^2}$

$= \sqrt{0. 1×(-4)^2+0. 2×1^2+0. 4×6^2+0. 2×11^2+0. 1×16^2-6^2} = 5. 477(万元)$

表 4-2　例 4-5 四个勘探方案净现值收益

| 方案 | 净现值的可能值/万元 | | | | | 期望值/万元 | 标准差/万元 | 风险度 |
|---|---|---|---|---|---|---|---|---|
| | -4.0 | 1.0 | 6.0 | 11 | 16 | | | |
| A | 0.2 | 0.2 | 0.2 | 0.2 | 0.2 | 6 | 7.07 | 1.178 |
| B | 0.1 | 0.2 | 0.4 | 0.2 | 0.1 | 6 | 5.48 | 0.913 |
| C | 0.0 | 0.4 | 0.3 | 0.2 | 0.1 | 6 | 5.0 | 0.833 |
| D | 0.1 | 0.2 | 0.3 | 0.3 | 0.1 | 6.5 | 6.21 | 0.955 |

B 方案的风险度为：$D = \dfrac{\sigma}{E(x)} = \dfrac{5.477}{6} = 0.9133$。

如果只从净现值的期望值来看，四个方案的差别不大。但若从方案风险度来看，方案 C 似乎更好。

### 4.4.2　概率分析决策标准

当期望值相同、标准差不同时，取标准差小的方案为好。因为，偏差愈大，风险愈高。若期望值与标准差都不相同，在这种情况下进行决策，往往与决策者的胆略和冒险精神有关。若乙方案的期望值和标准差都比甲方案大，胆小、怕风险者常常会挑选甲方案；胆大、乐于冒险者则可能选乙方案。较为保险的方法是按风险的大小选择。

概率分析的关键是确定不确定因素的变动概率，以大量历史数据统计为基础确定的概率称为客观概率，建立在客观概率基础上的分析，称为客观概率分析。对于一般工程项目来说，在可行性研究阶段无法获得大量资料，因此，大部分因素都不能用客观概率来描述，只能借助于评价者或专家做出的主观估计（即主观概率）进行描述。但是，无论哪一种概率的确定都要有充足的资料、丰富的经验，要做艰巨的数据处理工作。

【例 4-6】假设方案净现值服从正态分布，期望值为 1000 元，标准差为 100 元，求方案净现值小于 875 元的概率。

**解：**

根据标准正态分布的概率计算公式：

$$P(NPV<X) = P\left(Z<\frac{X-\mu}{\sigma}\right)$$

$$P(NPV<875) = P\left(Z\,\frac{875-1000}{100}\right) = P(Z<-1.25)$$

查正态分布表：$P(Z<-1.25) = 0.106 = 10.6\%$。

### 4.4.3　考虑时间价值的概率分析

在长期投资中，时间因素对投资风险有显著的影响，时间距离现在愈远，资料的可靠性愈差，预估现金流量与实际现金流量的偏差愈大。

设项目的年净现金流量是相互独立的服从正态分布的随机变量，若项目的寿命为 $n$ 年，年净现金流量为 $X_t\,(t = 0, 1, 2, \cdots, n)$，则有：

项目的净现值：

$$NPV = \sum_{t=1}^{n} \frac{x_t}{(1+i)^t} \tag{4-11}$$

项目净现值的期望值：

$$E(NPV) = \sum_{t=1}^{n} \frac{\mu_t}{(1+i)^t} \tag{4-12}$$

项目净现值的方差：

$$\sigma^2(NPV) = \sum_{t=1}^{n} \frac{\sigma_t^2}{(1+i)^t} \tag{4-13}$$

式中：$\mu_t$——第 $t$ 年净现值的期望值；

$\sigma_t^2$——第 $t$ 年净现值的方差。

【例 4-7】假设某方案的年收入和年支出相互独立且服从正态分布，年收入的期望值为 2400 元，标准差为 400 元；年支出的期望值为 2000 元，标准差为 300 元；寿命期为 3 年，最低收益率 $MARR = 20\%$，计算：(1)方案净现值的期望值。(2)方案净现值的标准差。(3)方案净现值的小于零的概率。(4)方案净现值的大于 1000 元的概率。

**解：**

(1) $E(NPV) = (2400-200)(P/A, 20\%, 3) + 400 \times 2.1046 = 824.6$(元)。

(2) $\sigma^2(NPV) = 300^2(P/F, 20\%, 2) + 300^2(P/F, 20\%, 4) + 300^2(P/F, 20\%, 6) + 400^2(P/F, 20\%, 2) + 400^2(P/F, 20\%, 4) + 400^2(P/F, 20\%, 6) = 250000 \times (0.6954 + 0.4823 + 0.3349) = 377900$(元)，$\sigma = \sqrt{377900} = 614.7$(元)。

(3) $P(NPV<0) = P\left(Z < \frac{0-842.6}{614.7}\right) = P(Z < -1.37) = 0.0853$。

(4) $P(NPV>1000) = P\left(Z > \frac{1000-842.6}{614.7}\right) = P(Z > -0.256) = 0.40$。

## 4.5　蒙特卡洛模拟

蒙特卡洛模拟(Monte Carlo method)是概率分析法的扩展，它不同于敏感性分析，它可以同时随机地改变全部的不确定因素，用概率估计的数据输入模式进行分析，来代替敏感性分析中预计变化数据的点估计。在实际工作中，一些大型的工程项目往往受多种随机因素影响，而其中大多数随机因素都是同时变化、相互联系的，如通货膨胀因素，会影响生产成本、资金成本、价格等。若有五个不确定因素，且每个因素是连续分布的，则更难以处理所有的方案。蒙特卡洛模拟方法正是为解决这一困难而设计的，这种方法可看成是对实际可能发生情况的模拟，是一种试验。我们对未来的情况不能确定，但知道各输入变量按一定概率分布取值，那么，就可以用一个随机数发生器来产生具有相同概率的数值，赋值给各输入变量，计算出各输出变量，这就对应于实际可能发生的一种情况，这相当于做一个试验或实施一个方案，然后如此反复试验。例如，试验 $K$ 次便可得到 $K$ 个试验方案数据，由这 $K$ 组数据便可求出输出量的概率分布，$K$ 愈大，输出量的概率分布也愈接近于真实的分布。但 $K$ 应选取多大，理论上并没有完全证明。实验表明，$K$ 选为 100~800 次，输出的分布函数就基本上收敛了，也就是说，$K$ 再增大，分布函数也不会显著变化了。为了使用蒙特卡洛模拟方法，就必须有一个产生一定概率分布数的随机数发生器，西方赌场中用的赌具轮盘就有这种功能。蒙特卡洛是欧洲摩纳哥国的首都，是著名的赌城，所以，此法就采用了蒙特卡洛这个名称。采用这个术语并将此法推广到科学研究中的人是数学家 John Von Neumann，如今它已成为风险估计的主要方法之一。

### 4.5.1　蒙特卡洛模拟步骤

(1)确定需要模拟的不确定因素(即输入随机变量)，根据统计资料或主观估计确定各不确定变量的相对概率或概率分布函数。

(2)根据不确定变量的概率分布，利用随机数表或随机数发生器产生相应的随机数，以此确定不确定变量的数值(输入值)，根据各个不确定变量的输入值计算评价指标的值($IRR$、$NPV$)。

(3)重复第(2)步，每重复一次得到一个评价指标，重复足够多次数后，获得 $n$ 个输出值，然后分组统计这 $n$ 个输出值的频率，绘制概率分布直方图，计算均值和方差，最终获得评价指标的概率分布曲线。

### 4.5.2　随机数的产生

蒙特卡洛模拟的关键在于根据不确定变量的概率分布产生随机数。通常由一个均匀随机数发生器[如 BASIC 语言中的 $RAN(X)$ 随机数产生]，产生[0,1]的均匀随机数，将[0,1]的随机数进行一定的数学转换，即可获得具有一定分布规律的随机数，怎样进行数字转换要视所要求的分布函数而定。下面讨论几种常用概率分布函数随机数的产生。

#### 1.离散分布随机数的产生与逆变换法

下面通过一个实例说明离散分布随机数的产生方法。表 4-3 为某矿山预测的单位矿石利润值与概率的关系。

表4-3　单位矿石利润与概率的关系

| 单位利润 $x/(元 \cdot t^{-1})$ | 10 | 24 | 40 | 60 |
|---|---|---|---|---|
| 概率 $P(x)$ | 0.28 | 0.14 | 0.30 | 0.28 |

利用累积概率分布即可进行转换计算，如图 4-3 所示，如果均匀随机数发生器产生了某一个数 $r$，如 $r=0.52$，在图 4-3 的纵轴上找到 0.52，根据累计概率分布曲线即可找到随机数 $x$ 的数值，即 $x=40$，图 4-4 中的数字转换规律见表 4-4。

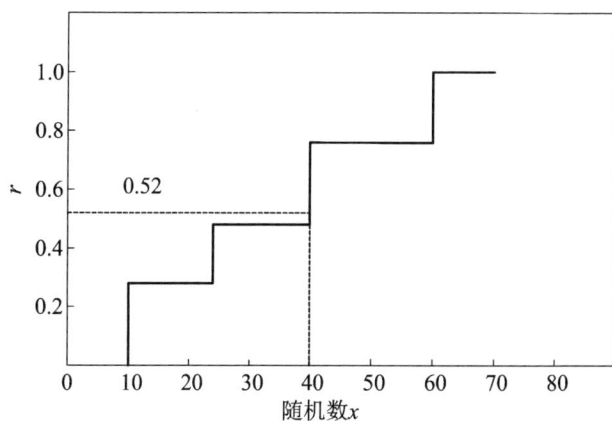

图 4-3　累计概率分布曲线

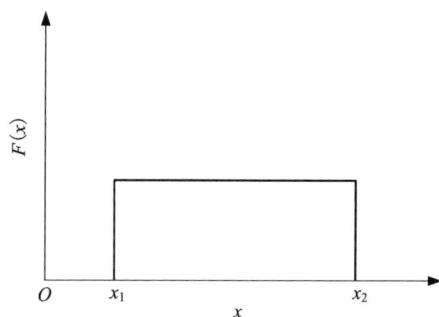

图 4-4　矩形分布函数

表 4-4　数字转换规律

| $r$ | 0~0.28 | 0.28⁺~0.40 | 0.40⁺~0.72 | 0.72⁺~1.0 |
|---|---|---|---|---|
| $x$ | 10 | 24 | 40 | 60 |

注：表中右上标"+"表示稍大于，如 0.28⁺表示"只要大于 0.28 的数"。

　　具有其他累计概率分布的随机数也可参照这一规律产生，不过计算可能要复杂些。这个方法具有一般性意义，称为逆变换法（inverse transformation method），它也适用于解析连续型分布，其步骤为：

　　（1）画出随机变量 $x$ 的分布函数 $F(x)$，或求出 $F(x)$ 的解析表达式。

　　（2）由均匀随机数发生器（或由随机数表中）产生一个随机数 $r$，$0 \leqslant r \leqslant 1$。

　　（3）在纵轴上确定该随机数，即令 $r=F(x)$，从该点画水平投影线直到与 $F(x)$ 不连续段相交，如果从 $r=F(x)$ 可直接求出反函数，则可用表达式计算。

　　（4）求得与该点相应的 $x$ 值，即为所求得的服从分布的随机变数。

**2. 正态分布随机数的产生**

　　产生服从正态分布随机数的方法很多，这里介绍一种应用中心极限定理的方法。

　　对 $N$ 个独立的相同分布的随机变量 $R_i(i=1, 2, \cdots, N)$ 之和的概率分布有：当 $N$ 很大时，接近于正态分布。若 $R_i$ 的均值为 $\mu_i$，方差为 $\sigma_i^2$，则 $\sum\limits_{i=1}^{N} R_i$ 服从于均值为 $\sum\limits_{i=1}^{N}\mu_i$、方差为 $\sum\limits_{i=1}^{N} \sigma_i^2$ 的正态分布。我们可以简单地选 $R_i$ 为 $N$ 个相互独立的 $[0, 1]$ 区间内的均匀分布随机数，均匀分布的期望值和方差分别为 $\mu_i=\dfrac{1}{2}$、$\sigma_i^2=\dfrac{1}{12}$，当 $N$ 很大时，$\sum\limits_{i=1}^{N} R_i$ 近似地服从均值为 $\dfrac{N}{2}$、方差为 $\dfrac{N}{12}$ 的正态分布。

在风险估计中,我们常需要产生服从均值为 $\mu$、方差为 $\sigma^2$ 的正态分布随机数。利用上述原理,可推出如式(4-14)所示的公式:

$$X = \mu + \sigma \cdot \frac{\sum_{i=1}^{N} - R/2}{\sqrt{N/12}} \tag{4-14}$$

一般 $N=12$ 即可满足精度要求,公式为:

$$X = \mu + \sigma\left(\sum_{i=1}^{12} R_i - 6\right) \tag{4-15}$$

如精度要求不太高,取 $N=6$ 即可,此时为:

$$X = \mu + \sqrt{2}\sigma\left(\sum_{i=1}^{6} R_i - 3\right) \tag{4-16}$$

### 3. 矩形分布函数随机数的产生

设矩形分布函数的概率密度为:$f(x) = \dfrac{1}{x_2 - x_1}$。 $\qquad$ (4-17)

分布函数为:$F(x) = \displaystyle\int_{x_1}^{x_2} f(x)\,\mathrm{d}x = \dfrac{x - x_1}{x_2 - x_1}$。 $\qquad$ (4-18)

均值为:$\mu = E(x) = \dfrac{1}{2}(x_1 + x_2)$。 $\qquad$ (4-19)

方差为:$\sigma^2 = \dfrac{1}{12}(x_2 - x_1)^2$。 $\qquad$ (4-20)

根据逆变换法,由服从 $[0,1]$ 分布的随机数 $r$ 可求得服从 $[x_1, x_2]$ 分布的随机数:

$$X = x_1 + r \cdot (x_2 - x_1) \tag{4-21}$$

### 4. 三角形分布随机数的产生

三角形分布是风险估计中常用的一种分布,确定一个三角形分布只需知道最可能值($m$)、最小值($a$)和最大值($b$)三个参数。三角形分布(图4-5)的概率分布函数为:

$$f(x) = \begin{cases} \dfrac{(x-a)^2}{(m-a)(b-a)}, & a < x < m \\[2ex] \dfrac{m-a}{b-a} + \dfrac{(x-m)(2b-m-x)}{(b-a)(b-m)}, & m \leqslant x \leqslant b \end{cases} \tag{4-22}$$

均值为:$\mu = \dfrac{a+m+b}{3}$。 $\qquad$ (4-23)

方差为:$\sigma^2 = \dfrac{a(a-m) + b(b-a) + m(m-b)}{18}$。 $\qquad$ (4-24)

根据逆变换法,容易从 $[0,1]$ 分布的随机数 $r$,求得三角形分布的随机数:

$$x = \begin{cases} a + \sqrt{(m-a)(b-a)r}, & 0 \leqslant r \leqslant (m-a)/(b-a) \\[1ex] b - \sqrt{(b-m)(b-a)(1-r)}, & (m-a)/(b-a) \leqslant r \leqslant 1 \end{cases}$$

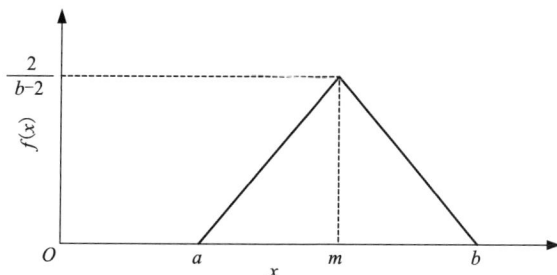

图 4-5 三角形分布

### 4.5.3 蒙特卡洛模拟的应用

蒙特卡洛模拟方法是通过预先输入的不确定因素的估计概率分布的随机抽样,对项目评价指标进行计算,每抽一次样本数据,都计算一次项目的评价指标,一直重复计算,直到达到规定的模拟次数,其计算的结果就是用概率分布表示的评价指标值。这种概率分布,通常以两种不同的格式来表示:收益率直方图概率分布曲线(图 4-6)、累积概率分布曲线(图 4-7)。蒙特卡洛模拟适用于工程开发的后期阶段和工程评价的中间阶段。蒙特卡洛模拟允许采用经验因素来处理过去很难确定的数值。例如,一个选矿工程师,根据他多年经验可能知道某种矿石类型最有可能的期望回收率,也可能知道它的最低回收率与最高回收率。如果工程师的估计被用作确定回收率数据三角形分布的基础,那么,他的经验与作点估计相比就更能发挥作用了。除此之外,蒙特卡洛模拟还可以使用综合集体的经验,因为市场、工程、生产、地质等均可以提供与它们有关的输入因素估计数据。为了减少个人的意见,蒙特卡洛模拟的每个输入资料数据可以先向几个对某种特殊因素有经验的人了解,然后,取这些经验值的平均值以改善输入数据的可靠性和减少个人的片面性。这种更详细的信息输入,可提供一个更现实、有力的财务结论。虽然蒙特卡洛模拟输出的结果不复杂,但它提供的信息为以往中高级水平的计算方法提供不了的,它比传统方法提供的信息更加完整。

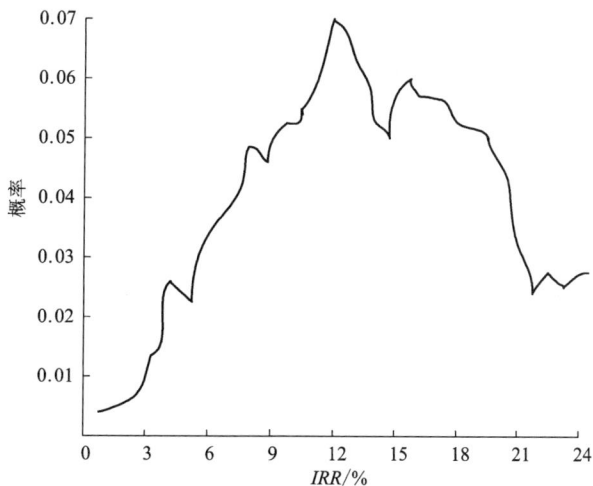

图 4-6 **IRR** 收益率直方图概率分布曲线

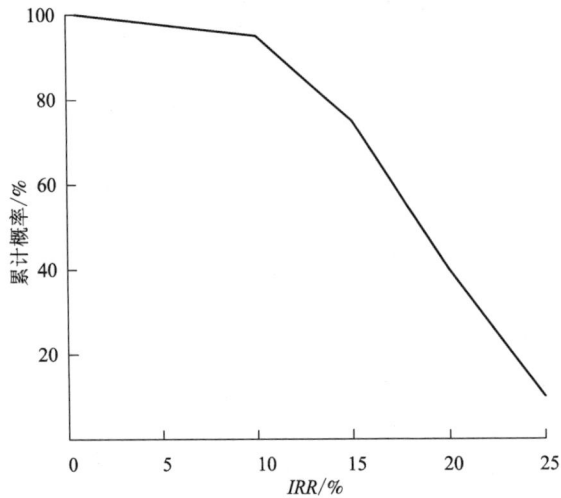

**图 4-7　*IRR* 累计概率分布曲线**

　　由于篇幅有限,这里无法详细介绍蒙特卡洛模拟的过程及计算机程序,读者可参阅参考文献。

## 4.6　现金流量评价法

　　矿业项目投资风险评价主要是由提供贷款的银行或其他提供资金者来进行。当银行在考察是否为一个矿业项目提供融资时,更重视对项目出现坏的前景的可能性进行分析,而不是对项目出现好的前景的可能性进行分析;更进一步,贷款银行更关心的是项目未来的偿债能力,而不是项目未来的投资收益率,因此,贷款银行将会比投资者在风险分析方面更为保守。因此,它们为了给矿业项目融资,还必须在项目技术、财务可行性研究的基础上,对矿业投资项目进行风险分析,对有关的风险因素做出评价。所谓评价,就是根据一定的标准去判定项目的经济强度(净现金流量、获利能力、偿债能力等)和各种风险要素对项目经济强度的影响程度。对矿业项目风险进行评价,在概念上十分简单,但在实际操作中常常相当复杂,既包括定性的分析,也包括定量的评价。

　　按照系统工程的方法论,可以将一个矿业投资项目视作一个独立的系统,而将系统的净输出值作为测量项目经济强度的首要标准,由于在研究项目融资的问题时,最关心的是项目的偿债能力,所以将系统的净输出值规定为系统在观察期间(即项目融资期间)的项目净现金流量。根据这一规定,可以对风险评价做出定量的描述。定量分析能将决策所面临的复杂而又不确定的因素表述得较为清晰,为规定的系统输出提供了判断的标准。项目现金流量的数学模型需要准确地反映项目各有关变量之间的相应关系,以及这些变量的变化对系统输出值(项目净现金流量)的影响。建立了项目的现金流量模型之后,第一步工作是进行项目净现值的分析;如果项目的净现值小于 0,说明项目的投资不能满足最低风险收益的要求，除非投资者有其他的战略考虑，否则没有必要再做进一步的工作了。如果这一步工作的结果是满意的，接下来的工作就是在现金流量模型的基础上建立项目的投资结构模型。在一系列债务资金的假设条件下，确定项目合理的债务承受能力和投资者可以得到的投资收益率。

　　确定矿业项目现金流量模型的假设条件必须遵循现实、合理且相对保守的原则，必须考虑所有矿业项目风险因素对现金流量的影响。在建立了现金流量模型的基础方案之后，需要建立相应的最差方案（在假设的最差条件下）和最佳方案（在假设的最佳条件下），并与之进行比较，同时进行模型变量的敏感性分析，获取在各种可能条件下的项目现金流量状况及债务承受能力的一系列数据。现金流量模型的敏感性分析，在矿业投资中是为了验证项目在不同假设条件下满足债务偿还计划的能力。如果在任何合理假设方案中，项目的净现值总是大于项目的债务水平，则说明该项目具有偿还债务的能力。但是，敏感性分析不是简单的数学游戏，其实质是各种变量要素发生变化时项目经济强度的数学表现。因此，在确定各种变量的敏感性区间和变化趋向时需要加入人们的合理的经验判断。根据对每一个变量所做的敏感性分析，可以估计出该变量的变化对矿业投资项目所造成的风险程度。

## 4.7　资本资产定价模型法

　　资本资产定价模型的历史由来为资本资产定价，其理论源于对马柯维茨（Harry Markowtitz）的资产组合理论的研究。马柯维茨于 1952 年在《金融杂志》上发表的题为《投资组合的选择》的论文，这是现代金融学的第一个突破。他在其论文中确定了最小方差资产组合集合的思想和方法，奠定了投资理论发展的基石，这一理论具有划时代的意义，该理论的提出标志着现代投资分析理论的诞生。现代资本资产定价模型是由夏普（William Sharpe）（1964）、林特纳（Jone Lintner）（1965）和莫辛（Mossin）（1966）根据马柯维茨最优资产组合选择的思想分别提出来的，因此，资本资产定价模型也称为 SLM 模型。该模型在国外矿业权评估市场中得到了广泛的应用，随着我国矿业权市场制度的不断发展完善，资本资产定价模型法必将成为一种通用的评估方法。

　　作为矿业项目的投资者，在建立和使用现金流量模型对项目的价值及风险做出定量分析和评价时，第一步需要解决的问题就是怎样选择和确定能够正确反映项目风险的贴现率，并使用这一贴现率计算项目的投资收益和净现值。资本资产定价模型（capital asset price model，CAPM），是在矿业项目投资中被广泛使用的一种确定项目贴现率的模型。按照这一模型，项目的贴现率，即项目的资本成本是在公认的低风险的投资收益率的基础上，根据具体项目的风险因素加以调整的一种合理的项目投资收益率。

　　资本资产定价模型法的理论阐明了在已经发展完善的资本市场（如西方矿业权市场）中，投资的期望收益率与投资所承受的市场风险之间的相互关系。如果矿业权市场为有效市场，那么不同风险投资的风险补偿率应该是一致的。在这样的有效市场中，资本资产定价模型能够相对准确地反映折现率的内涵。安全利率是资本资产定价模型的一个重要参数，当前国内的长期存款利率（主要是指五年期利率）及国债利率都已经基本与西方矿业权市场发达的国家接轨,这可以保证选取到可靠的安全利率。因此,在我国目前的矿业权市场情况下,应用资本资产定价模型具有十分现实的意义。

### 1. 资本资产定价模型

1964年,著名的资本资产定价模型(CAPM)理论诞生了,该理论是夏普(Sharpe)在研究单个投资者的最优投资组合转向对整个市场的过程中提出的,可表示为:

$$R_J = R_f + \beta_J(R_M - R_f) \tag{4-25}$$

式中:$R_J$——第 $J$ 种证券的预期收益率,在矿业权评估中为折现率;

　　　$R_f$——无风险收益率,国内矿业权评估选择五年期的银行利率;

　　　$R_M$——股票市场的预期收益率;

　　　$\beta_J$——第 $J$ 种股票的 $\beta$ 系数。

$$\beta = \frac{\mathrm{cov}(r_J, r_m)}{\sigma^2} = \frac{r_M \sigma_J \sigma_M}{\sigma_M^2} = r_M \frac{\sigma_J}{\sigma_M} \tag{4-26}$$

式中:$\mathrm{cov}(r_J, r_m)$——为证券 $J$ 和市场之间收益率的协方差;

　　　$\sigma_M$——为市场收益的标准差。

从以上的表达式可以看出,资本资产定价模型理论强调资产组合的投资收益是由无风险收益与市场风险收益两部分组成的。其中,$R_f$ 为无风险收益率,国内矿业权评估选择五年期的银行利率。市场风险收益则是由 $\beta_J(R_M-R_f)$ 表示。其中,$\beta$ 系数表示系统风险的大小,$\beta$ 是资本资产定价模型中很重要的参数之一。

### 2. 资本资产定价模型中的 $\beta$ 系数

(1)$\beta$ 系数的特征。

$\beta$ 系数的定义是指能够反映市场上的证券股票相对于整个大市场环境的各自不同市场风险程度。比如,经过计算,某种股票的 $\beta$ 系数等于1,则它的风险与整个市场的平均风险相同,如果该支股票的 $\beta$ 系数等于2,则它的风险是整个市场的平均风险的2倍。如果该支股票的 $\beta$ 系数等于0.5,则它的风险是整个市场的平均风险的一半。因此,$\beta$ 系数主要是反映了相对于市场而言,该支股票的风险情况。

(2)$\beta$ 系数的涵义。

资本资产定价模型是将投资风险分为两类:一是整个市场的风险(系统风险);二是每个公司企业自己特有的风险(非系统风险)。$\beta$ 系数只能反映某一支股票在整个股票市场变动时,该股票的变动情况,可能上升,也可能下降,和其他的股票毫无关联。$\beta$ 系数不能反映该公司特有风险。

(3)有关 $\beta$ 系数的计算。

按照定义,根据矿业权投资项目与股票指数收益率的相关系数、股票指数的标准差和股票收益率的标准差直接计算 $\beta$,即

$$\beta = \frac{\mathrm{cov}(r_J, r_m)}{\sigma^2} = \frac{r_M \sigma_J \sigma_M}{\sigma_M^2} = r_M \frac{\sigma_J}{\sigma_M}$$

此外,可使用线性回归直线法计算 $\beta$。根据数理统计的线性回归原理,$\beta$ 系数均可以通过使用线性回归方程预测,即根据某一时间段内的矿业权投资项目的资产组合收益率和市场

组合收益率的相关数据预测 $\beta$ 系数。

（4）有关 $\beta$ 系数的主要应用。

在西方比较发达完善的证券市场，$\beta$ 系数被广泛地应用于以下几个方面：①测定资产组后风险的可收益性；②反映资产组合的特性；③选择投资组合的重要参数。

### 3. 实际案例计算

【例4-8】　用资本资产定价模型（CAPM）计算折现率及某集团下某矿山的采矿权价值。表4-5为某集团公司下属矿山勘察期、建设期及生产期现金流数据。

表4-5　某矿山勘察期、建设期及生产期现金流数据　　　　单位：万元

| 序号 | 项目名称 | 合计 | 勘察期 | | 建设期 | | | 生产期 | |
|---|---|---|---|---|---|---|---|---|---|
| | | | 20××年 | 20××年 | 20××年 | 20××年 | 20××年 | 20××年 | 20××年 |
| 1 | 净现金流量 | -5038 | -4433.8 | -260.7 | 6405 | 7625.6 | 7625.6 | 7625.6 | 7625.6 |
| 2 | 折现系数 | 1.0 | 0.8929 | 0.7972 | 0.7117 | 0.6355 | 0.5674 | 0.5066 | 0.4523 |
| 3 | 净现金流现值 | -5038 | -3958.9 | -207.8 | 4559.0 | 4846.1 | 4326.7 | 3863.1 | 3449.1 |
| 1 | 净现金流量 | 7625.6 | 7625.6 | 7625.6 | 769.6 | 7625.6 | 7625.6 | 7625.6 | 7625.6 |
| 2 | 折现系数 | 0.4039 | 0.3606 | 0.3220 | 0.2875 | 0.2567 | 0.2292 | 0.2046 | 0.1827 |
| 3 | 净现金流现值 | 3079.9 | 2749.8 | 2455.4 | 221.3 | 1957.5 | 1747.8 | 1560.2 | 1393.2 |
| 1 | 净现金流量 | 13719 | | | | | | | |
| 2 | 折现系数 | 0.1631 | | | | | | | |
| 3 | 净现金流现值 | 2237.6 | | | | | | | |

**解：**

（1）数据的选取和处理过程。

选取 200×—200×年，该集团的股票数据及整个黄金市场的数据。可得 $r_{KM}$：

$$r_{KM} = \frac{\sum_{i=1}^{n}\left[(X_i - \overline{X}) \times (Y_i - \overline{Y})\right]}{\sqrt{\sum_{i=1}^{n}(Y_i - \overline{Y})^2} \times \sqrt{\sum_{i=1}^{n}(X_i - \overline{X})^2}} = \frac{180.0}{\sqrt{480.3} \times \sqrt{71.7}} = 0.9699$$

（2）标准差的计算。

根据式 $R = R_f + \beta(K_m - R_f)$，安全利率取当年存满五年的固定利率，即 $R_f = 3.6\%$，则可以得到：$R = R_f + \beta(K_m - R_f) = 3.6\% + 6.5 \times (7.85\% - 3.6\%) = 31.2\%$。

系数的经济意义在于，在矿业权市场中，相对于矿业权市场组合而言，表示特定的矿业权投资项目资产的系统风险是多少。通过以上的计算，最终得出 $\beta$ 为 6.5，计算表明，该矿产项目的风险比整个矿业权的市场风险高，也可以说明资本资产定价模型更加符合投资者的心里意愿。

【例4-9】　某矿山为某集团旗下的一个金矿，主要销售成品金与成品银，金的平均地质品味为6.65 $g/t$，银的伴生产率为1.39%，矿山生产规模为35万 $t/a$，矿石贫化率为

12%，选冶综合回收率为92%，可采储量为462万吨，矿山服务年限约为15年，项目评估计算日期为15年(数据来源于该矿开发利用方案)。现在以该集团的金矿矿山为例，应用折现现金流量法计算其矿山的采矿权价值，见表4-6。

表4-6 某金矿勘察期、建设期及生产期现金流数据    单位：万元

| 序号 | 项目名称 | 合计 | 勘察期 | | 建设期 | | | 生产期 | |
|---|---|---|---|---|---|---|---|---|---|
| | | | 20××年 | 20××年 | 20××年 | 20××年 | 20××年 | 20××年 | 20××年 |
| 1 | 净现金流量 | −5038 | −4433.8 | −260.7 | 6405 | 7625.6 | 7625.6 | 7625.6 | 7625.6 |
| 2 | 折现系数 | 1.0 | 0.7622 | 0.5809 | 0.4427 | 0.3375 | 0.2572 | 0.1960 | 0.1494 |
| 3 | 净现金流现值 | −5038 | −3379.4 | −151.4 | 2835.5 | 2573.6 | 1961.3 | 1494.6 | 1139.3 |
| 1 | 净现金流量 | 7625.6 | 7625.6 | 7625.6 | 769.6 | 7625.6 | 7625.6 | 7625.6 | 7625.6 |
| 2 | 折现系数 | 0.1139 | 0.0868 | 0.0662 | 0.0504 | 0.0384 | 0..0293 | 0.02230 | 0.0171 |
| 3 | 净现金流现值 | 868.6 | 661.9 | 504.8 | 39.8 | 292.8 | 223.4 | 170.0 | 130.4 |
| 1 | 净现金流量 | 13719 | | | | | | | |
| 2 | 折现系数 | 0.013 | | | | | | | |
| 3 | 净现金流现值 | 178.3 | | | | | | | |

国内目前一般采取的折现率为12%，该采矿权的评估价值为29242万元；此外，采用资本资产定价法修正过的折现率($K_f$=31.2%)，通过计算可以得到，该金矿的采矿权的评估价值为4504.5万元。

通过以上不同折现率的计算，得到的采矿权价值，相差较大，这也表明，只有合理正确地应用合适折现率，才能准确地反映采矿权的真实价值。我国目前比较通用的方法是应用累加法计算的折现率，即第一种折现率(12%)，用该折现率算出的采矿权价值为29242万元，相对于资本资产定价模型法计算出的最终采矿权价值4504.5万元，近乎为后者的5倍。这也间接反映了为什么我国在评估矿业价值时，经常评估出天价矿山的现象。这说明折现率的选取，有着至关重要的作用。资本资产定价模型法最终确定的采矿权价值，无论是过程，还是结果，都要比当前国内的方法，计算得更加准确真实。矿业权市场已经经过数十年的发展，已有条件应用资本资产定价模型法来确定折现率。

通过对以上两例上市公司的矿业权价值评估的案例分析可知，折现率的取值对矿业权最终的评估价值起到了决定性的作用。资本资产定价模型可以在整个大环境市场的基础上，应用β系数反映投资的期望收益率与投资承受的市场风险之间的相互关系。不同的项目、不同的市场环境，评估的价值是不同的。资本资产定价模型法相对于我国通用的累加法，理论上更加优越，累加法采用相对固定的折现率，忽视了项目与市场环境之间的风险关系，不同的项目，应用相同的固定的折现率。在理论与实际操作上，资本资产定价模型法更胜一筹，最终得到的矿业权价值更加符合投资者的心理意愿。

## 4.8　模糊分析法

矿业投资决策是在不确定性条件下进行的，这是因为在决策时无法完全查明矿床的特征，各种环境参数只有事后才能完全查清，系统环境的不确定性导致系统输入变量的不确定性，进而导致系统输出指标的不确定性。矿业投资风险分析就是分析系统环境的不确定性给系统带来的影响程度。传统的投资风险分析是在输入变量分布规律一致的情况下，计算指标的期望值和方差，以比较各种方案的风险大小。但对于矿业开发项目，由于风险变量具有随机性和模糊性特征，要取得输入变量的概率分布资料和数据相当困难，因此，模糊分析法在矿业投资风险评价中得到广泛应用。

### 1.矿业投资项目风险的模糊存在状态界定

项目风险的存在状态是指项目系统在项目建设和生产过程中，由于组成项目系统的各种因素发生改变，导致对项目投资效益可能造成损失的程度。项目投资的风险程度是对项目风险存在状态的一个数量化度量，是指对项目投资收益可能造成的潜在损失程度。在项目筹资阶段，由于各风险因素所具有的随机性和模糊性特征，导致项目风险的存在状态具有随机性和模糊性。因此，人们很难对影响项目风险状态的各种因素的变化趋势做出准确的预测。从这个角度讲，用模糊分析对矿业项目投资的风险状态进行表示，则更能准确地反映风险状态的本质和整体发展变化特征。

### 2.矿业投资风险评价的模糊分析法

（1）建立因素集。

影响矿业项目投资风险的因素构成的集合称为因素集，用 $U$ 表示：

$$U = (u_1, u_2, \cdots, u_n)$$

式中：$u_n$——第 $i$ 个影响因素；

　　$n$——因素的个数。这些因素，通常都具有不同程度的模糊性。

（2）建立权重集。

一般来说，各个因素的重要程度是不同的，对重要的因素要特别看重，对不太重要的因素虽然应当考虑，但不必十分看重。为了反映各因素的重要程度，对每个因素，应赋予一定的权重，建立起对应于 $U$ 的权重集 $W$，并满足：

$$\sum_{i=1}^{n} W_i = 1$$

$$W = (w_1, w_2, \cdots, w_n)$$

（3）建立评价集。

评价集是由评价者对评价对象可能做出的各种评价结果组成的集合，用 $P$ 表示：

$$P = (p_1, p_2, \cdots, p_m)$$

式中：$p_j$——第 $m$ 个评价结果；

　　$m$——总的评价结果数。

（4）进行单因素模糊评价。

单独从一个因素出发进行评价，以确定评价对象对评价集 $P$ 的隶属程度，称为单因素模糊评价，选取因素集 $U$ 中的第 $i$ 个因素 $u_i$ 进行评价，对评价集 $P$ 中第 $j$ 个因素 $p_j$ 的隶属度为 $r_{ij}$，则对 $u_i$ 的单因素评价可得到模糊集：

$$R_i = (r_{11}, r_{12}, \cdots, r_{1m})$$

对所有单因素都分别进行评价后，即可得矩阵：

$$R = \begin{bmatrix} R_1 \\ R_2 \\ R_3 \\ \vdots \\ R_n \end{bmatrix} = \begin{bmatrix} r_{11} & r_{12} & r_{13} & \cdots & r_{1m} \\ r_{21} & r_{22} & r_{23} & \cdots & r_{2m} \\ r_{31} & r_{32} & r_{33} & \cdots & r_{3m} \\ \vdots & \vdots & \vdots & \vdots & \vdots \\ r_{n1} & r_{n2} & r_{n3} & \cdots & r_{nm} \end{bmatrix}$$

（5）进行模糊综合评价。

单因素模糊评价仅反映一个因素对评价对象的影响，还不够完全。应综合考虑所有因素的影响，得出更合理的评价结果，这就要进行模糊综合评价。

$$\begin{aligned} B = W \cdot R &= (b_1, b_2, \cdots, b_m) \\ &= (w_1, w_2, \cdots, w_n) \begin{bmatrix} r_{11} & r_{12} & r_{13} & \cdots & r_{1m} \\ r_{21} & r_{22} & r_{23} & \cdots & r_{2m} \\ r_{31} & r_{32} & r_{33} & \cdots & r_{3m} \\ \vdots & \vdots & \vdots & \vdots & \vdots \\ r_{n1} & r_{n2} & r_{n3} & \cdots & r_{nm} \end{bmatrix} \end{aligned} \tag{4-27}$$

$$b_j = \sum W_i \cdot r_{ij}, j = 1, 2, \cdots, m$$

若 $b_j = \max\{b_1, b_2, \cdots, b_m\}$，则被评价对象的模糊综合评判结果为决策评语 $P_j$。

## 4.9　经济强度评价法

目前，矿业项目过程经济强度的评价指标主要有项目债务覆盖率、项目债务承受比率、储量覆盖率、储量收益覆盖率等。

**1. 项目债务覆盖率**

项目债务覆盖率是指项目用于偿还债务的有效净现金流量与债务偿还责任的比值。项目债务覆盖率是贷款银行对项目风险的基本评价指标，可通过现金流量模型来计算。项目债务覆盖率可进一步划分为单一年度债务覆盖率和累计债务覆盖率两个指标。

（1）单一年度债务覆盖率。

$$DCR_t = \frac{NCF_t + RP_t + LE_t + IE_t}{RP_t + IE_t + LE_t} = 1 + \frac{NCF_t}{RP_t + IE_t + LE_t} \tag{4-28}$$

式中：$DCR_t$——第 $t$ 年的项目债务覆盖率；

　　　$NCF_t$——第 $t$ 年的项目净现金流量；

$RP_t$——第 $t$ 年的到期债务本金；

$IE_t$——第 $t$ 年的应付债务利息；

$LE_t$——第 $t$ 年的应付项目租赁费用。

（2）累计债务覆盖率。

$$\sum DCR_t = (NC_t + RP_t + IE_t + LE_t + \sum_{i=1}^{t-1} NCF_i)/(RP_t + IE_t + LE_t) \qquad (4-29)$$

式中：$\sum DCR_t$——累计项目债务覆盖率；

$NCF_t$——第 $t$ 年的项目净现金流量；

$RP_t$——第 $t$ 年的到期债务本金；

$IE_t$——第 $t$ 年的应付债务利息；

$LE_t$——第 $t$ 年的应付项目租赁费用。

### 2. 项目债务承受比率（CR）

项目债务承受比率指项目的现金流量的现值与预期贷款金额的比值，用 $CR$ 来表示。其计算公式为：

$$CR = \frac{PV}{D} \qquad (4-30)$$

式中：$CR$——项目债务承受比率；

$PV$——项目在融资期间采用风险校正贴现率计算的现金流量的现值；

$D$——计划贷款的金额。

### 3. 储量覆盖率（RCR）

储量覆盖率的计算公式为：

$$RCR = \frac{保有储量}{项目融资期间计划开采的储量} \qquad (4-31)$$

### 4. 储量收益覆盖率（PRCR）

储量收益覆盖率的计算公式为：

$$PRCR_t = \frac{PVNP_t}{OD_t} \qquad (4-32)$$

式中：$PRCR_t$——第 $t$ 年的储量收益覆盖率；

$OD_t$——第 $t$ 年的未偿还的债务总额；

$PVNP_t$——第 $t$ 年的项目未开采的保有储量的现值。

$PVNP_t$ 的计算公式为：

$$PVNP_t = \sum_{i=1}^{n} \frac{NP_t}{(1+R)^t} \qquad (4-33)$$

式中：$n$——项目的生命周期；

$R$——贴现率，一般采用同等期限的银行贷款利率作为计算标准；

$NP_t$——项目第 $t$ 年的毛利润。

# 第5章

# 矿山项目投资风险识别与估计

所谓的风险,指的是一些不确定因素导致资产价值及其收益受损。企业搞生产经营活动,既面临着一些确定的因素,同时更多会遭遇一些不可测的事件。对于这些事件,其发生之后会产生多大的影响,有时候是无法预先判断的。在这种情况下,影响企业目标实现的各种不确定性事件就是风险。总体来说,矿业活动具有高风险性。高风险性也伴随着矿业行业的高利润。这种风险主要表现在:国家对矿业投资的限制性、矿业项目的巨额资本需求、矿产资源的可耗竭性、资源储量的动态不确定性、市场需求的不确定性、相当长的投产准备期及投资偿还期、矿业活动对环境的明显影响等。因此,在进行矿业项目投资时需要对此进行专门的考量与研究,尽可能地防范风险,取得较高的投资收益。

## 5.1　投资风险识别的概述

### 5.1.1　项目风险识别的概念

风险识别是风险管理的基础。项目风险识别是指项目承担单位在收集资料和调查研究的基础上,运用各种方法对尚未发生的潜在风险以及客观存在的各种风险进行系统归类和全面识别。项目风险识别不是一次就能够完成的,它应该在整个项目运作过程中定期而有计划地进行。

### 5.1.2　项目风险识别的内容

项目风险识别是项目风险管理中的首要工作,它的主要工作内容包括如下几个方面。

#### 1. 识别并确定项目有哪些潜在的风险

这是项目风险识别的第一项工作目标,因为只有识别和确定项目可能出现的风险,才能够进一步分析出这些风险的性质和后果。所以在项目风险识别中首先要全方位地分析项目变化过程中的可能风险,从而识别项目的各种风险并列出项目风险清单(项目风险注册表)。

### 2. 识别引起项目风险的主要影响因素

这是项目风险识别的第二项工作目标，因为只有识别各项目风险的主要影响因素，才能把握项目风险的发展变化规律，才有可能对项目风险进行处理和控制。所以在项目风险识别中，要全面分析各项目风险的主要影响因素及其对项目风险的影响方式、影响方向、影响力度等。

### 3. 识别项目风险可能引起的后果

这是项目风险识别的第三项工作目标，因为只有识别项目风险可能带来的后果及其严重程度，才能够全面地认识项目风险。项目风险识别的根本目的是找到项目风险以及消除项目风险不利后果的方法，所以识别项目风险可能引起的后果是项目风险识别的主要内容。

## 5.1.3　项目风险识别过程

风险识别是寻找风险、描述风险和确认风险的过程。项目风险识别是风险管理六个过程中的第一个过程，而项目风险识别过程一般可以分为以下五个步骤。

(1)确定目标。项目风险识别的第一步就是要确定项目风险识别的目标，这包括确定项目风险识别工作、内容和结果等方面的目标。不同的目标会有不同的识别工作，具体要根据项目的大小、复杂程度、重要程度和风险管理的目标和要求来确定。

(2)明确最重要的参与者。根据项目组风险管理的重点和范围，确定参与项目风险识别的人员。项目风险识别需要项目组集体共同参与，因此项目经理不仅要了解项目的信息，还要了解项目涉及的人员信息，明确最重要的参与者。这些参与者应具有经营及技术方面的知识，了解项目的目标及面临的风险，应具备沟通技巧和团队合作精神，能及时沟通和分享信息，这对项目风险识别是非常重要的。

(3)收集资料。

(4)估计项目的风险形式。项目风险形式估计就是要明确项目的目标、战略、战术以及实现项目目标的手段和资源，以确定项目及其环境的变数。项目风险估计还要明确项目的前提和假设。通过估计项目风险形势可以找出项目规划时没有被意识到的前提和假设。明确项目的前提和假设可以减少许多不必要的风险分析工作。

(5)根据直接或间接的症状将潜在的项目风险识别出来。为了便于风险的分析、量化、评价和管理，还应该对识别出来的风险进行分组或分类。分组或分类有多种角度，一般可以按项目阶段划分，也可以按管理者划分。项目管理是一个不断改进和不断完善的过程，因此任何一个阶段的工作结果都要包括对前面工作进行改进的建议和要求，项目风险识别工作当然也应该包括对风险识别过程中发现的项目管理其他方面的问题进行完善和改进。

## 5.1.4　项目识别的方法

从理论上讲，任何有助于风险信息发现的方法都可以作为风险识别的工具，风险识别有很多种工具和方法，其中最常用的有以下几种：

(1)文件审核。文件审核就是从项目整体和各个方面的细节对项目计划、文件及相关资料进行地毯式的审核，从而对潜在的风险进行识别。

（2）头脑风暴法。头脑风暴法是在进行风险识别时最常用的方法。就风险识别而言，头脑风暴法就是通过会议的形式充分发挥项目参与者的创造性思维、发散性思维和专家经验来识别项目的风险。其最终目的是获得一份相对全面的风险列表，以备在将来的风险分析过程中进一步加以明确。

（3）德尔菲法。德尔菲法是指专家们就某一问题达成一致意见的方法。对风险识别而言，就是项目风险专家对项目风险进行识别，并达成一致性的意见。这种方法有助于减少数据方面的偏见，并避免因个人因素对结果产生不良影响。

（4）SWOT 分析。SWOT 分析是一种广为应用的战略选择方法，它自然也可以用于识别项目风险。SWOT 是英文的缩写形式，其中 SW 是指项目本身的优势与劣势（strengths and weaknesses），OT 是指项目外部的机会和威胁（opportunities and threats）。SWOT 分析用于项目风险识别时，就是对项目本身的优劣势和项目外部环境的机会与威胁进行综合分析，对项目做出系统的评价，最终达到识别项目风险的目的。

（5）图示技术。图示技术对项目风险识别来说是一种非常有用的结构化方法，它可以帮助人们分析和识别项目风险所处的各环节存在的问题，以及项目风险的起因和影响。

（6）现场视察法。在风险识别阶段，风险经理对现场进行勘察非常重要。特别是工程项目，风险经理通过直接观察现场的各种设施及各种操作，能更多、更细致地识别项目的潜在风险。

（7）环境分析法。企业或项目的环境一般包括四个部分：顾客（业主）、原材料供应商、竞争者、政府管理者。在分析环境风险时，应重点考虑它们相互联系的特征和稳定性。通过分析环境的组成，有可能会发现许多风险因素。

## 5.2　投资风险因素识别方法及原则

重要的风险因素识别方法有专家调查法、故障树分析法（FTA 法）、幕景分析法、筛选监测诊断法、影响图分析法等。

### 1. 项目风险的阶段性划分

根据项目发展的时间顺序，其风险可以划分为三个阶段：项目建设开发阶段风险、项目试生产阶段（投产期）风险、项目生产经营阶段（达产期）风险。在每个阶段，项目的风险都有不同的特点。

（1）项目建设开发阶段风险。

项目在正式建设之前都会有一个较长的开发前期和工程设计期，对于矿业项目还包括地质勘探、储量确定。在这一时期，项目有许多未知的和不确定的因素。项目开发阶段包括项目的规划、可行性研究、矿石可选性试验等一系列工作。

该时期的投资也带有风险投资的项目建设开发阶段的风险，如工期延期风险和项目建设成本超支造成的投资膨胀风险。有些项目采用不同形式的工程承包方式，可引起项目建设延期风险，如"交钥匙"合同和有可能将部分项目建设风险转移给工程承包公司"交钥匙"实报实销"合同及介于两者之间的多种类型的合同形式。在实销合同中，项目建设的控制权和建设期风险全部由工程承包公司承担；而在合同中，项目建设期风险及项目控制权全部落在项目的投资者身上。

（2）项目试生产阶段（投产期）风险。

项目投资在试生产阶段的风险仍然是很高的，若不能按照原定的成本计划产出符合质量要求的产品，即使这时建成投产了，如果不能按时达产，或生产成本超计划，也会给项目现金流量造成重大影响。

（3）项目生产经营阶段（达产期）风险。

项目的生产经营阶段是项目投资风险阶段的一个分水岭。从这一阶段起，项目的风险随着债务的偿还逐步降低。这一阶段的项目风险主要表现在生产、贷款银行市场、金融方面的风险以及其他风险等。

按照风险在项目各个阶段的表现形式，可将风险划分为：国家政策风险、经济周期风险、行业风险、资源风险、技术风险、通货膨胀风险、利率风险、汇率风险。①国家政策风险。主要包括国家法律制度、产业政策、税收政策等。②经济周期风险。经济周期又称经济循环或商业周期，是商品经济自身运动必然产生的一种总体经济波动形式。每一个经济周期都包含着经济扩张与收缩、波峰与波谷相交替的运动。但是每一个经济周期波动的幅度、高度、深度、整体位势以及长度等，是不相同的。经济运动由波峰到波谷的过程，称为经济收缩，反映了经济活动量全面下降。其主要特征是，生产过剩、生产缩减、投资减少、信用收缩、物价下跌、失业增加、企业效益下降以至倒闭等。西方国家一般把国民生产总值连续两个季度下降 1.5% 以上、失业率 6% 以上，称为经济危机。经济运动由波谷到波峰的进程，称为经济扩张，亦称为经济复苏，反映了经济活动量全面上升。其主要特征是生产持续恢复，资本投资率不断增长，市场越来越活跃，信用逐渐扩大，物价开始上升，企业利润逐渐增加，资本周转加快，就业人数日益增多，社会生产恢复到原有水平。显然，经济波动风险存在于项目的整个过程，是其他风险之根源。③行业风险。不同的行业，存在不同的风险。④资源风险。对于依赖于某种自然资源（如石油、天然气、矿产、金属矿等）的生产项目，在项目的生产阶段有无足够的资源保证是一个很大的风险因素。⑤技术风险。技术风险存在于产品开发研制、建设施工及生产阶段的全过程。⑥金融性风险。包括通货膨胀风险、利率风险和汇率风险。⑦信用风险。

### 2. 投资项目风险因素识别的原则

（1）具有不确定性和可能造成损失是风险因素的基本特征，要从此入手进行识别。

（2）投资项目的不同阶段存在不同的风险，应考虑投资过程的主要风险因素。

（3）为了更好地识别风险因素，必须层层剖析，尽可能深入到风险因素的最基本单元，以明确风险的根本来源。

（4）风险因素因行业和项目不同而具有特殊性，因此风险因素的识别应有针对性思维。

（5）风险因素识别应注意借鉴历史经验、方法审视项目，识别风险来源。同时要运用逆向思维寻找可能导致项目失败或损失的因素，以充分全面地揭示项目的特性。

## 5.3　投资环境风险及控制

### 5.3.1　投资环境面临的风险

海外投资的先决条件是投资环境,项目的"做与不做"由投资环境的好坏直接决定。国家政治环境、宏观经济发展环境、社会发展环境和技术环境等方面都属于投资环境风险的范畴,具体表现在如下几方面。

我国周边和非洲的一些发展中国家,他们的成矿条件好,但投资环境较差,矿业投资的隐性成本高。

刚果民主共和国、几内亚、阿尔及利亚、泰国等发展中国家,尤其是非洲国家政局十分不稳定,动荡多变。复杂的政治环境,对矿业投资造成重大影响,也就是说矿业政策继承性差,政权一旦变更,矿业项目就要面临重新谈判局面甚至项目终止。在非洲的一些国家,大多项目在新政府上台后又重新审查矿业合同,合同更换频繁。我国某些地勘单位的项目被搁置、协议作废等又都与当地政府缺乏信誉、变卦有关。

一些落后的发展中国家是我国境外勘查项目的重要地区,在项目勘查中,由于当地政府工作人员腐败严重,很多勘查项目被索贿。地勘单位经常会遭遇的这种"腐败"现象,很大原因是由于当地政府的政策不透明。

(1)"资源民族主义"气氛浓厚。发展中国家拥有多种丰富资源,他们对资源控制方式很多,如重新谈判协议条款、提高国有企业参股的比例、调高税率、把战略性资源国有化或国民化、重新审查矿业权等各种手段。

(2)企业投资发展中国家普遍存在的问题就是基础地质信息匮乏,很多项目投入了大量的工作时间和资金,因为地质资料匮乏,这些企业不得不从填地质草图开始做起。此外,有些政府资料、公司资料还存在造假的情况,可信度不高,具有很大的风险。

(3)当地社区的意愿非常重要,在海外投资矿业项目必须获得许可。矿业公司的社会责任已被明确立法,近年来国际上的一个普遍趋势就是要求矿业企业肩负社会责任。许多项目如果不能获得当地社区的许可,即使得到政府许可,也不能开工,企业需要和社区进行长期艰苦的谈判才能获得许可证。

(4)很多发展中国家矿业权多存在瑕疵,关键是这个国家的矿业法存在缺陷;生活物资和地勘服务非常缺乏,有些项目所在区域,后勤不完善,得不到保障,当地政局动荡,中方员工人身安全受到威胁。我国境外项目人员被绑架、项目人员被当地居民群殴事件时有发生。有些国家,虽然矿产资源地质条件很好,但是道路、港口、电力设施等都不发达,基础设施非常差,根本没有办法开采和运输。还有一些发展中国家,比如安哥拉,生产生活成本是中国的 8~10 倍,他国生活成本非常高对海外开发是个很大的障碍。

### 5.3.2　投资环境风险防范

由于各个国家投资环境不同,总体上来讲,投资国的选择应着重考虑以下几方面:①政局稳定是投资首要条件。②政府高效、诚信、政策透明、信息共享程度高,可以为投资节省大量的宝贵时间，同时也可避免一些假的信息掺杂其中。③两国关系交往频繁，交流密切，两国人民友好程度相对较高。④成矿条件优越，矿产丰富，地理气候条件良好。⑤用工、税收制度合理。应该来说，只要基本满足上述五个方面的条件，投资环境就比较理想。

## 5.4　地质资源风险及防范

### 5.4.1　地质资源面临的风险

#### 1. 勘察风险

矿产勘查具有风险高、投入高、周期长的特点。风险高通常意义上是指矿产勘查的成功率较低。其勘查对象是埋藏在地下的矿产资源，地质环境的多样性和复杂性、矿产资源的隐蔽性和不确定性，使矿产勘查从一开始到完成始终处于不断探索的过程之中。早在1986 年，矿产勘查研究表明金属矿产的找矿成功率在 20 世纪 50 年代初期约为 1%，在 20世纪 70 年代初下降到 0.1%，在 20 世纪 80 年代则在 0.05%左右。投入高、周期长则相对指的是矿产勘查的投入成本高、勘查成功的周期长，尤其是国外的一些勘查项目，虽然前景较好，但由于投入周期太长，成功率相对较低。

#### 2. 资源储量风险

资源储量的偏差现象普遍存在，由于对资源储量估算的方法、所使用的软件不同，在资料的检查、资源储量的核实方面往往工作不到位，导致项目考察失败。相对来说，资源风险就是核实其所保有的资源储量，而资源储量则最终反映在工程的控制、矿体的品位及厚度方面。同时，对于地区找矿潜力的定性甚至定量评价也是一个不可忽视的因素。

### 5.4.2　地质资源风险防范

在海外并购中，经常面临基础地质资料匮乏或资料作假的问题。我国企业投资的发展中国家，普遍存在这个问题。很多项目不得不从填地质草图开始做起。此外，有些国家还存在政府资料、公司资料造假的情况。在资料的真实性方面，地质人员应进行缜密判别，从工程勘探(包括坑探、钻探、物探点、化探点、测量点等)做起，对地质现象、矿体厚度、矿体品位、矿石体重进行逐一观察取样核实，从而最终对其资料真实性做出准确的判断。

由于国外每个项目的技术经济指标不同，估算资源储量用的工业指标也不一致，这就需要在矿床开采技术条件、各项回收指标、现金成本、建设投资、投资回收期等方面对指标进行不断优化，从而得出最佳工业指标。同时国外资源储量的估算方法与国内有很大不同，因此需要进行软件之间的相互转化，按照国内标准，最终估算出其资源储量。

成矿前景的判断，对矿业投资也具有深远的影响，而且其难度较大。若能有效、准确地加以判断，则可以大大降低投资中的地质风险和收购成本。

以蒙古国欧玉陶勒盖铜金矿为例，该矿是 21 世纪初由加拿大 IvanhoeMines 公司探明的世界级斑岩型铜金矿床,矿体规模大、埋藏深。而该矿床早期是由澳大利亚必和必拓公司所拥有,并在此进行勘探工作。而当时,由于对斑岩铜矿的蚀变分带不清,所施工的钻孔均位于富矿体的上方(OTD-009 钻孔即为其施工处),从而得出无矿的结论。后加拿大IvanhoeMines 公司收购了该项目,并对蚀变分带进行充分研究,认为主矿体在钻孔的下方,同时加大了钻孔的钻探深度,最终一举探获铜金属量超过 2000 万吨的特大型铜矿床。总之,只有加强对资料、现场的细心研究,结合对项目成矿规律的正确认识,才能对其保有的资源及找矿前景做出正确的判断。

## 5.5　开采条件风险及防范

### 5.5.1　开采条件面临的风险

在海外投资中,大家对项目的自然地理条件、基础设施条件及矿床开采技术条件相对更重视,一些其他因素往往被忽视。如矿石的黏结度、采空区的范围、地下水的发育程度、地下暗河、岩溶洞、辐射物、有毒有害气体、地表沉降及地震活动等,这些因素往往会对项目方隐瞒。

开发的地形气候条件限制。极端的气候条件,会缩短有效工作时间,增加成本。投资者应尽力避开极度寒冷、极度炎热、多雪、多雨的地区投资矿产勘查开发。例如智利的维兹卡奇塔斑岩铜矿,为重要的矿床工业类型,规模巨大,但因位于峡谷的底部,露天开采剥采比过高,难以找到堆放废石和建立尾矿坝的位置,而成为呆矿。大宗矿产的基础设施,必须考虑基础设施条件和可靠廉价的运输系统。矿床的目标规模,应能够支撑基础设施的建设和运营。例如,柬埔寨柏威夏省的铁矿,虽然品位高、有一定规模,但难以支撑专线铁路的建设(如湄公河的疏浚、西哈努克港的扩建)。

### 5.5.2　开采条件风险防范

由于基础设施条件、自然地理条件及开采技术条件相对来说看得见、摸得着,因此,在一定意义上讲,其风险程度相对要低。但在采空区的范围、地下水的发育程度、地下暗河、岩溶洞、辐射物、有毒有害气体、地表沉降及地震活动等方面,则由于它们为看不见的风险因素而往往被忽视,从而因某一个因素而导致项目失败。如在赤道附近的国家,往往因岩溶洞和地下水发育,一些项目无法投产。

在矿石加工技术条件方面,则需要考察人员对元素的赋存状态、粒度,有益有害元素,有用矿物的嵌布特征,矿石的自然类型、工业类型、工业品级划分及分布特征,矿石的含泥情况等进行详细了解,从而对回收率进行大致的判断。

## 5.6　政治和法律风险及防范

### 5.6.1　政治风险因素分析

政治因素是导致海外并购风险的因素之一，不仅包括并购方所处的政治环境，还包括被并购方所处的政治环境。对于矿业来讲，作为国家重点扶持的基础产业，国家制定了一整套政策法规，政治氛围浓厚。政治风险的突发性、强制性往往使海外投资者措手不及。2009 年 6 月，中铝确认，力拓集团董事会已撤销对当年 2 月宣布的 195 亿美元交易的推荐，中铝只获得 1.95 亿美元的分手费。巨额的经济损失只是政治风险给海外投资带来损失的一部分。2010 年吉尔吉斯斯坦的动乱、非洲发生的中国工人人质事件以及菲律宾马尼拉香港游客被劫持事件，则更是提醒投资者，政治风险甚至可能给工作人员的人身安全造成威胁。

与此同时，一些发展中国家尤其是非洲国家政权变更频繁，矿业政策继承性差、政局不稳，政权一旦变更，矿业项目就要面临重新谈判甚至终止的局面。刚果民主共和国、几内亚等国均在新政府上台后重新审查了矿业合同。我国的一些并购项目，在阿尔及利亚、泰国也遭遇政府变卦、项目被搁置或协议作废的问题。某些国家政策不透明，政府腐败。我国境外并购项目多在落后的发展中国家，政府官员腐败现象严重，很多项目被索贿。我国的一个地勘单位在某国的项目，仅保安费用就被索要 800 多万元人民币，已接近该项目勘查的总费用。有的企业花费了 500 多万元，矿业权都没拿到，进退两难。还有的企业仅矿业权申请，就长达 8 年，由于当地政府腐败及故意拖沓，项目仍未启动，造成严重浪费。

此外，跨国并购在并购双方达成协议之后，通常都需要获得双方所属政府的批准。由于意识形态上的差异，西方政府在审批中国企业的跨国并购时往往存在着抵触情绪。近年来，随着中国经济实力的增强，"中国威胁论"在海外不断升温，而且由于中国海外并购的企业多数为国有企业，其国有背景与并购对象的战略性更容易引起外国政府的警惕。在金融危机背景下，世界各国的保护主义有所抬头，中国海外投资过于集中于能源和矿产领域，也引起了被投资企业所在国家和企业股东的一些不安，外国政府对中国海外并购矿产资源的审批往往更加谨慎。比如，2009 年 3 月澳大利亚政府以"威胁国家安全"为由，拒绝了中国五矿全面收购 OZ 矿业的计划。与此同时，在中海油以 185 亿美元现金收购美国优尼科石油公司案中，中海油收购的经济条件明显优于雪佛龙等其他竞争对手，但是美国一些政客的干预导致了收购的失败。中海油退出优尼科的解释是，"宣布竞购交易后，在美国出现了前所未有的政治上的反对声音，甚至要取消或更改美国外国投资委员会多年来行之有效的程序。这种政治环境使中海油很难正确评估成功的概率，对完成交易形成了很高的不确定性和无法接受的风险"。

### 5.6.2　劳工风险

国内外在劳动用工方面存在着很大的差异。一般而言，由于国外很多国家工会成立较早，各种工会制度和活动比较频繁、成熟，国外工会在劳动者保护方面起着很重要的作用，并且在国外,工会影响力一般要比在国内强。我国企业海外并购后要实行当地的劳动用工法律法规,并且很多时候会因为劳工问题与当地的工会打交道。所以加强与劳工有关的风险管理非常必要,要采取全面的措施防范劳工风险。

部分海外投资目标地国家强大的工会组织以及倾向明显的劳工保护政策,使中国矿业海外投资项目推进艰难。以中国首钢总公司管辖的秘鲁铁矿股份有限公司为例,仅 2005年 6 月到 2006 年 7 月这一年间,该公司就遭遇了 3 次工人大罢工,使公司蒙受了数百万美元的经济损失。而且,每次罢工差不多都以涨工资满足劳工要求而结束。2012 年 8 月,赞比亚新政府出台新劳工法大幅提高工人工资,引发赞比亚劳资关系普遍紧张。因为与当地工会的劳资纷争问题,中国在当地投资的科兰煤矿爆发了矿工骚乱事件,造成 1 名中国带班管理人员死亡、4 名中国工人受伤。劳资纠纷目前已经成为部分中国企业尤其民营中企在非洲发展一道难以逾越的坎。

此外,绝大部分海外投资目标地国家当地就业的保护政策,使得劳工输出障碍重重。如中信集团西澳洲磁铁矿项目,由于中国投资者难以承受当地矿工相当于教授水平的工资标准,试图将国内劳动者输出到西澳洲,但经过屡次游说后,才拿到数百个签证名额。而澳大利亚政府要求,所有上岗工人必须通过全英文的资格认证,这难倒了几乎所有的待输出劳工。

### 5.6.3　安全环保风险

环境保护条件越来越成为投资矿产勘查开发决策的制约因素。近年来,发达国家和发展中国家都提高了矿产勘查开发的环保门槛,建立实际和合理的环境保护法的国家,比起尚未这样做的国家有更大的吸引力。矿业投资项目要有明确的环境义务的预设能力,达到可以执行的程度,其数据可用于可行性研究。矿业环境保护成本,在全球范围内,呈快速上升趋势,环境保护费用在矿产品成本中占的比例也越来越大。

环境保护的门槛日益提高和由此带来的高成本,使部分矿业海外投资项目不堪重负。如中信集团西澳洲磁铁矿项目,一座二孔桥,国内造价约 500 万元人民币,但在澳大利亚,为保护生态,全程采用钢管桩,最终造价 5000 万澳元,成本差异为数十倍。而且,在西澳洲投资矿业项目,完成环境保护审批要等两年左右的时间。如此高昂的时间和经济成本,潜在地增加了项目的风险与不确定性。

在安全方面,例如在澳大利亚,矿山实施严格的安全管理措施,不允许有任何人员死亡事故,自 2005 年,澳大利亚连续 15 年在煤炭行业未发生一起安全事故,这与上至管理层、下至员工从安全培训、安全文化的教育、机制的健全、费用的投入有着密切的关系。

### 5.6.4　投资国的法律风险

法律因素对企业海外并购的影响不容忽视。当今全球各国大都通过法律条文、政府限制和反垄断法条例等对并购主体间产权转让活动予以法律规范和限制。企业进行海外并购时,必须熟悉国内外相关法律和规定,避免操作不当、违反有关法律规定而引起的诉讼或导致并购行为失败。在这个问题上,两家国内公司的惨痛教训应当为国内投资者敲响警钟。一是紫金矿业收购 Platmin Congo(BVI)涉嫌违反刚果的公司法的规定,被刚果政府宣布收购无效;二是首钢收购澳洲吉布森山铁矿公司股份涉嫌关联交易,违反澳大利亚的公司法和收购法，该交易被澳大利亚收购委员会(Takeover Panel)否决。两个项目的失利均是由于投资者在投资前没有做足投资所涉东道国法律环境的尽职调查工作，使得项目的合法性存在严重瑕疵而过早夭折。同时根据澳大利亚的相关规定，如果投资方是外国国有企业，那么无论其持股比例如何，都必须接受外国投资审查委员会(FIRB)的审核。而该委员会通常关心的问题是，投资者的运营是否独立于相关外国政府之外等一些关系到国家利益的问题。而模糊的国家利益具有非常的不确定性，也是并购必须承担的巨大风险。

在海外并购实践中，东道国政策法律风险对整个投资项目的成败常常有决定性的影响。在此方面最典型的案例是澳大利亚 2012 年 3 月通过的《矿产资源租赁税议案》，根据相关规定，澳大利亚政府于 2013 月 1 日开始对超大规模矿企征收煤和铁矿石两类资源 30%的矿产资源租赁税，该税收政策的出台极大地影响中国企业在澳已投资矿业项目的收益，有些从前测算可盈利的项目甚至可能出现巨额亏损。在审批方面，2010 年 6 月 8 日至 9 日在北京召开的矿业与财富高峰论坛澳方与会者介绍，在西澳洲投资矿业项目，完成环境保护审批需要等待两年左右的时间。以上事例可见东道国法律政策风险对矿业项目的重大影响。

此外，在执法方面，英国的"风能进、雨能进、国王不能进"的经典宪政寓言强调，在西方发达国家，私有财产受到至高无上的保护。与其形成鲜明对比的是，在东南亚、非洲等一些腐败盛行的欠发达国家，投资者经常抱怨"在缅甸做项目，没有钱就走不动道"，甚至"地方协调费"也成为项目预算中不可缺少的一部分。

### 5.6.5 国内法律风险

海外投资项目也面临着国内法的风险。一方面，合法的矿业海外投资项目必须经过商务部、自然资源部、国家外汇管理局、国家发展改革委员会等部门的审批备案；另一方面，中国的并购法律体系不太完善本身就是一种风险。纵观发达国家关于公司并购的法律规范，其核心机制主要包括公司法、证券法和反垄断法等。然而我国没有统一的公司并购法，法律对公司并购行为的调整和规范散见于《公司法》《证券法》《股票发行与交易暂行条例》以及其他大量的行政法规、部门规章和地方政府文件中。有关的法律法规零散而不系统，甚至还有漏洞与冲突之处，使得并购在具体的执行过程中，仍然存在许多尚无法用法律法规制约的商业行为。这种立法缺位，基础信息及信息共享机制的匮乏，政府缺乏宏观规划等也大大制约着中国矿业海外投资的发展。

### 5.6.6 政治法律风险防范

作为投资者，希望其投资行为符合政府和投资者双赢的产业政策和矿业税收制度，以降低矿业投资项目的政策风险。要有效地降低政策风险，一方面，政府矿业政策和税收制度需进一步完善，另一个方面，投资者对国家政策的把握能力、预测能力也很重要。尤其是海外投资项目，了解当地政府的矿业政策尤为重要。同时国家政策的支持，政府之间的协调也不可或缺，具体要做好以下几个方面。

(1)投资决策前尽职调查，包括对投资所在地政治经济环境的调查、市场调查、投资环境调查，投资法律保护、对外来投资的优惠条件及鼓励措施、国民待遇原则等金融环境和外汇管理制度等方面的调查，还包括对我国有关对外投资法律法规及外汇管理等相关政策进行了解，确保项目的合法可行。

（2）有关投资方案制订需要符合当地法律法规，在投资方式方面是选择并购还是选择投资设立公司等方式，需要根据企业自身情况考虑并参考当地的法律进行确定。

（3）企业境外投资需要办理国内核准手续；企业设立新的公司需要对企业章程进行细致的规定；企业并购需要进行并购合同或协议等有关法律文件的审核；企业还会遇到诸如罢工、产品责任、企业合规经营等实际问题。

（4）企业在海外投资过程中应采取各种措施及进行法律风险预防，比如通过合同及其他形式的法律文件，转嫁或者锁定并购及持续经营中的部分风险或者通过购买商业保险，规避项目所面临的自然和部分商业风险，通过购买投资保险规避国家风险。有些国家比如秘鲁和智利，他们的外资法同意符合一定条件的外国资本与政府签订税收稳定协议。

（5）企业在海外投资一旦发生诉讼或者仲裁，比如遇到反倾销指控，要及时维权。

## 5.7　财务风险及防范

企业进行海外并购时，正确处理并购资金与自身发展资金的关系很重要，不能因为并购行为而导致自身发展资金链的断裂，这不但使并购没有财务保障，甚至造成自损。所以，企业在决定并购前必须周全地考虑各相关问题，以及由此产生的各种风险。财务方面主要面临着五个方面的风险。

（1）融资风险。从企业性质来讲，与国企相比，民营企业更难从银行获得贷款。从项目阶段性的差异来讲，开采阶段比勘查阶段更容易获得融资。私募股权基金机构大多不愿介入勘查阶段，而国家对地勘单位的资金扶持也不够，使得矿业项目的勘查阶段融资渠道狭窄，大多限于富人投资或者自筹资金等渠道，其效率也相当低。能快速获得资金是项目成功的关键性因素之一。

（2）基础设施投入风险。许多拟投资海外矿业的项目的所在地位于经济欠发达地区，基础设施落后，矿业开发必需的水、电、交通等条件都不具备，拟投资者必须自行投资解决，财务压力沉重。

（3）债务风险。有色金属华东地质勘查局收购巴西某矿企、华菱收购 FMG、中国五矿收购 OZ 公司、中色收购澳大利亚 Terramin 公司等，中国企业无一例外都是在被收购企业陷入债务危机的情况下介入的，因此，要特别关注这些企业债务的真实情况，做好尽职调查，将债务风险降到最低。

（4）矿产品价格风险。有业内人士表示，在发达国家，政策不稳定不是中国企业需要过多考虑的问题，而应更多地关注价格浮动给整个投资项目带来的盈利风险。当然，人民币升值所带来的财务风险也要有所考虑。

（5）融资结构及支付方式风险。我国企业在进行海外矿产资源并购时，通常采用现金收购的支付方式。然而巨额现金支付容易抽空并购企业自有的流动资金，形成高负债率，进而拉紧企业的资金链。如果不能及时从并购中获益，很可能导致资金链断裂，从而造成整个企业运营瘫痪。由于矿产资源领域的并购金额通常较为巨大，并购企业往往需要依赖外部资金的支持。外部融资的方式通常有银行贷款、发行债券或可转换债券、发行股票和换股并购等四种。受中国资本市场发展状况及相关法律的影响，企业常用的融资方式为贷款融资。银行推出的企业并购贷款虽然可以为企业并购提供一定的便利条件，但是贷款需要支付的高额利息也给并购企业带来了较大的财务压力。而在金融危机背景下，金融系统流动性短缺，企业贷款难度加大。因此，企业如欲进行海外并购，必须有足够的资金，或者是充分的融资能力。

## 5.8　资本风险及防范

### 5.8.1　资本运作方式风险

出于对本国资源安全的考量及对国家资本收购的排斥，外国政府及民众舆论对中国以国有企业为主的绝对控股式的矿业收购潮怀有戒备心。中铝注资力拓以及五矿收购诺兰达失败，其中或多或少掺杂着东道国对国企收购排斥的因素。对此，笔者认为，第一，要避免高调宣传，这对降低商业秘密风险、保证交易在不受过多外界干扰的情况下顺利进行亦有重要意义。第二，控股的灵活操作。2009 年 6 月，有色金属华东地质勘查局以 2294 万澳元认购了澳大利亚 Arafura 资源公司 25% 的股权，成为这家上市公司的最大股东，同样达到了取得股东大会重大决策权的效果。

### 5.8.2　资本运作风险

鉴于上市公司的国际性，跨多个司法辖区的资本运作项目的风险主要来自项目在不同的司法辖区受到不同的法律管辖。以 2005 年度中国企业最大的一宗并购案，即中石油收购哈萨克斯坦石油公司案为例，被收购方哈萨克斯坦 PK 石油公司，是在加拿大注册的国际石油公司，而其油气田、炼厂等资产全部在哈萨克斯坦境内，在加拿大、美国、英国、德国和哈萨克斯坦证券交易所上市。其间，俄罗斯卢克石油公司以拥有"优先收购权"为名，向加拿大地方法院提出阻止中石油收购 PK 石油公司交易的请求。在这一案例中，至少涉及五个司法辖区和三个国家的主体，其中的复杂程度及风险可见一斑。

### 5.8.3　融资风险

矿业开发属于资本密集型行业，从事海外矿业并购更需要海量的资本作支撑。我国矿业企业从整体来看，融资渠道较为单一，更多依赖银行贷款，而民营企业对银行贷款又缺乏足够的优势。目前，我国国内矿业企业存在大量长短期资金支持、资产并购、技术改造等需求。这需要有专门的机构和人员，针对不同的需求来制订不同的融资策略和方式。而黄金产业要实现跨越式发展做大、做强，同样需要搭建一个金融与产业合作的平台。我国矿业资本市场的种种束缚显示，如何获得资本并将其用到最需要的地方去，仍是广大矿业企业需要深思的问题。

### 5.8.4　并购方式风险

因为购买方式简单、直接，现金收购的方式是目前我国矿业公司进行国际并购采取的主要方式，但它的弱点在于价格风险大，企业要能达到控制并购企业的目的，往往需要付出高于市价成本的代价。一方面，如果双方意见有分歧，买方将付出更高的代价，甚至有失败的危险；另一方面，如果双方协调一致，达成共同利益目标，收购就能很快完成。因此，势力强、财力充足的企业一般采用直接购买方式。而在像中铝收购力拓这样的案例中，中铝的资产市值与力拓是有差距的，中铝需要有足够的实力和强大的资金作后盾来抵御价格的风险。

### 5.8.5　并购后整合风险

一方面，并购后对目标企业各种有形资源和无形资源的整合，是并购成功的关键。有形资源的整合对企业的财务状况至关重要，并购成功的物质基础是各种资产负债的有效整合。对无形资产的整合，要与企业未来的发展密切相关，并购后目标企业生产经营方向和生产作业控制的调整等，在对生产经营的整合中都要涉及。一般地，构成经营整合风险的重要原因是，对资产负债以及生产经营的整合不到位，进而影响并购成效甚至造成并购失败。

另一方面，并购后对企业的人力资源、企业文化等整合不当而产生的风险，被归纳为文化整合的风险，它是整合阶段的另一种风险。作为企业并购整合的重要组成部分，文化整合的成功与否直接关系到整合的成败。欧美成熟企业是大多数中国企业海外并购的目标企业，然而他们对自身文化的高度认同和希望保持自身文化的强烈夙愿，使中国企业在并购时既要吸收被并购企业文化中先进成分，又必须放弃原有企业文化中无法被并购企业所认同的部分。因此，海外矿产资源的并购涉及将不同管理水平、资产状况乃至企业文化融合在一起的问题，这个过程虽然看似简单，但实际操作起来往往困难重重，有时甚至远远超出并购前的预想。并购交易的完成只是完成了"万里长征的第一步"，随后的业务整合才是关键。中国企业管理者国际管理经验不足，往往在并购完成后不能很好地对并购对象进行整合。

### 5.8.6　资本风险防范

越来越多的海外投资成功案例表明，制度的完善与保护是企业走向海外成功的基础。遗憾的是，我国国内的立法未跟上，还没有建立此方面完备的法律政策体系，因此实力再雄厚的公司也无力对抗投资所在国的政治风险。国际上通行的做法是建立健全国家海外投资保险制度，即由企业向其本国指定的保险公司购买海外投资政治险，发生保险事故后，先由本国保险公司赔偿企业损失并获得企业转让而来的追索权，然后该国政府代替企业向发生政治风险事故国索赔。目前，中国在与多国按照国际惯例签订投资保护双边协议时，都有该类内容的约定。要使矿业企业跟得上市场节奏，就必须对这部分重点企业实行备案制，严格审查其技术、资金实力。同时，我们国家目前拥有大量外汇储备，一个比较好的出路是设立"走出去"的专项资金，支持中国矿业企业海外投资，即我国矿业企业到海外进行开发和收购要受到鼓励。

## 5.9  市场风险及防范

### 5.9.1  经济周期的影响

矿产品的市场价格具有明显的周期性,这是因为矿业是国民经济的基础性行业,经济发展的周期性特性决定了这一特征。从图 5-1 中我们可以看出黄金价格在 2001—2011 年的总体趋势。2001 年时黄金价格每盎司仅 300 美元,2011 年涨到每盎司 1600 美元,10 年涨了近 4 倍,黄金工业指标也连年下降。可见矿业投资项目价格的敏感性远远超过其他任何行业,其收益受经济发展周期影响之大。

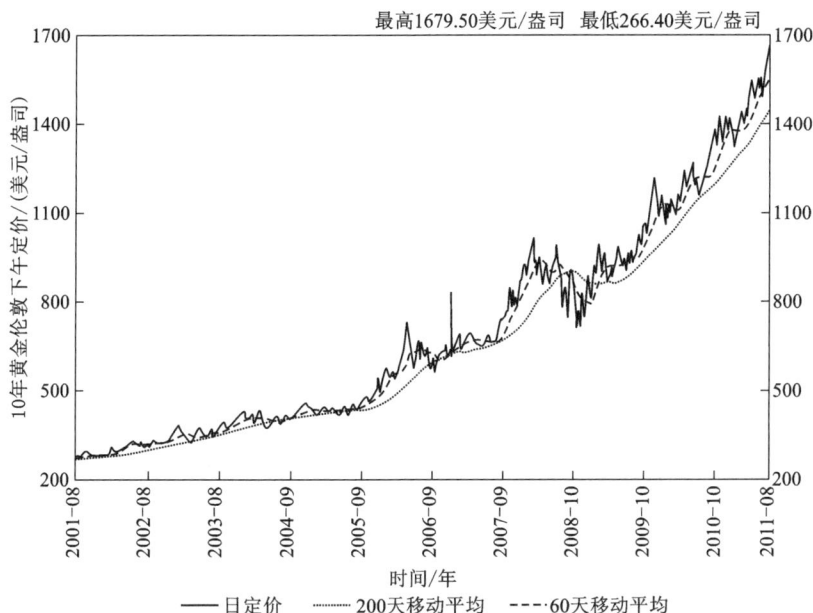

图 5-1  黄金价格 2001—2011 年 10 年内的上涨趋势

### 5.9.2  市场发达程度的制约

我国铁矿石(原矿)、煤炭、有色金属矿和非金属矿产量均居世界前列,但矿产品市场的发育却尚未成熟。而且由于矿业开发的地域性强,地方保护主义仍旧在许多地方严重存在着。矿产品市场的正常发展在很大程度上受到了抑制,正规开采的矿业企业因此承受了巨大的市场风险。

### 5.9.3  周期出现预期的不确定性

目前金融危机的影响还不明朗,市场仍存在不确定性。本轮周期延续的时间和金融危机影响的深度很难判断。20 世纪 90 年代初期以来,据经济界人士的分析,经济周期都会延续 5 年左右的经济高涨期和低迷期(如 1992—1997 年高涨,1998—2003 年低迷,2003—2008 年高涨,2009—2016 年低迷,2017—2022 年高涨)。20 世纪 80 年代后期以来,中美经济走势的曲线高度一致,从我国改革开放以来与美国等主要贸易伙伴国的互动关系看,中国比美国滞后半年至一年的阶段转换。美国经济的低迷期这一轮可能会延续 3 年以上。结合上述这两个"经验"作粗线条的预计,前后需要准备 5 年的时间,因为,这一轮相对低迷阶段的时间跨度大概也将延续 3 年以上。

### 5.9.4　市场风险防范

在矿业投资项目评估时,要充分考虑矿产品市场的周期性变化因素,既不能以经济低迷时的价格评估而错失投资机会,也不能以经济繁荣时的价格评估而做出过于乐观的错误决策。对未来矿产品价格做出预测,可使矿业投资项目有效地规避市场风险。

## 5.10　项目建设风险及防范

### 5.10.1　项目建设风险

周期长、投入大是矿业投资项目的特点。周期长增加了投入的不确定性,不易控制投资总额。如我国目前在产的大部分矿山,都超过了当初的预算投资总额。再加上矿业收益受经济周期影响波动大的特点,使得矿业投资项目筹资困难。银行在矿产品市场价格低落时,有可能不给贷款,矿山建设期不得不延长,投资费用最后进一步增加。国内如此,海外投资由于不确定性因素更多,项目建设风险也更大。

要高度重视并购后资源合理配置、企业整合及后续资金追加问题。企业在并购后,整合是面临的首要问题。有形整合和无形整合是企业整合的两种常见方式。有形整合即资产债务整合、企业组织结构整合、企业经营战略整合、企业员工整合等;无形整合包括企业文化整合等。

投资、人才、技术等方面,在资源并购后还需要进行后续的追加。一些企业陷于有违初衷又欲罢不能的两难境地,主要是因为过度透支并购,导致后续追加投入不能跟进,境外资源脱离公司控制将会是最终的结果,也会导致全球巨量资本失败。风险投资是矿业投资的特点,投资周期不稳定,2~10 年不等。因此投资不但要有心理承受能力,还要有资金的保障,即几年没有回报,也能持续投资,投资矿业忌讳半途而废。虽然中国矿业大手笔出手并购,但并购后中方对其追加投资的能力也是一个考验,因为追加投资的金额还远不止并购的金额。

### 5.10.2　项目建设风险的防范

矿业投资项目对其风险的防范非常关键,因为项目建设周期长、资金投入大。当决策投资某个项目时,要聚焦两类项目,即已勘探清楚资源的项目、已开发或已经建成的项目。同时,要大大降低项目建设风险,可以通过转嫁风险的方式,即可以承包建设,也可以委托建设。

## 5.11　人力、信息风险及防范

并购后整合阶段的一个重要内容就是进行人力资源整合，要使员工以企业的发展为目标，改善员工行为规范，提高组织绩效，达到工作效率最大化，充分发挥并购后企业的协同效应，提高企业的核心竞争力。人事安排得当，可以使得企业并购发生化学反应，进而增加发展活力；反之，则会阻碍、影响并购成效，严重的还可能影响企业的内部安定团结，破坏企业团队氛围。因此，如何妥善安排并购后的人事结构就成为并购企业管理层首先要考虑的问题。

企业并购人事架构重组，包括高层管理职位的人选，全体员工的工作岗位、职位、职务在整合中不可避免地会发生改变，这些人事问题即使在发达国家地区依然是非常敏感的问题。一旦处理不妥，将会为企业今后发展造成消极恶劣的不良后果，而对于尚不成熟的我国企业来说更是棘手的问题。

针对并购后的人事整合安排，要做好三方面工作。一是要畅通沟通渠道。事先与目标企业的人事部门进行积极良好的沟通，了解各阶层员工素质能力，争取物尽其才，人尽其用。二是要有科学合理的安排方案。制定措施，最大限度地留住优秀人才，挖掘和发挥其无限潜力。三是要建立行之有效的激励机制和升迁体制。对员工进行正面激励，培养其企业认同感，加强企业文化的灌输。同时，也可以建立更高的业绩标准，以信任的态度使得员工创造更多的价值，获得更大的业绩回报。

在海外项目的考察中，我们还应该关注到，由于涉及国家语言的不同、专业的不同、思维方式的不同、标准的不同，使用公司内部人员甚至国内机构人员会造成种种困难，往往会因某一环节的影响而造成全盘皆输。因此熟悉和利用项目所在国家的高精人才则显得日益重要。这些人员经过多年摸索和积累，熟悉该国的地质条件、运作环境，并建立了与政府部门的良好关系及广泛的商务联系，具有本地化运作的经验。投资决策时，要看重这些公司和单位的海外经验、业绩和人才，可以极大地降低海外风险投资的风险。另外，要充分听取驻外使馆商务处意见。我国驻外使馆商务处了解所在国的投资条件、投资环境和合作伙伴的背景情况。当前提出的能源资源外交，国内在各国的矿产勘查和矿业投资，是我国驻外使馆商务处关注的重点。商务处对矿产勘查投资项目提出的意见以及在所在国投资矿产勘查应注意的事项，是投资决策的重要参考。在海外投资中企业应注意信息不对称导致的定价风险。中国企业目前对海外并购的矿产资源的储量信息的了解并不十分准确，并购完成后的勘探及开发存在着较大的不确定性。由于我国缺乏独立的、为并购提供准确信息和咨询服务的中介组织，无法对并购行为提供指导和监督，加之对企业价值评估体系的不健全，往往难以合理地对目标企业进行评估定价，进而产生风险。在定价中可能接受高于目标企业价值的收购价格，导致并购企业支付更多的交易资金。并购企业可能由此造成资产负债率过高，或因目标企业不能带来预期盈利而陷入财务困境。

# 第6章

# 矿业项目价值链风险分析

## 6.1　概述

我国国民经济的持续高速增长带来资源消耗的急剧上升，国内矿产资源保障程度明显不足，对国外资源的依赖性越来越强。近年来，矿产品价格飙升，反过来刺激了矿产勘查投资，投机行为愈演愈烈，风险意识被逐步淡化，风险管控不到位，这将导致投资回报无法达到预期。因此，针对矿业行业投资项目的风险管理显得尤为重要。本章结合矿业行业的特点，分析了矿业行业价值链不同阶段的风险，结合风险管理模式，提出定性、定量的风险识别与分析方式及风险应对模式，为矿业投资的风险管理提供参考。

为实现我国矿业企业国际化发展战略目标和高效运营的闭环管理模式，需要重点关注风险管理体系的建立。在矿业企业的投资决策及运营过程中，存在诸多方面的风险，比如政治稳定性风险、税费及外汇风险、价格波动风险、市场销售风险、政策法规风险、项目建设风险、环保及社区风险、项目运营风险等。矿业企业若忽视风险，其海外运营会遭受损失甚至失控。矿业企业的风险管理，主要存在于战略与计划环节、论证与投资环节，执行与检查环节。实行风险管理对矿业企业拓展"一带一路"沿线国家市场，保障企业安全平稳运营主要有三个层面的意义：在战略层面，通过技术创新战略，减低成本，获取市场竞争优势；在企业规范化运营层面，可提高资源的可靠性、占有量和利用水平，最大限度地开发和利用资源；在企业的法务管理层面，通过法务防范实现矿业企业的安全运营，实现合同的规范执行、制度的实时修订、流程的标准化管理。

本章从矿业项目价值链的角度，从风险识别、风险分析和风险应对三个层面对矿业企业对外投资的风险概念、流程和实践进行论述。矿业企业海外投资既是自身发展的战略方向，也是保障国家矿产资源供给安全的社会责任。全球采矿业面临的十大主要风险中，宏观经济风险、资质许可和社区关系风险仍是关注焦点。2020年以来，投资的资本获取风险、政治动荡和监管合规的政策变动风险更加显著。资本流入除了受商品价格影响外，越来越多关注矿产资源的勘探和环境友好的开采方式。这些都促使矿业企业将重点放在运营效率的提高和技术创新上。另外，全球贸易战带来的风险和尾矿治理问题也备受关注。尾矿治理的环境风险的上升很大程度上重新定义了矿业企业海外投资项目的成功。关注环境保护将决定矿业企业的发展和盈利方向。

## 6.2　矿业项目价值链风险分析流程

　　矿业企业的投资及运营是一个复杂且系统的体系，涉及业主、承包商、分包商等项目各相关方责、权、利的划分和落实。矿业项目具有五个特点，即资源密集、人才密集、资本密集、技术密集和市场密集。矿业项目基本要经历五个阶段：勘查阶段、开采阶段、冶炼阶段、流通阶段和闭坑复垦阶段，如图 6-1 所示。按照价值链流程，其总体投资风险依次降低。对于矿业企业投资而言，针对各个环节应有充分的风险应对策略，否则会导致资金链断裂。因此，对于每一个阶段的风险评估和预判，应根据企业自身的实力和风险偏好，选择合适的阶段进入。

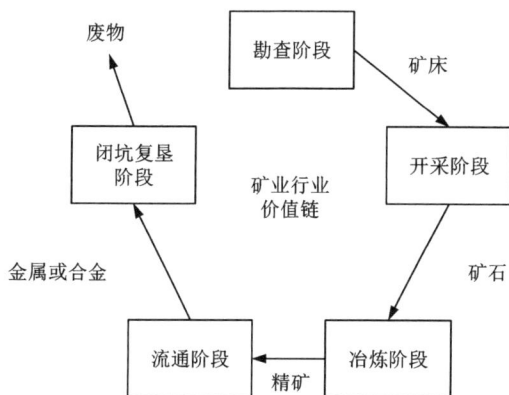

**图 6-1　矿业行业价值链流程**

## 6.3　勘查阶段风险

　　矿业投资始于寻找具有经济价值的矿床。矿产勘查在五个阶段中风险最高，其勘查对象是埋藏在地下的矿产资源，由于地质环境的多样性、复杂性和不确定性，使矿产勘查阶段自始至终处于探索状态，所以，勘探在矿业开发过程中占首要地位。勘探风险是指对矿床的特征不能完全确定或者发现的矿点成为经济矿床的概率低。投资项目是否成功，一方面取决于调查勘探矿种、技术方法、地质条件、基础设施等因素；另一方面，还需要投资者对经营管理团队进行有力把控，对项目全过程进行管控，尤其是要做好尽职调查，最好由投资方亲力亲为，包括政府政策、法律法规、地方环境、市场前景等方面的调查。

## 6.4　开采阶段风险

矿床开采阶段涉及的风险主要与自然条件相关联。矿床地质和水文条件的不确定性会导致开采方案变更、工程进度延迟、基建投资增加，工程质量也难以保证。如果矿山开采工程不能按时保质完成，将对整个矿业投资项目的现金流产生很大的影响，导致项目不能按期偿还贷款，甚至亏损。为了有效控制与开采相关的风险，在矿业项目的开采阶段，必须尽可能多地减少地质工程、环境工程和水文工程等条件的不确定性，并妥善做出风险防范预案。

## 6.5　冶炼阶段风险

矿石的品位、储量、选冶性能都会导致产量和采选成本的变化。此阶段涉及的风险主要与技术相关联，常规成熟的冶炼及加工工艺一般比较稳定，而新技术的导入则不然。一方面，使用新的工艺技术时，达到设计产能所需的时间具有不确定性；另一方面，最终产能是否能够达到设计标准具有不确定性。因此，对于此阶段的技术风险控制，需进行中试以达最优。

## 6.6　流通阶段风险

矿产品价格受国际宏观经济形势的影响较大，其长期趋势和短期震荡均难以预测。对于生产经营过程中所面临的价格及汇率风险，可采取期权、期货等金融手段将其价格锁定在一定的水平上。国际上比较常用的方式是签订固定期限的销售协议，以降低销售风险。协议的买方可以是项目投资者，也可以是利益相关的第三方。基于协议，买方可对项目融资承担间接的财务担保。矿产品的协议价格一般以国际市场(如伦敦金属交易所、纽约金属交易所)某一时期的标准价格为基准，并参照具体情况加以修正。

## 6.7　闭坑复垦阶段风险

矿业开发的一显著特点是对环境和生态造成严重的破坏。随着对全球可持续发展的日益重视及低碳技术的应用，环境保护问题被提到越来越重要的位置。然而，一方面环境保护会使运行成本增加，另一方面，迫于环保压力而导致矿山关闭。在一些经济欠发达的国家或地区，环境保护的问题经常被忽视。国际绿色和平组织(Green Peace)、全球环境基金(GEF)、世界环保组织(IUCN)的影响力越来越大，对环境的关注度正在逐步提高。对于环境保护问题，应在投资论证阶段对环境状态和影响进行研究及评价，可以采用我国国家标准或发达国家标准来实施环境监测与保护。

矿业企业整体的经营管理水平直接影响矿业项目预期效益的实现。每年，毕马威（KPMG）都会向矿业高管问询并调查行业现状、市场趋势以及他们对公司发展的期望。2020 年，其调查范围扩大至包括加拿大、澳大利亚、巴西和南非的 130 多名高管，以捕捉关键的全球市场趋势（图 6-2）。2019—2020 年，尽管采矿业增长潜力巨大，但全球矿业风险的不确定性与日俱增。

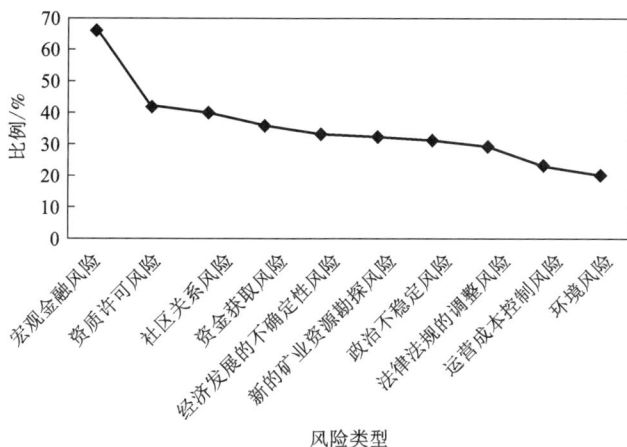

图 6-2　全球矿业企业受访高管反馈最高风险的比例

由图 6-2 可知，被列为最高风险的前三位分别是宏观金融风险、资质许可风险和社区关系风险。此外，资金获取风险、经济发展的不确定性风险和新的矿业资源勘探风险等也高居前位。对于我国矿业企业而言，除了上述几类风险，还包括以下方面的风险：法制意识淡薄、对所投资国家的政治体制不了解、文化障碍、技术标准把握不准确、货币风险等。

就我国国有矿业企业而言，海外投资所面临的风险总体分为六大类。宏观风险包括政治、经济、政策、战略等风险；市场风险包括竞争、价格、品牌、舆情等风险；财务风险包括信用、担保、汇率、现金流等风险；运营风险包括劳工、环保、技术、指标管控等风险；法律风险包括合同、劳务纠纷、知识产权、资源权属等风险；建设风险包括采购、物流、安全生产、职业健康等风险。

## 6.8　矿业项目风险管理流程

风险可以被定义为对目标产生影响的事件发生的可能性，既可以是积极的，也可以是消极的。采矿业的风险控制是指在追求商业目标和机遇的同时，将风险降低到可接受的水平，从而在整个矿山生命周期内做到风险可控。风险管理不是单一的过程，而是主观与客观、定性与定量的有机组合。风险管理涉及利益相关者、执行者及管理者，需要他们的参与和反馈。全球诸多机构，包括项目管理协会、国家标准技术协会、精算协会等，对风险管理的标准有不同的定义。其中，国际标准化组织发布的 ISO3000 被广泛认可。其认为风险管理是对风险进行识别、评估和排序，然后协调并经济地应用资源，以尽量减小、监察和控制负面事件的概率或影响，或最大限度地实现目标。在不同的领域，风险管理的方法也许有所不同，但其最终目的都是减小负面事件的概率或影响，或将风险转移给另外一方。针对矿业企业海外投资而言，风险管理的目的主要是减少矿业企业运营过程中负面事件带来的影响，使投资得到回报。其风险管理的整体流程如图6-3所示。

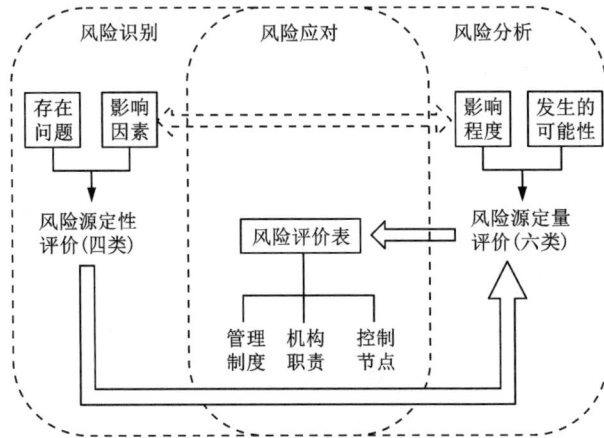

图6-3　矿业行业投资的风险管理流程

## 6.9　矿业项目风险定性评价矩阵

风险识别是指识别会带来不确定后果的事件，即风险源的识别。风险源可以从项目存在的问题、影响因素入手进行判断，明确风险源所处环境的政策依据和限制条件，确定管理节点和决策点。基于风险源发生的可能性和影响程度的二维矩阵，将风险定性分类为一般风险、中等风险、次重大风险和重大风险，如图6-4所示。使用该矩阵，可以通过风险源发生的可能性和影响程度，对不同类型的风险事件进行初步评估。矿业行业价值链的五个阶段存在的基本风险源类型及初步评估见表6-1。

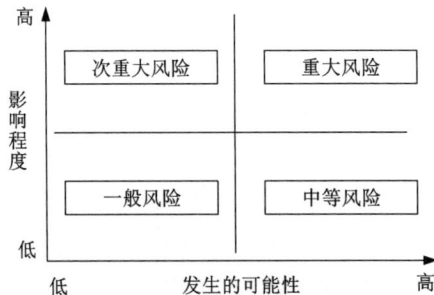

图6-4　风险源定性评价矩阵

表 6-1　基本风险源类型及初步评估

| 一级风险 | 二级风险 | 可能性 | 影响度 | 评估结果 | 一级风险 | 二级风险 | 可能性 | 影响度 | 评估结果 |
|---|---|---|---|---|---|---|---|---|---|
| 宏观风险 | 政治风险 | 低 | 高 | 次重大 | 市场风险 | 竞争风险 | 高 | 低 | 中等 |
| | 政策风险 | 低 | 高 | 次重大 | | 价格风险 | 高 | 高 | 重大 |
| | 经济风险 | 低 | 低 | 一般 | | 品牌风险 | 低 | 低 | 一般 |
| | 战略风险 | 低 | 高 | 次重大 | | 舆情风险 | 高 | 高 | 重大 |
| 财务风险 | 信用风险 | 高 | 高 | 重大 | 运营风险 | 劳工风险 | 低 | 低 | 一般 |
| | 担保风险 | 低 | 高 | 次重大 | | 环保风险 | 低 | 高 | 次重大 |
| | 汇率风险 | 高 | 低 | 中等 | | 技术风险 | 低 | 高 | 次重大 |
| | 现金流 | 高 | 低 | 中等 | | 指标管控 | 高 | 高 | 重大 |
| 法律风险 | 合同风险 | 低 | 高 | 次重大 | 建设风险 | 采购风险 | 低 | 高 | 次重大 |
| | 劳务纠纷 | 低 | 高 | 次重大 | | 物流风险 | 高 | 低 | 中等 |
| | 知识产权 | 低 | 低 | 一般 | | 安全生产 | 低 | 高 | 次重大 |
| | 资源权属 | 高 | 低 | 中等 | | 职业健康 | 高 | 低 | 中等 |

## 6.10　矿业项目风险定量评价矩阵

　　矿业行业国际化经营战略以及海外投资决策越来越需要定量风险评估的精准支撑。量化风险评估可以根据风险概况得出优先级排序，是投资估算、成本利润计算、盈亏平衡分析的基础。

　　如图 6-5 所示，风险定量评价矩阵显示了事件发生的可能性等级（横轴）和影响程度等级（纵轴）之间的关系，以及从低风险到高风险的评级划分，且事件发生的可能性和影响程度在数量级的划分上是相同的。在实际应用中，采矿业更多是将专家评估方法与定量风险评估方法相结合。二者并无优劣之分，决策者应选择一种适合其投资项目的评估方法。很多时候，定性的专家评估方法更加适用于快速、及时的风险评估。一般来说，风险评估方法越复杂，评估过程中产生的信息就越详细，决策反而会越发受到限制。

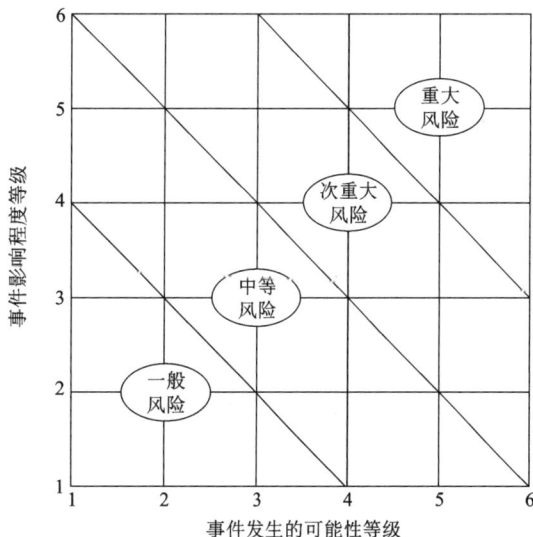

图 6-5　风险定量评价矩阵

## 6.11 矿业项目风险应对三道防线

风险应对是风险控制的最终目的，是基于风险识别和风险分析的基础，根据相关制度和规定，提出相应预案，从而减少风险发生的可能性及影响程度。风险应对研究更多是对投资项目的可行性研究，而非风险发生后的应对措施研究，这样才能将隐患降至最低，有助于提高矿业项目投资的成功率和安全性。风险应对策略表是风险应对的一种简便的表现形式，为风险处置提供参考，见表6-2。

表6-2 风险应对策略表

| 有关风险内容 | 风险应对策略 |
| --- | --- |
| 风险事件描述 | 根据风险源和风险因素分析，描述导致风险发生的因素、薄弱环节，以及风险发生的具体表现 |
| 风险源分析 | 基于六大类风险，从内外部原因分析可能导致风险发生的所有因素 |
| 应对预案 | 针对可能发生的风险因素，采取应对预案，包括现有的应对策略、相关机构和人员、管理流程及控制节点 |
| 相关制度和规定、风险发生的可能性、风险影响程度 | 矿业企业现行的管理制度、规定及标准；<br>根据风险发生的可能性（六级），如图6-5所示；<br>根据风险影响程度（六级），如图6-5所示 |

整体风险管理的有效执行通常需要由固定的人或者机构负责，针对其执行情况进行评价、监控和报告。此外，还应形成体系推动风险管理工作，以确保任何一个环节均将风险控制的理念纳入其中。而负责风险管理的决策者有责任确保整体管控工作的有效性和一致性。风控责任应纳入风控部门管理人员的岗位职责范围。作为例行工作，关键风险控制措施的绩效监控报告确保了控制措施的有效性，报告的频率应取决于风险控制的重要性。

对矿业企业而言，风险管理的实施是一种多部门和人员联动的工作，需要筑牢三道防线，如图6-6所示。第一道防线，由全体员工和所有部门构成，主要是按照工作流程和标准开展工作，即全员需要有风险意识。第二道防线，由风控部门和法务部门构成，主要是进行风险预判和防护，需要有风险预防和解决的手段；通过风险管控优化内控体系，提高法律事务管理及服务能力，强化内部审计和后评价工作，加强过程监督与整改。第三道防线由审计与风险管理委员会和公司领导构成，主要从宏观战略层面预防风险。风险管理委员会主要就提出的风险防范方案进行评价和审议，并利用现有的技术和资源进行风险防范和处置。

矿业行业投资具有不确定性和不可预测性的特点，矿业企业应采取主动风险管理的方法。风险识别需要对风险源和促成风险的因素有清晰的了解，以便描述并分析该风险对环境、组织、活动的潜在影响。矿业行业可采用定性和定量相结合的风险评价方法。定性风险分析方法使用描述性术语来定义风险事件的可能性和后果，该方法快捷，易于使用。定

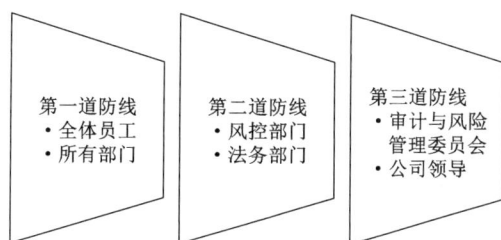

**图 6-6　风险管理的三道防线**

量风险分析方法将定性风险分析方法的结果进一步分成可能性和影响程度两组，每组分别赋予不同数量级，两组数值的乘积作为该风险的量化指标。定量风险分析方法在矿业行业的应用日益广泛，需要精益化论证及管理的项目在不断增加，需要将金融风险、环境风险和社会风险以及其他风险进行均衡比较，从而体现风险评价的透明性、一致性和逻辑性。风险应对是采取行动以消除或管理重大风险的管理活动，是风险管理过程中最重要的部分。基于三道防线的构建，风险控制的有效执行需要指定控制者，明确关键风险控制措施的绩效监控报告的常态化。通过风险识别、风险分析，制作风险应对策略表进行风险管理，以减少项目实施的不确定性，提高投资的成功率。

# 第 7 章
# 矿业投资风险分析仿真与模拟

计算机模拟仿真(computer simulation)是风险分析(不确定性分析)的最好方法。模拟仿真的主要优点在于结果比较直观且容易理解,并且可以利用方法论建模来了解复杂系统的行为,这些系统用数学分析的方法来理解可能比较困难,甚至难以实现。模拟仿真的另一个优点是它为真实系统提供了方便的实验室,改变仿真参数和假设条件也是很容易实现的。现代矿业面临着复杂的管理分析,由于项目风险大、数据量多,手工计算一般是不可实现的。因此,计算机仿真技术就成为解决这一关键问题的一种实际而有效的方法。本章基于 Excel 的分列表插件—— Crystal Ball 软件,利用它的仿真优势,实现对矿业项目风险的定量分析。

## 7.1　蒙特卡洛模拟概述

传统的矿业投资风险分析方法主要可以分为定性和定量两大类。定性方法以层次分析法、模糊综合评价法等为代表,通过分析投资风险因素,建立风险评价指标体系并确定指标权重,从而实现对投资项目的风险评价;定量方法则是以净现值法、敏感性分析法等为代表,通过计算项目生命周期内的净现值来判断投资风险的大小,并分析某些重要风险因素发生变化对项目整体收益的影响程度。但这些传统的风险分析方法大都侧重于对投资过程中所面临的不确定因素的识别和筛选,对各不确定因素的量化过程的研究则相对不足,这导致了风险分析更加关注风险因素的变化对项目整体收益的影响程度,而对风险因素本身的变化趋势及变动的可能性则没有一体化考虑。境外矿业投资风险因素繁杂,不确定性较大,因此,上述方法难以达到理想的风险分析效果。为了能够充分考虑不确定性对风险分析的影响,可以采用蒙特卡洛模拟对境外矿业投资进行风险分析。蒙特卡洛模拟是采用概率分布来预测各不确定性因素发生变化对项目评估指标影响的一种定量分析方法,已在风险评估领域得到广泛的应用。

蒙特卡洛模拟通过定量表示风险因素的不确定性,能够较好地反映各风险因素对投资的影响程度。因此,本章在传统净现值法的基础上,以概率分布的形式描述关键风险因素的不确定性,从而构建基于蒙特卡洛模拟的风险分析模型。以 Crystal Ball 软件为工具,对投资的净现值分布情况进行预测与敏感性分析,并以某境外铜矿投资项目为实例,得出了具体的风险分析结果,验证了该风险分析方法的可行性和有效性。

## 7.2　蒙特卡洛模拟方法

蒙特卡洛模拟以概率统计理论为基础,使用随机数来模拟实际中可能发生的各种情况,是一种随机模拟方法。其基本思想是,如果所要求解的问题是某种事件出现的概率或某个随机变量的期望值,则可以通过某种试验方法得到这种事件出现的概率或者这个随机变量的平均值,并将其作为该问题的解。蒙特卡洛模拟属于概率分析法,在经济评价中,通常被用于对项目的不确定性分析和风险分析。蒙特卡洛模拟的分析原理是,假定各项不确定因素是服从某种分布的相互独立的随机变量,通过随机数发生器采用随机抽样的方式抽取满足设定的概率分布的数据作为输入变量,以此为基础得到每个随机变量对应的输出变量,从而得到输出变量的概率分布。通过分析输出变量的期望值、累计概率、标准差及离散系数等来反映投资项目的风险与不确定性。其具体模拟过程如图 7-1 所示。

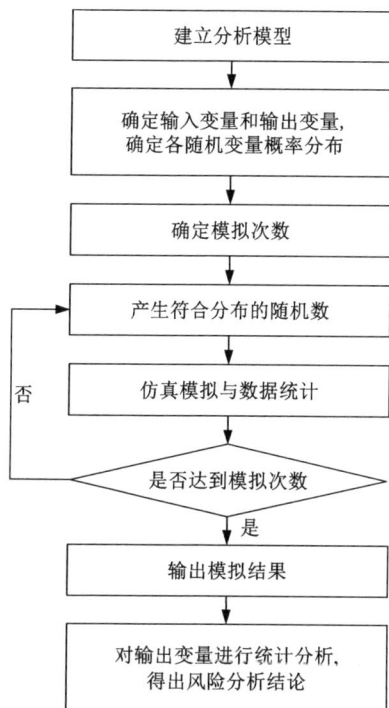

图 7-1　蒙特卡洛模拟过程

## 7.3　Crystal Ball 风险模拟软件简介

Crystal Ball 由美国 Decisioneering 公司(现被 Oracle 公司收购)开发,被公认为目前应用最广泛、使用最方便的数据模拟分析软件包,它提供了项目管理风险评估和决策分析工具,以帮助决策者理解风险的大小,并做出相应的决策。Crystal Ball 有很多分析工具可以用来分析仿真后的结果,主要包括层叠图(overlay chart)、趋势图(trend chart)、敏感性图(sensitivity chart)、龙卷图(tornado chart)等。此外,Crystal Ball 还带有一个很好的预测工具 CB Predictor,它可以对数据进行回归分析和时间序列预测。在 Crystal Ball 软件进入中国之前,国内学者对项目管理风险分析的模拟,一般为通过计算机程序语言进行计算机仿真,这对管理者的编程能力要求很高,而且对计算机硬件性能要求也很高。相比于 BASIC、PASCAL、C /C + + 以及 Matlab / Simulink 等计算机程序设计语言开发的模拟仿真模型,Crystal Ball 软件操作较简单,因而成为项目管理风险分析的宝贵工具。Crystal Ball 软件的特色是增加了仿真功能,其可视化的操作及易于使用的设计可以让使用者非常容易理解与学习。Crystal Ball 可以用鼠标与键盘同时操作。它可模拟随机产生的变量在不同情况下的模型输出结果;还可以有效地简化随机变量的设置,使得一个随机变量只占用一个单元格就可以产生几千甚至上万个随机数。

　　Crystal Ball 仿真技术有助于项目管理者理解问题的本质,并且能够对项目管理中的不确定性进行定量分析,提供一种更现实的项目风险分析方法。同时项目管理者还应看到,它并不适用于所有的行业。在应用 Crystal Ball 仿真技术的时候,一定要考虑它的适用性。对于很多复杂的系统而言,设计过程、检验和确认模拟模型都是很耗时间和费用的,而且每次仿真结果也只是对真实系统的估计和近似,不能保证获得最优的解决方案。尽管如此,Crystal Ball 仿真技术以其灵活性和可视化为项目管理风险分析提供了巨大的支持。

## 7.4　风险评价指标

　　投资项目风险评价指标较多,主要由静态评价指标和动态评价指标构成,在实际评价中最常用的是内部收益率和项目净现值 2 个动态指标。内部收益率(internal rate of return)是将整个项目生产期各年净现金流量折现到方案初始年份现值为零时的折现率,考虑了资金的时间价值以及项目在整个计算期内的经济状况,能够直接衡量项目未回收投资的收益率,且不受外部参数的影响,完全取决于投资过程的现金流量。项目净现值(net present value)是根据行业基准收益率 $i$(或设定的折现率)将整个项目生产期各年净现金流量折现到方案初始年份的现值,合计后得到项目净现值。在传统财务评价中,成本、投资、价格等基础参数都是确定的,计算结果值也是唯一的,在风险分析过程中,最终得到的目标函数也是一个分布函数,并依据此目标函数的累计概率对项目进行决策。依据项目净现值决策 $P\{NPV \geqslant 0\} = k$,大于 $k$ 值时项目可行;依据项目内部收益率决策 $P\{IRR \geqslant ic\} = k$,大于 $k$ 值时项目可行。其中,$k$ 为目标函数累计概率,具体值根据项目风险可控性及业主对项目风险承受能力确定,累积概率越接近 1,项目的抗风险能力越强。

## 7.5　风险因素的确定

蒙特卡洛模拟一般直接选取风险因素对项目进行模拟，矿山投资项目面临的风险因素众多，如果所有风险因素全部进入蒙特卡洛模拟中，将花费大量的时间、精力用于基础数据的收集。因此，将风险因素的确定与项目经济评价的单因素敏感性分析相结合，通过敏感度系数排序，在不确定因素中选取主要风险因素进行评价，在不影响模拟准确度的同时，提高了模拟工作效率。

## 7.6　敏感度系数的确定

敏感度系数也称灵敏度，表示项目评价指标因其风险因素变量变化而变化的程度，即设定要分析的因素均从确定性经济分析中采用的数值开始变动，且各不确定性因素变化幅度相同，比较同一变动幅度下各因素的变动对经济指标的影响。据此，判断方案经济评价指标对各因素变动的敏感程度。

敏感度系数计算公式为：

$$S_{AF} = \frac{\Delta A/A}{\Delta F/F} \tag{7-1}$$

式中：$S_{AF}$——敏感度系数；

$\Delta F/F$——不确定性因素 $F$ 的变化率，%；

$\Delta A/A$——不确定性因素 $F$ 发生 $\Delta F$ 变化时，评价指标 $A$ 的相应变化率，%。

建立项目经济评价模型，对风险因素的分布函数、分布区间进行分析确定，选择合适的风险评价指标(目标变量)，进行大规模的蒙特卡洛模拟，根据目标变量的累计概率分布，对项目投资风险进行决策。

## 7.7　风险模拟的净现值模型

净现值法是目前应用最为广泛的技术经济动态评价方法之一。净现值法是将项目寿命期内每年发生的现金流量，按照一定的折现率折算到同一时点(通常是投资初期)后再进行累加，得到现金流的折现累计值，然后加以分析评估。这种方法考虑了项目整个生命周期的现金流，既体现了资金的时间价值，又考虑了投资的风险性。风险分析的净现值模型的表达式为：

$$NPV = \sum_{t=1}^{n} \frac{CI_t - CO_t}{(1 + i_c)^t} \tag{7-2}$$

式中：$NPV$——净现值；

$CI_t$——第 $t$ 年现金流入量；

$CO_t$——第 $t$ 年现金流出量；

$n$—— 项目的寿命周期；

$i_c$——基准折现率。

对投资项目而言，若 $NPV \geqslant 0$，表明项目报酬率大于等于预定的折现率，项目风险较小，可以接受；若 $NPV < 0$，表明项目报酬率小于预定的折现率，项目风险较大，应予拒绝。在式(7-2)中，现金流入量 $CI$ 包括销售收入、回收流动资金和固定资产残值，现金流出量 $CO$ 包括经营成本、建设投资、流动资金投资和税金等。对于境外矿业投资项目而言，由于各种不确定因素的存在，以上参数多为不确定参数或在计算过程中包含了不确定的子参数。这些参数即为蒙特卡洛模拟的输入变量。在传统财务评价中，净现值计算的各基础参数都是确定的，计算结果也是唯一的，而在风险分析过程中，最终得到的 $NPV$ 是一个分布函数，可依据此分布函数的累计概率对项目进行决策。

## 7.8　蒙特卡洛模拟风险分析流程

基于蒙特卡洛模拟的风险分析流程如下：

(1)收集整理境外矿业投资项目的相关技术经济参数，确定 $NPV$ 为输出变量，建立风险分析的净现值模型。

(2)确定进行模拟的风险因素。境外矿业投资面临的风险因素众多，为了提高模拟效率，通常选取对目标函数 $NPV$ 影响较大的若干因素作为输入变量进行模拟。

(3)确定风险因素的概率分布函数。对选定的用于模拟的风险因素进行历史数据拟合分析，建立各自的分布函数(如正态分布、韦伯分布等)。

(4)进行蒙特卡洛模拟。通过随机数发生器产生符合分布的随机数，将其作为输入变量代入净现值模型中，每组随机数求出一个对应目标函数值，经过多次模拟得到一系列的输出变量值。这里采用 Crystal Ball 软件进行蒙特卡洛模拟。

(5)对输出变量进行统计分析，得出风险分析结论。

## 7.9　风险分析仿真模拟实例

### 7.9.1　实例背景

这里以在赞比亚投资的某铜矿项目为实例进行研究。该铜矿包括 A、B、C 三个矿区，其中 A、B 矿区已经基本实现稳定生产，而 C 矿区目前尚处于基建中，其大规模投资主要发生在 C 矿区，因此，主要针对 C 矿区进行投资风险分析。C 矿区项目投资总额为 83223 万美元，截至 2017 年末，约完成项目计划投资的 62.5%。建设规模为年采选矿石 330 万 t，建设期 5 年，投产期 1 年(达产率为 60%)，计划于 2018 年第三季度建成投产。其资源量情况见表 7-1。

表 7-1　某铜矿 C 矿区资源量统计表

| 资源量级别 | 矿石量/万 t | 铜品位/% | 铜金属量/万 t |
|---|---|---|---|
| 探明 | 1693.0 | 2.38 | 40.3 |
| 控制 | 3234.0 | 2.03 | 65.7 |
| 推断 | 9640.0 | 1.80 | 173.5 |
| 总计 | 14567.0 | 1.92 | 279.5 |

## 7.9.2　风险因素及其分布函数确定

在对赞比亚矿业投资进行风险因素分析的基础上，可以按风险的领域和表现形式将其分为自然地质风险、政治法律风险、经济财务风险、社会环境风险和技术管理风险五大类，基于风险分析的净现值模型对具体的风险因素进行量化。

结合该铜矿生产实际，净现值模型中的销售收入 $SR$ 可以进一步表示为：

$$SR = K_{cu-con} Q_{cu-con} = \left[ (K_{cu} - C_s) g_j \beta \right] \left[ Q_p g_k (1 - \rho) \frac{\varepsilon_j}{g_j} \right] \tag{7-3}$$
$$= (K_{cu} - C_s) g_k \beta Q_p (1 - \rho) \varepsilon_j$$

式中：$SR$——销售收入，万美元；

　　　$K_{cu-con}$——铜精矿价格，美元/t；

　　　$Q_{cu-con}$——铜精矿年产量，t；

　　　$K_{cu}$——铜金属价格，美元/t；

　　　$C_s$——金属冶炼费用，美元/t；

　　　$g_j$——铜精矿品位，%；

　　　$\beta$——冶炼计价系数，%；

　　　$Q_p$——年矿石处理量，t；

　　　$g_k$——矿石地质平均品位，%；

　　　$\rho$——贫化率，%；

　　　$\varepsilon_j$——选矿回收率，%。

除式(7-3)中的参数外，影响境外矿业投资效果的不确定因素还包括：矿山服务年限、基准折现率、项目建设投资、流动资金投资、回收流动资金、固定资产残值、经营成本和税金等。其中，矿山服务年限由设计可采储量和矿石年处理量决定，而设计可采储量由矿区资源量、推断资源量利用系数、损失率、贫化率计算得出。考虑到该铜矿 C 矿区整体勘查级别较低，勘探网度大，推断资源量所占比例较高，而且矿山的建设规模已经确定，对该铜矿投资项目而言，对目标函数 $NPV$ 影响较大的因素有铜金属价格、采矿损失率、贫化率、选矿回收率、推断资源量利用系数、经营成本等，因此，选取这 6 项因素作为进行蒙特卡洛模拟的风险因素。对选定的用于模拟的 6 项风险因素进行历史数据拟合分析，建立如下各自的分布函数。

(1)铜金属价格。由于铜金属价格波动明显，且经统计分析发现其不服从确定的分布规律，因此，以近 5 年的伦敦金属交易所(LME)铜价为基础数据进行时间序列模拟，结果如图 7-2 所示。时间序列模拟结果服从 $N(6750.38, 22.19^2)$ 的正态分布(单位：美元/t)，因此，以此作为铜金属价格的分布函数。

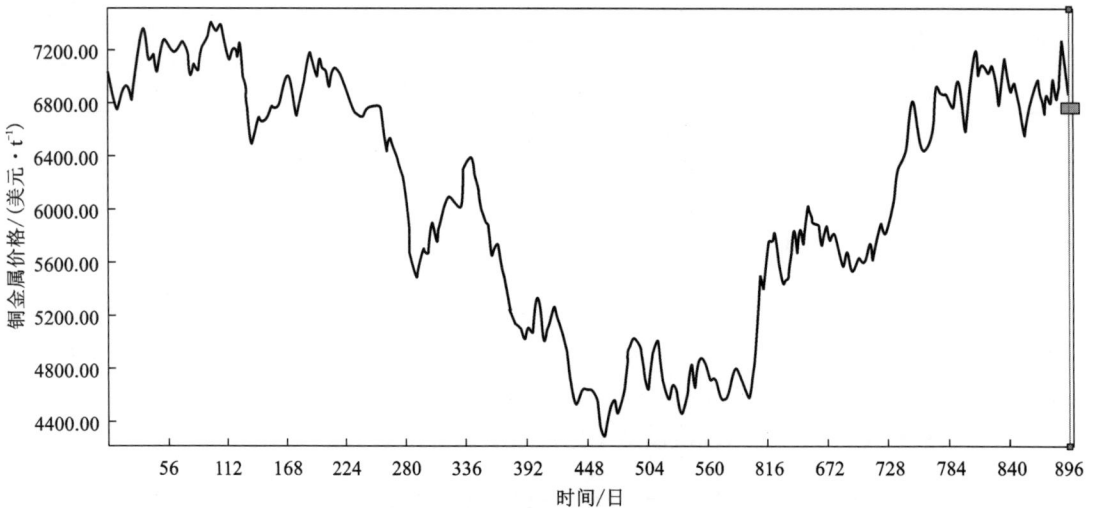

图 7-2　铜金属价格的时间序列模拟

(2)采矿损失率、贫化率、选矿回收率。根据该铜矿在产的 A、B 矿区的生产数据，并参考 C 矿区的可行性研究报告等设计资料，采矿损失率服从 $N(18.66, 0.57^2)$ 的正态分布(单位：%)，贫化率服从 $N(14.03, 1.05^2)$ 的正态分布(单位：%)，选矿回收率服从 $N(94, 2.13^2)$ 的正态分布(单位：%)。

(3)推断资源量利用系数。通过对地质资料进行分析，认为推断资源量利用系数服从于最可能值为 65%、最小值为 0、最大值为 100% 的三角分布。

(4)经营成本。根据该铜矿在产的 A、B 矿区的成本数据，并参考 C 矿区的可行性研究报告等设计资料，单位矿石的经营成本服从 $N(43.55, 4.7^2)$ 的正态分布(单位：美元/t)。除以上 6 项风险因素外，其余参数作为确定参数，其取值见表 7-2。

表 7-2　某铜矿 C 矿区投资风险分析参数取值

| $Q_p$/万 t | $B$/% | $C_S$/(美元·t$^{-1}$) | $i_c$/% | 资源税税率/% | 所得税税率/% | 建设投资/万美元 | 流动资金投资/万美元 |
|---|---|---|---|---|---|---|---|
| 330 | 96.5 | 1200 | 10 | 6 | 30 | 72521.06 | 3976.06 |

### 7.9.3　基于 Crystal Ball 的蒙特卡洛模拟

模拟选取净现值(NPV)作为项目的决策依据、Oracle 公司的 Crystal Ball 软件(水晶球软件)为 Microsoft Excel 的增益工具，采用 Monte Carol 仿真功能协助分析风险和不确定模型，功能包含敏感度分析、相关性分析、Tornado 分析、精确控制及历史数据的分配。Crystal Ball 软件极大地简化了过去蒙特卡洛模拟的编程工作，通过表格和数据分析方式，可以清晰地呈现变量变化对模型产生的影响。通过设定相应风险因素的分布函数、分布区间、目标变量、模拟次数等数据，使用 Crystal Ball 软件对项目进行风险分析模拟。

以选定的 6 项风险因素作为输入变量，以税后财务净现值为输出目标变量，设定模拟次数为 50000 次，采用 Crystal Ball 软件进行蒙特卡洛模拟，模拟结果统计分析见表 7-3，得到的目标变量分布如图 7-3 所示，税后财务净现值的累计频率如图 7-4 所示。

表 7-3　蒙特卡洛模拟结果统计分析

| 统计参数 | 统计结果 |
|---|---|
| 模拟次数/次 | 50000 |
| 均值 | 1092.01 |
| 中值 | 1139.46 |
| 标准差 | 7652.45 |
| 偏度 | −0.0501 |
| 峰度 | 3.02 |
| 变异系数 | 7.01 |
| 最小值 | −34790.30 |
| 最大值 | 30579.31 |
| 平均标准误差 | 34.22 |

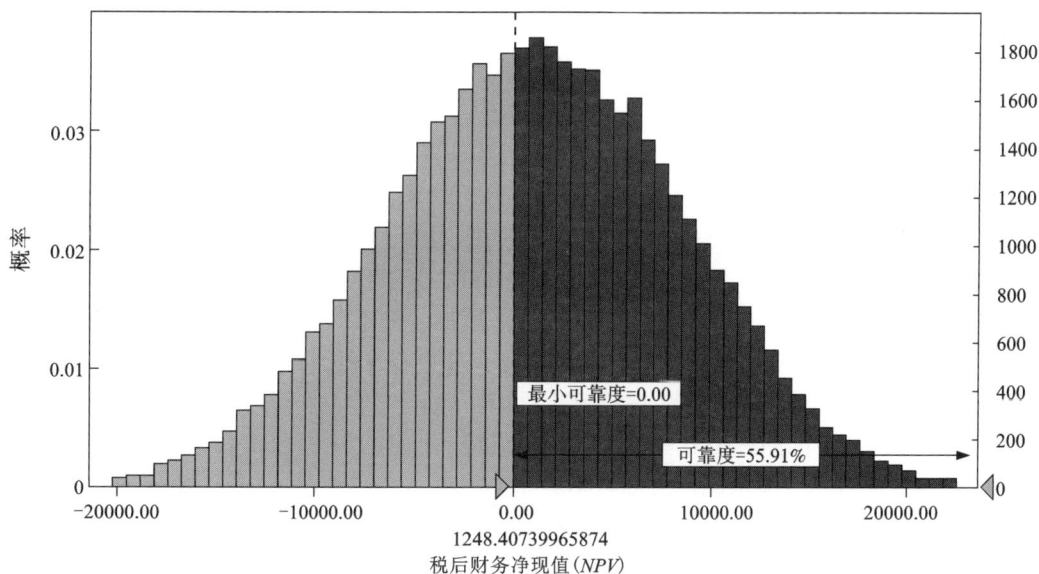

图 7-3　税后财务净现值模拟结果分布

针对项目的不确定因素，选择其分布函数，并输入分布区间，运行 Crystal Ball 软件设定，确定目标变量，设定模拟次数(本次评价次数为 20000 次)及其他相关设定后对项目进行模拟,对模拟生成的数据如目标变量分布图、数值分析图等进行分析。目标变量分布图为整个项目的净现值(NPV)分布的模拟情况,项目风险评价标准为:当净现值大于等于零的累积频率值越大,项目风险越小。

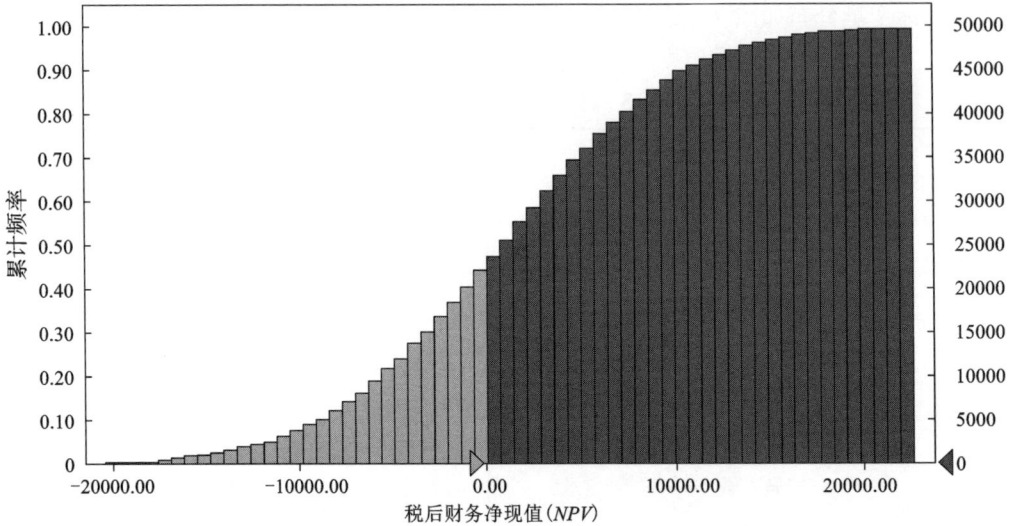

图 7-4　税后财务净现值累计频率

### 7.9.4　风险分析结果讨论

由模拟结果可以看出,该铜矿 C 矿区投资项目的税后净现值的平均值为 1092.01 万美元,净现值大于 0 的概率为 55.91%,即项目报酬率能达到预定折现率的概率仅为 55.91%,项目存在一定的投资风险。

若将各项风险因素取其期望值或最可能值,采用传统的净现值法进行风险分析,可以得到项目的 NPV 值为 1248.41 万美元,由于 NPV>0,认为项目风险较小,与蒙特卡洛模拟分析得到的结果存在差异。分析二者产生差异的原因为:传统净现值法的参数取值仅代表该因素的最可能取值情况,但对境外矿业投资而言,由于其存在较大的不确定性,各风险因素的取值通常是难以准确预测的,而蒙特卡洛模拟以概率分布的方式来表达输入和输出变量,能更好地反映投资项目的风险与不确定性。进一步分析各风险因素的影响程度,并对 6 项风险因素进行敏感性分析,结果见表 7-4。由敏感性分析结果可以看出,6 项风险因素中,该投资项目的净现值对经营成本最为敏感,根据实际调研可知,由于赞比亚当地的原材料成本和劳动力成本都比较高且不稳定,矿山的经营成本也处于高位且具有较大的不确定性,因此,可以从加强成本控制入手,降低项目的投资风险。

表 7-4　敏感性分析结果

| 风险因素 | $NPV$ 对该因素的敏感程度/% | 秩相关系数 |
| --- | --- | --- |
| 经营成本 | 85.38 | -0.91 |
| 选矿回收率 | 11.42 | 0.33 |
| 贫化率 | 2.79 | -0.16 |
| 铜金属单价 | 0.36 | 0.06 |
| 采矿损失率 | 0.03 | -0.02 |
| 推断资源量利用系数 | 0.02 | -0.01 |

　　本章在传统净现值法的基础上,通过分析境外矿业投资的风险因素,建立了基于蒙特卡洛模拟的风险分析模型,并以 Crystal Ball 软件为模拟工具,以在赞比亚投资的某铜矿项目为背景对模型进行了实例应用。风险分析结果认为该项目的投资报酬率能达到预定折现率的概率仅为 55.91%,项目存在一定的投资风险,且该投资项目的净现值对经营成本最为敏感。蒙特卡洛模拟通过将风险因素进行数学化描述与定量化表达,能够更好地反映境外矿业投资中存在的不确定性,弥补了传统的矿业投资风险分析方法的不足,有助于提高风险分析的科学性和准确性;同时也能够准确反映各风险因素对境外矿业投资的影响程度,以利于有针对性地进行风险管理。该风险分析方法也可以应用到其他类似分析中,具备一定的扩展性。

# 第 8 章

# 矿业投资风险控制策略

　　本章通过国内外矿业公司发展的典型实例以及对国际矿产市场变化的分析,论述矿业投资的风险来源和控制风险的方法和策略。矿产的特殊性决定了矿业投资的高回报和高风险紧密相关的特性,矿业利润的来源和生产的特点决定矿业投资风险主要包括矿产勘查风险、矿业市场风险和经营管理风险。针对这些风险的特点,制定了以下控制风险的基本战略,包括重用地质学家、控制优势资源、巧借他人之力、超前市场预测和科学规范管理等五方面的风险控制方法和策略。

## 8.1　概述

　　矿业,特别是矿产勘查,是一个高风险行业,但高风险伴随着高回报。近年来,矿业市场的激烈动荡更是充分体现了风险意识在矿业投资中的重要性。进入 20 世纪以来,各类矿产品价格猛涨,矿业成了一个暴利行业。受利益驱动,各类资本投资矿业几近疯狂,某些矿权地被炒出了天价,如 2007 年 3 月 16 日,四川汉源县团宝山铅锌矿拍卖的采矿权,铅金属量为 6055.23 t、锌金属量为 13050.36 t,成交价达 2.9 亿元。正当众多矿业投资者沉溺于发财美梦的时候,2008 年由美国次贷危机引发的全球金融危机粉碎了这些投资者的梦。矿产品市场需求下降、价格暴跌,不仅使得一些小型矿业公司关闭或破产,也使得一些大型矿业公司出现严重的现金流量不足。全球固体矿产业排名第 2 的 BHP-Billiton(必和必拓)因资金问题不得不放弃对全球排名第 3 的 Rio Tinto 的收购计划。消息传出,Rio Tinto 的股价一日暴跌 37%。同样由于资金问题,Rio Tinto 于 2008 年 12 月 10 日声称,计划在全球裁员 1.4 万人,同时考虑进一步削减资本支出、出售资产,以减轻债务负担。曾经创下第一绩优、第一高价、第一高分红的国内上市公司驰宏锌锗矿业公司,在 2008 年上半年的营业利润比 2007 同期下降了 66.76%。市场的剧变对这些矿业大公司的巨大影响足以证明,矿业投资中风险巨大。然而矿业投资与其他任何投资一样,不确定性和风险性永远是一把双刃剑,在给投资者带来风险的同时,也给投资者带来投资机会。如何根据矿业特点,进行正确、适度的矿业投资风险识别及风险控制,获取投资收益的最大化,才是投资者应关注的。

## 8.2　矿业投资风险的特殊性

矿业在整个国民经济体系中处于极其重要的基础地位，现代社会所需能源资源的 94%、工业原料的 80% 和农业生产资料的 70% 都来自矿物资源。矿业的这种基础地位决定了矿产资源的稳定供给是社会稳定和发展的最基本条件。在可以预见的未来，矿产品的这种基础地位是难以被取代的，这也决定了现代社会对矿产品存在持续增加的需求，矿业将是投资的一个重要领域。但这种持续增加的需求并不意味着矿业投资没有风险；相反，矿业的特殊性更加大了矿业投资的风险，使得矿业投资的风险更难于把握。矿业的特殊性主要表现在以下 5 个方面：

找矿成果的难预见性是矿业投资的主要风险来源之一。由于成矿系统和勘查地质环境的复杂性，找矿勘查过程中免不了要在地质情况不明了时进行证据并不充分的推测，这就使勘查投资与找矿效果之间的关系非常不确定，勘查项目所预见的成效实际是很有限的。

资金密集性增加了投资的风险。矿业开发需要将大量投资用于获取采矿权、购买大型设备、租用场地、建设矿山的采选冶系统和支付劳动力工资等；很显然，它们占用的资金量越大，产生的风险也就越大。

资源的敏感性使矿业投资的收益易受政府政策的影响。矿产资源是耗竭性的资源，有供给方面的不可再生性和稀缺性，容易受国家政策的影响和制约。

回报的延滞性增加了矿业投资的风险。矿业投资不同于其他投资，其投资的时滞和开发周期一般都比较长，这一方面使得投资不能及时获得回报，另一方面在较长的开发周期中矿产品的供需市场很可能发生重大变化。

矿产品价格的波动性和定价机制的投机性更增大了矿业投资的风险。由于能源以及一些重要的金属常常是资本市场"热炒"的对象，矿产品的价格并不完全由市场供需关系决定，矿产品的价格波动性极大，而且很难预测。

## 8.3　矿业投资风险的来源

矿业与制造业的最大不同是矿业在生产过程中创造的利润十分有限，很大一部分利润是资源本身和市场变化带来的，所以矿业的利润基本组成应该包括 3 个部分，即劳动利润、资源利润和市场利润。矿业对投资者的吸引力正在于资源因素和市场因素有可能产生超额利润。但是，由于资源因素和市场因素具有太大的不确定性，因而矿业投资也蕴含了巨大的风险。

资源因素和市场因素中的不确定性并不只由资源和市场的自身特点导致，还在于投资人在勘探、开发和销售过程中所采用的技术措施、投资方案、管理方案和营销策略等不能适应资源和市场自身的特点。因此，就引起投资风险的具体原因而言，矿业投资的风险包括找矿勘查风险、市场风险和经营管理风险这 3 个主要风险。

### 8.3.1　找矿勘查风险

找矿勘查具有高风险性，主要表现在：找到可盈利矿山的成功率不高。有证据显示，每 10000 个找矿勘查项目中只有 1 个或 2 个项目最终能演化成可盈利矿山。这就表明绝大部分的勘查项目是以失败告终的，其风险投资没有回报。找矿发现成本高，且随着时间的推移越来越高。据澳大利亚西部矿业公司（WMC）的统计，在 20 世纪的后 50 年间，原地价值大于 10 亿美元的矿床平均发现成本上涨了 3 倍，而这 50 年却正是地球科学理论和地球探测技术大发展的 50 年，斑岩型矿床成矿理论、SEDEX 矿床理论和板块构造理论等重大地学理论都创立于这 50 年，激化极化法（IP）、大地电磁测深（MT）等重大地球探测技术也都诞生或者成熟于这 50 年，找矿发现的成本并没有因为地球科学和地球探测技术的发展而降低。

作为矿业投资人，更需要了解找矿勘查高风险性背后所隐含的更深刻的含义：

第一，找矿勘查的高风险性是与高回报率相伴的，少数成功的找矿项目能获得超额的回报，其原因就在于矿床的价值分布是极不均匀的，10% 的矿床却贡献了全部矿床价值的 2/3。只要找到这 10% 的世界级大矿，就能得到超额的回报。

第二，尽管找矿勘查项目的成功率不高，但总体来看，成功的少数项目却并非偶然的随机事件，有价值矿床的发现，特别是贡献 2/3 价值的那 10% 矿床的发现，基本都是精心勘查计划的结果，Olympic、Hemlo、Century 和 LaEscondida 等世界级超大型矿床的发现都说明了这一点。

第三，找矿发现的成本没有随地球科学理论和地球探测技术的发展而降低，并不表明科学技术不能降低找矿勘查的风险，而是因为随着时间的推移，找矿的难度越来越大。

导致找矿勘查的高风险性的原因有客观和主观两个方面。其客观原因在于：成矿系统及其地质背景的复杂性以及勘探者所具有的知识、思维能力和技术手段的局限性使得勘查者和投资者不可能在勘查工作彻底结束以前对勘查结果做出准确的预测。其主观原因则在于：勘查者在进行地质观察、地质分析和投资决策时存在人为失误。

### 8.3.2　市场风险

矿业的市场风险包括矿业权市场风险和矿产品市场风险两个方面。

#### 1. 矿业权市场风险

矿业权包括探矿权和采矿权，通过市场交易来获取探矿权和采矿权也含有巨大的风险，其表现形式是市场交易的探矿权和采矿权的价格可能大大高于其实际的价值。比较而言，探矿权的风险比采矿权的风险更大，因为采矿权的交易前提是具有可采的矿石，只是价值大与小的问题；而探矿权则存在最终没有任何可采矿产的可能，即价值为 0。

导致探矿权和采矿权的交易价格高于实际价值的主要原因有：①交易的出让方有意或无意地提供了不真实的资料；按照当时较高的矿产品价格估算矿权的潜在价值，未考虑后期矿产品价格可能发生大幅下降的因素。②过分看重矿产的储量或潜在储量，而忽视了制约矿产开发的水文、环境、交通、能源和人文等因素。③交易的承接方完全按出让方的思路来预测找矿潜力、开发成本及市场变化等。

### 2. 矿产品市场风险

矿业投资获利的最终来源都是通过矿产品的市场交易实现的，矿产品交易的市场风险主要表现在矿产品市场价格的急剧变化超出了投资者的预测能力，导致价格预测的失误，从而出现经营失误，使得投资收益减少，甚至出现亏损。

矿产品市场的风险都是由矿产品价格变化引起的，矿产品的价格变化具有以下几个规律。①价格变化的幅度越来越大：如上一轮石油价格的变化从最高点（76.15 美元/桶）降至最低点（54.75 美元/桶）经历了 6 个月，降幅为 21.4 美元/桶；而最近一轮石油价格从最高点（147.27 美元/桶）降到最低点（32.7 美元/桶），降幅达 114.57 美元/桶。同样的变化也出现在镍、锌等金属矿产品的价格变化上。②价格变化受虚拟经济的影响越来越大：虚拟经济是市场经济高度发达的产物，以服务于实体经济为最终目的；目前虚拟经济的规模已超过实体经济，虚拟经济具有高度流动性、不稳定性、高风险性和高投机性等 4 个特点，虚拟资本也不断向实体经济渗透，矿业就是虚拟投资的一个重要领域，因而虚拟经济对矿产品价格的影响越来越大，矿产品的价格已不完全由供需关系决定，虚拟经济的走势对其具有至关重要的影响。③矿产品的垄断经营对矿产品价格的控制作用越来越明显：全球铁矿石出口市场主要由 CVRD（巴西淡水河谷公司）、Rio Tinto 和 BHP-Billiton 三大公司操纵着，CVRD 控制着欧洲市场，后两者则主宰着亚洲市场，2006 年到 2007 年铁矿石价格的大幅攀升就与 Rio Tinto 及 BHP-Billiton 的垄断控制有关。

## 8.3.3　经营管理风险

矿业投资项目开发需要经过矿产勘查、矿山开采可行性研究、矿山建设设计、矿山基本建设、矿山投产经营以及选冶加工等过程。在整个开发过程中，存在风险的环节很多，但主要的风险环节有两个：投资决策的风险、经营管理不善引发的安全与环保风险。

### 1. 投资决策的风险

投资决策的风险主要表现在找矿勘查的风险投资方面。由于找矿难度不断加大，现代经济矿床的发现成本相当高，如加拿大贱金属矿床的平均发现成本为 3800 万美元/个，金矿床的平均发现成本为 2500 万美元/个；澳大利亚贱金属矿床的平均发现成本为 1.11 亿美元/个，金矿床的平均发现成本为 6500 万美元/个。而问题是，并不是投入这么多钱就一定能发现矿床，有可能投入的钱比这还要多，最终却毫无发现，而接替者可能在其基础上投入不多就能取得巨大发现。Hemlo 金矿的勘查历史，可以说明投资决策的重要性：Hemlo 金矿是加拿大的一个超大型矿床（金储量 760 万 t、银储量 142.5 万 t、钼储量 9.5 万 t 和重晶石储量 1273 万 t），早在 David Bell 发现 Hemlo 的 20 年前，在该区进行找矿勘查的 Lake Supper 金矿聘请的地质专家 Trevor Page 就做出了基本正确的推测，只因几次挫折，Lake Supper 放弃了该项目的投资，使之成为一个失败的项目。而 David Bell 替 Corona 公司负责 Hemlo 地区的金矿勘查项目时，在连续 75 个钻孔见矿不好的情况下，Corona 的老板 Murray Peizim 却继续对该项目进行投资，终于在第 76 个钻孔打到了厚而富的矿体，使之成为一个成功的勘查项目。同一个地区、地质认识的基本相似，只因投资方针不一样，却出现了两种截然不同的结果。

### 2. 安全环境风险

矿业是一个高危行业,安全生产与环保问题是矿业公司的两条生命线。如果矿业开发过程中出现重大的安全和环境事故,矿业公司不仅需要承担经济上的损失,还可能失去继续从事矿业的资质,甚至可能面临法律制裁,其风险是巨大的。由于其生产过程复杂、劳动力密集、作业条件艰苦、劳动强度大、从业人员的安全意识低等,造成的安全隐患多,生产安全问题日益突出。其中,我国矿产生产百万吨死亡率约为印度的 10 倍、美国的 100 倍。在我国,过去相当长一段时间里,不少矿业公司并没有把生态环境保护与治理放在应有的位置,从最初的只采不治,到后来的先采后治,生态及环境保护都处在从属的地位。在这种模式下,矿业所导致的环境污染和生态破坏问题日益严重。由于环保问题而被迫停产乃至关闭的矿业公司不在少数。随着国家的经济发展和对环境、民生问题的日益重视,国家的生产安全和环境保护的政策法规日臻完善、处罚力度日益加大,如果矿业投资者不实实在在地落实安全和环保措施,依然存在侥幸心理,或钻国家政策的漏洞,可能要付出的代价就会越来越大,从而带来更大的风险。

## 8.4　矿业投资的风险控制策略

要完全消除矿业投资的风险是不现实的,风险控制战略只是把握正确的方向,使风险尽量降低到可控的范围内,避免出现大的战略性失误,以实现利益的最大化。综合分析国内外矿业投资的成功经验和失败教训,我们认为正确的矿业投资风险控制战略应该包括如下 5 个方面:重用地质学家;控制优势资源;巧借他人之力;超前市场预测;科学规范管理。

### 8.4.1　重用地质学家

矿业生产,特别是矿产勘查,绝不是种瓜得瓜、种豆得豆那么简单的事情。如何避免"种瓜得豆"这种得不偿失的结果,关键在于负责勘查的地质技术人员的任用。因为不管拥有多么先进的技术和理论,也不管一个地区拥有多么详细的地质资料,找矿勘查永远都需要在地质情况不完全明了的条件下做出各种推测,推测的正确与否将对项目的成功与否起着决定性作用。而这种推测的可靠性在很大程度上取决于推测者所具有的知识、技能和思维能力,因此具有创新能力的高素质的地质师对矿业项目有着至关重要的影响。

纵观国内外,发展迅速的矿业公司总是那些在地质找矿和矿权运作方面做得好的公司,而在这些公司中,地质师起了重要的作用。如曾为澳大利亚矿业公司发展典范的 Delta 矿业公司,公司的 7 名董事中有 5 人是矿业专业人员,其中 3 名为地质学家,公司董事长、主要决策者都是地质学家。国内两家发展最好的矿业公司,紫金矿业和西部矿业都非常重视地质人员的作用,紫金矿业的董事长和多名高管都是地质学家,西部矿业的前身锡铁山矿务局的局长是地质学家,目前西部矿业的高管中也有多名地质学家。

国际上几个著名的矿业投资成功的案例中,地质学家都起了关键性的作用。前澳大利亚的 WMC 公司(现已被 BHP-Billiton 收购)的寻找元古代变质岩中铜矿的项目,在历时 26

年、花费 3300 万澳元后，面临"下马"的局面，是地质人员的一再坚持才使项目得以继续进行，最终发现了特大型的 Olympic Dam 特大型矿床(铜 3000 万 t、U3O8 93 万 t、金 1200 t、银 6700 t、稀土 1000 万 t)。而现代全球生产规模最大的铜矿 LaEscondida(铜 4070 万 t)的发现则是著名地质学家 Lowell 的得意之作，作为斑岩型铜矿矿床模式的创建者，Lowell 在学界享有盛誉。

所以，地质学家是矿业投资项目的灵魂式人物，要避免一个大型矿业投资项目特别是探矿权交易或找矿勘查项目出现重大失误，最关键的战略之一就是重用高水平、有责任心的地质学家。

## 8.4.2　控制优势资源

正如自主知识产权为高技术产业的核心竞争力，优势矿产资源的采矿权是矿业企业的核心竞争力。所以矿业企业拥有优质的矿产资源是其抗击风险的最有效战略之一。正是因为优势资源的重要性，大型矿业公司无不控制着一些大规模的优质矿山，如 BHP-Billiton 控制了 Mt Whaleback 铁矿(储量 12.3 亿 t、铁矿石平均品位 64%)，Cannington(铅、锌 672 万 t、银 23177 t)、Olympic Dam 和 La Escondida 等特大型的优质矿山。中国西部矿业拥有锡铁山、获各琦铜矿等优质矿山。大型矿业公司可以通过收购或找矿勘查方式获得优势资源的控制权，如 BHP-Billiton 收购 WMC 获得 Olympic-Dam 等特大型矿山的控制权，同时通过找矿勘查获得了 Cannington 铅锌银矿床的控制权。受财力限制，小型矿业公司不可能通过收购获得优势资源，而通常是靠找矿勘查获得优势资源，如 CRAE 发现 Century(铅、锌 1380 万 t，银 4248 万 t)。

## 8.4.3　巧借他人之力

矿业公司要建立一个完整的从找矿、勘探到采矿、冶炼、加工和销售的系统，不仅需要大量的资金，还需要大量的专业人才，任何一个小其在公司创立之初不可能建立起一个完整的系统，要发展就必须通过合作、参股等手段充分借用其他公司的力量，充分发挥自己的优势，从而实现利益最大化，避免不必要的风险。这方面最成功的一个典范要属澳大利亚 Delta 金矿公司。Delta 公司是由几个地质学家发起成立的以找矿勘查为主的矿业公司，公司于 1981 年成立时非常小，1983 年上市，筹资 300 万澳元，到 1996 年资本值已达 6.68 亿澳元，年产金超过 10 t，已成为澳大利亚第 16 大矿业公司、10 大产金公司之一。而 Delta 公司本身并不从事任何矿山生产，它的发展主要得益于正确的资源战略和经营战略。它的成功经验主要有 3 点：①公司早期在西澳登记了两片金矿探矿权(Granny Smith 和 Kanowna Belle)，并在两地迅速获得了优异的找矿效果，分别探获金储量 111.6 t 和 130 t。②在这两个项目进行时，其分别与 Placer Pacific 公司及 North Limited 公司合作，由这两家公司进行生产和管理，充分利用了这两个公司在资金、技术和生产管理方面的优势；而 Delta 公司只进行勘查，并分别占了两个项目 40% 和 50% 的股份，每年可从这两个项目中分别获 5600 万澳元和 2790 万澳元的毛利。③在公司取得发展以后，又迅速投向国际市场，于 20 世纪 80 年代后期，在津巴布韦取得一个铂矿探矿权，并与 BHP-Billiton 公司合作开发，该项目已获矿石储量 1.68 亿 t。至此，Delta 已发展成为一个名副其实的国际性大公司。

#### 8.4.4　超前市场预测

超前市场预测是公司根据已知的主、客观条件对可能的发展趋势和变化做出最大限度的准确估计、判断，从而主动调整生产、经营、建设等工作，使事物的发展变化合乎公司预想的结果。从某种意义上讲，公司的命运决定于经营者对市场发展变化的准确把握。成功进行市场预测，保证现有产品的市场容量，超前预测未来市场需求，为企业开拓新产品、发展新领域提供准确的市场动向，是一项复杂的系统工程，对企业的营销工作具有十分重要的科学意义和实用价值。

企业作为自主经营的经济实体，对有关生产经营建设等重大问题做出及时、正确决策的先决条件就是全面地占有市场信息、正确把握市场动向。四川宏达股份有限公司成功地预测了铅锌市场的未来走势，在铅锌矿价格低迷之际，于2003年7月以低价控股了国内铅锌储量最大的兰坪铅锌矿(占有云南金鼎锌业公司的51%的股份，公司关联方宏达集团持有9%的股份)。兰坪铅锌矿矿区内探明的铅锌金属总储量为1553万t，具有集中度高、综合品位高、矿石含杂质较少、开采难度不大、绝大部分为露天开采等优点。

#### 8.4.5　科学规范管理

建立严格的规章制度，实行系统的科学管理，提高科学管理水平，是现代企业发展的需要，也是矿业公司有效降低经营管理风险的根本途径。矿业公司的科学规范管理与制造业企业存在较大的差别，其管理的内容应该包括5个方面：①严格的安全环境管理制度，目前国内矿业开发中安全和环境事故的发生率很高，绝大多数是制度不健全和执行不力造成的；②动态高效的矿产资源管理系统，对矿产资源掌握的准确程度和效率是影响采选冶流程和长期投资计划的重要环节；③详细规范的技术标准和流程管理是保证矿业生产高效稳定运转的重要条件；④技术资料的系统管理，特别是有关矿产资源的地质勘查资料的系统管理，不仅是维持矿业生产持续稳定发展的基础，更是进行矿业投资前瞻性决策的必要前提；⑤人性化的人力资源管理，是指要获取好的资源、高效利用资源和准确把握市场，必须发挥人才的作用，即坚持以人为本，充分调动各类人才的积极性，吸引最优秀的人才加入团队，这是保证矿业公司持续发展的最重要条件。

科学规范管理是能带来效益的，正是靠科学规范的管理，紫金矿业只用了6年的时间，就从2001年资产不到6亿元、销售收入不到4亿元的矿业公司，发展成2007年资产总额和销售收入分别达167.99亿元和148.71亿元的大型国际性矿业公司。

### 8.5　海外矿业投资风险评估与控制

我国"走出去"的资源战略意义重大。但是，海外矿产资源项目投资风险巨大，各种纷繁复杂的风险因素导致中国企业海外矿产资源项目投资亏损和失败比例很高。研究发现，避免或降低资源投资项目的风险，必须对目标项目进行科学、社会和技术方面的综合评价，必须学习和消化发达国家有益的经验和教训。本小节依据作者在参与海外资源开发项目的投资决策过程中获得的经验，研究中国企业在海外矿产资源项目投资中风险的评估控制，以及如何选择最重要的和最实际的分析要素组合问题，具有重要的战略意义和应用价值。

## 8.5.1　中国海外矿业投资风险管理现状

随着中国经济与工业的发展，矿产资源的消耗急剧增加，矿产资源短缺的局面日益严峻；与此同时，中国人均矿产资源占有量远低于世界平均水平；中国地质科学院全球矿产资源战略中心 2020 年预测，未来 20 年中国矿产资源需求量将超过过去 60 年需求量的总和，总的矿产资源对外依存程度将达 20%，其中，铜和石油对外依存度将超过 60%，镍对外依存度高达 80%，铁矿石、铅、锰和铝对外依存度均超过 50%，对国外矿产资源的依赖性将越来越严重。

而通过贸易进口从国际市场购买来解决矿产资源原料短缺的方式，使得国内冶炼企业完全处于被动地位和受制于人的局面，当国际市场上矿资源产品价格出现持续上涨时，国内冶炼企业不得不支付高昂成本来获取生产原料，这样，冶炼企业只能赚取加工费，利润空间被严重挤压。即便如此，国内冶炼企业还面临着矿产资源原料供应短缺的危机。在矿产资源供给短缺的严峻现实背景下，中国企业必须要通过进行海外矿产资源项目投资来开发和利用海外的矿产资源，以扭转依赖贸易方式进口矿产资源而受制于人的局面，并在一定程度上缓解中国经济持续快速发展所面临的矿产资源瓶颈约束问题。

但是，中国企业开展海外矿产资源项目投资面临着巨大的风险，海外矿产资源项目投资环境错综复杂，除了项目自身的风险因素之外，其他各个方面的风险因素都会影响海外矿产资源项目的资产安全和投资收益。根据中国矿业联合会的统计，中国企业海外矿业项目投资中的投资亏损与失败比例很高，接近 80%，尽管各机构的统计结果不尽相同，但失败率均处于很高的水平。因此，加强对矿产资源项目投资的风险评估和风险控制管理，对投资过程中各种不确定风险因素进行充分的识别和预判，有效应用风险防范和应对措施，是保障海外矿业投资项目资产安全和投资收益的重要途径，也是决定海外矿产资源投资项目成败的关键。

在中国政府"走出去"战略的推动下，中国企业通过海外矿产资源并购和参股合作等方式积极开展海外矿产资源项目投资。在海外进行矿产资源项目投资的企业中，一些企业成功控制了一定量的海外矿产资源，实现了矿产资源储备的增加和企业的发展扩张，但是也有一些企业折戟沉沙，付出了惨痛的代价。

本小节对中国企业进行海外矿产资源项目投资过程中风险控制与管理的现状进行了分析，主要可以归纳总结为以下 6 个方面。

### 1. 决策机制不科学，缺乏海外矿业项目投资风险意识

海外矿产资源项目投资是一种关乎企业发展前景的战略行为，要求高层决策者对本公司的总体发展战略和发展方向有一个非常清晰的框架结构和布局思路，准确定位海外矿产资源项目投资的目标和方向。而在进行海外矿产资源项目投资的一些中国企业，在进行海外矿产资源项目投资决策时带有一定的盲目性，缺少总体战略部署；并且企业的决策机制不科学，缺乏海外矿产资源项目投资风险意识，对海外矿产资源项目投资潜在的各种风险缺乏足够的认识，因决策失误而给企业带来重大经济损失。

### 2.不了解国际矿业市场运作规则，缺乏海外矿业投资实践经验

西方发达国家企业的海外矿产资源项目投资已经开展了半个多世纪，而与之相比，中国企业进行海外矿产资源项目投资起步晚，缺少海外矿产资源项目投资实践操作经验、海外商业经营管理经验，不了解国际矿业市场运作规则；与此同时，海外矿产资源项目投资具有风险高，投资金额巨大，投资周期长，投资不可逆，项目资产价值、开发成本和收益的不确定性大，环保审核条件严格，管理运营难度大，跨地域和跨文化管理要求高等特点。因此，中国企业很难做到对海外矿产资源项目投资繁杂的风险因素进行全面、科学、合理的评估，从而无法规避和管理投资风险，导致投资失败。

### 3.缺乏国际资本运营经验，对市场风险的评估和管理不足

矿产资源项目投资周期较长，一些中国企业对计划投资的海外矿产资源项目所产出的矿产资源产品的长期的价格走势、市场需求供应、市场前景、行业发展趋势等市场风险缺乏准确的预测和判断；当矿产资源产品的市场价格上涨、市场行情表现强劲的时候，盲目进行海外矿业项目投资；而当矿产资源产品市场行情出现逆转价格下跌的时候，投资很难撤出，给投资企业造成了重大的经济损失。此外，由于缺乏与海外矿产资源项目投资密切相关的汇率影响因素的变化、汇率变动趋势、利率波动走势变化，以及项目融资等市场风险的规避和控制的经验和能力，也给企业带来了巨大的损失。

### 4.不够重视地域文化差异风险，跨地域文化风险管理水平欠缺

中国企业在开展海外矿产资源投资过程中，难免会面临海外矿产资源项目所在国家和地区与中国企业本土文化存在一定程度的文化差异或文化冲突的问题，主要包括价值观念、风俗习惯、宗教信仰、思维方式、行为方式等方面的差异或冲突。而开展海外矿产资源投资的一些中国企业因为不够重视地域文化差异，特别是在矿产资源项目开发和运营过程中，遇到土地征收补偿、当地居民搬迁安置、生态环境保护、当地员工管理和薪酬福利安排等这些容易发生纠纷和冲突问题时，由于跨地域文化风险管理水平欠缺，不能进行妥善解决和应对，而酿成文化冲突风险，致使海外矿产资源项目管理运营效率下降，经营成本增加，甚至受到当地社区和民众的抵制，使得项目无法顺利推进。

### 5.缺乏本土专业性服务机构提供全面的投资风险评估和管理服务

在海外矿产资源项目投资决策过程中，由于国内矿业资本市场、矿业技术服务市场、矿业信息服务市场等相关配套市场发展缓慢，缺乏能够为投资企业提供海外矿产资源项目准确信息、财务顾问、法律政策事务等服务的专业咨询机构，而且也缺少能够提供海外矿产资源项目资产价值评估、投资项目风险评估、尽职调查、投资方式设计、融资渠道和方式设计等关键内容的专业服务机构。

### 6.项目风险评估体系不完善，海外矿业项目投资风险管控能力不强

中国企业在开展海外矿产资源项目投资过程中，由于缺乏熟悉海外矿产资源项目所在国家和地区投资环境、相关法律政策、政治经济、社会文化环境以及熟练掌握国际矿业市

场和国际资本市场的运作规则的专业人才,国际化经营管理水平较低,风险识别和管控能力不强,对海外矿产资源项目投资潜在的各种风险缺乏科学的评估,缺乏完善的海外矿产资源项目投资风险管控体系,以及缺乏有效的响应迅速的风险防控机制,导致海外矿产资源项目投资成功的较少、而失败的居多。

## 8.5.2　国外矿业公司投资风险管理经验

通过对必和必拓(BHP-Billiton)、淡水河谷(Vale)、力拓(Rio Tinto)、超达(Xstrata)四家国际大型矿业公司在海外矿产资源项目投资过程中风险控制与管理方面成功经验的研究,对中国企业在海外矿产资源项目投资中的风险控制与管理提出以下几方面的建议。

(1)慎重选择海外矿产资源项目投资所在的区位。海外矿产资源项目投资的特点是投资周期长、不确定因素多、风险高,因此矿产资源项目所在地国家和地区社会和政治的稳定性是很重要的因素,应尽量选择经济、社会、政治环境稳定,民主与法治秩序情况良好,并且与中国有良好外交关系的国家和地区,此外还要考虑投资项目所在地国家和地区的矿业投资环境和基础设施等其他因素。

(2)设置严格的项目审查和风险评估机制。在开展海外矿产资源项目投资过程中,矿业公司要特别注重在决策前期对相关风险进行详尽的调查、分析、评估,并在事中做好风险规避和管理工作,包括对项目所在国家和地区的政策风险、法律风险和商业风险的分析和规避,对矿产资源项目相关方的资信情况的调查和评估,对项目本身实施的可行性分析等。在矿业项目的具体审核阶段,不但要进行严格的技术审查,还要进行严格的风险评估,不但要通过公司内部技术部门审查,还要通过外部第三方的独立审查,严格论证矿产资源项目投资的可行性。

(3)将地质找矿勘探作为公司核心竞争力的一部分。在全球开展地质找矿和矿产资源勘探业务时,矿业公司必须拥有公司内部专业的矿物勘探部门,并且拥有地质找矿和深部探矿等先进技术以及勘探融资成熟的操作经验。这样不但可以勘探获得优质的矿产资源项目,而且可以对拟投资的海外矿产资源项目的矿物储量和资源前景以及开采地质条件进行准确科学的评估,从而避免因实际矿物资源的储量和品位低于合同标的储量和品位,或因技术和地质条件限制无法开采和提炼而造成损失的风险。

(4)同时依靠公司内部专业的勘探部门和外部勘探机构来搜集和整理已发现的矿产资源项目。除了依靠公司内部专业的勘探部门,还要通过外部勘探机构来搜集和整理已发现的矿产资源项目,在成矿条件良好的地区开展资源风险探矿,并及时获得已探明的矿产资源项目的信息,对有潜力的矿产资源项目进行收购和兼并等投资。地质找矿的重点是发现大型、低成本的优质矿产资源项目,选择投资矿产资源项目的原则是规模大、寿命长、成本低;同时还要注重矿种、地理位置及市场的多样性,也包括勘探阶段项目的收购。在确定勘探目标时,应充分考虑国别风险和环保因素。

(5)对处于环境敏感地区的矿权,在无法获得采矿权时应果断放弃。同时,对于风险大、需要投入大量流动资金、但前景不明朗的矿产资源项目,应果断放弃。此外,选择与具有政府背景的公司进行矿业投资合作也是确保矿业权安全的重要途径之一。

(6)对规模小的矿产资源项目进行出售,但对有潜力的矿产资源项目通过保留追回权(claw back right)来保证当发现资源储量规模大和品位高的优质矿床时可以重新获得项目的权益。矿产资源项目的购买方可以使用矿产资源项目出售方的人员、设备、资料和数据等，如果购买方发现了重要的矿点，必须通知出售方，出售方有权在银行级可行性研究提出之前独立出资进行勘探。

### 8.5.3 海外矿业项目投资区位选择研究

通过对全球领先的大型矿业公司的海外矿产资源项目投资的风险控制与管理的成功经验进行分析和研究，可以发现，它们的共同经验为：慎重选择海外矿产资源项目投资所在区位。这是控制和规避海外矿业项目投资风险的关键因素。以镍资源项目为例，从全球镍资源的分布情况、全球镍资源的控制情况、全球镍资源勘探项目的分布情况，以及全球矿业投资环境四个角度对海外矿产资源项目投资的区位选择进行分析和研究。通过对世界镍矿资源分布以及大型镍业公司镍资源的控制和占有情况进行分析和研究，可以看出，世界已探明的硫化镍矿资源都已被世界大型镍业公司控制和开发。由于全球硫化镍资源的储量有限，硫化镍矿资源仅占世界镍资源总储量的28%，已发现的硫化镍矿经过长期开采，保有储量下降，而且，近年来没有硫化镍矿的重大发现，后续可供开发的大型优质硫化镍矿山十分有限。依靠发现新型硫化镍矿、采购硫化镍矿石，将难以满足镍的生产和消费需求。随着红土镍矿冶炼技术的不断改进和发展，利用红土镍矿生产镍铁或者生产电解镍的成本低于利用硫化镍矿生产镍铁或者生产电解镍的成本，红土镍矿将逐渐取代硫化镍矿，成为主要的镍生产原料。因此，通过以上分析可知，海外矿业投资镍资源项目的区位选择应该主要集中在资源量丰富、开采成本相对较低、品位较高的红土镍矿和中小型硫化镍矿资源项目所在的国家和地区。通过以上对全球硫化镍矿资源和红土镍矿资源的控制情况的分析，海外镍矿项目投资的国家主要选定为：印度尼西亚、新喀里多尼亚、菲律宾、古巴、多米尼加、澳大利亚、巴布亚新几内亚、南非、马达加斯加、越南、缅甸、哥伦比亚、委内瑞拉。

### 8.5.4 矿业投资风险评估中实物期权法

#### 1.实物期权法的作用

在矿业全球化的背景下，矿业企业为了实现矿产资源储备和控制战略，积极展开海外矿产资源项目投资活动。但是在海外矿业项目投资的实际运作过程中，常常面临一些非常纠结的问题，例如，在海外矿业项目投资决策过程中，信息不对称、不完备以及不确定因素较多，导致海外矿业项目投资风险很大，而且投资者一旦做出了投资决策，投资行为就具备了不可逆性。当不确定的风险因素导致投资的矿业项目无法推进或者无法产生收益时，前期投入的大量资金将很难撤出，甚至转化为沉没成本，给投资企业带来了极大的经济损失。

此外，在进行海外矿业项目投资的项目价值评估时，利用传统的价值评估方法已无法合理、全面地反映项目的真实价值，对拟投资的矿业项目，可能出现报价过高或过低的情况：报价过高将造成投资企业资金压力增大、盈利空间压缩甚至出现亏损的风险；而报价过低则会导致投资企业决策失误，错失获得增长潜力良好矿业项目的机会。

海外矿业项目投资活动是矿业企业实现矿产资源储备规模增长和企业扩张整合的有效

途径,而海外矿业项目投资能否获得具有良好增长潜力的矿业项目并且实现项目投资收益最大化,其最为核心的内容是对矿业投资项目的资产、投资风险和投资机会进行全面、科学和准确的评估,并在此基础上确定一个让投资方和业主方双方都能够接受的合理报价。因此,通过科学合理的方法对海外矿业投资项目进行全面与合理的评估,具有非常重要的意义,也是实现海外矿业投资项目风险管理和决定矿业项目投资成败的关键。

由于在进行海外矿业项目投资决策过程中,以及在后续项目建设、开发和运营过程中,存在着与实物期权相对应的特征,这使得将实物期权理论中决策选择权的思维方法引入海外矿业项目投资决策过程成为可能,并且能够将实物期权价值评估方法和模型应用于海外矿业投资项目的风险管理和项目价值评估过程中。在海外矿业项目投资决策和价值评估过程中,应用实物期权的决策思维方法和项目价值评估方法改进传统矿业投资项目风险管理和项目价值评估方法,为中国企业进行海外矿业项目投资风险管理和价值评估提供了一个新的视角和方法。

**2. 实物期权决策方法的来源**

在传统投资项目评定方法中,净现值法 NPV(net present value)占据着核心地位,为项目决策提供了量化依据。但它的一些假设忽略了投资项目(特别是高风险项目)所具有的未来不确定性、不可逆性等众多现实影响因素。净现值法的应用中暗含刚性假设,评定结果只有两种选择,立即投资或拒绝该项目、以后不再投资。实际上,某些具有垄断特性的行业,投资者在管理上具有较大的灵活性。如在矿业投资中,当矿产品开采成本高于其市场价值时,矿业主在不失去项目所有权的前提下,可采取推迟开采、停采、缩减规模以待矿产品价格上升时再进行投资的办法。这段推迟决策的时间使企业可以根据经济环境的变化进行选择,当项目价值下降时,可以中止投资,避免损失;当项目价值上升时,则充分利用,把握投资时机。显然,净现值法忽略了项目推迟时间所产生的正的价值,而这种择机选择的权利正好符合期权的特性。对此,早在 20 世纪 70 年代,Myes(1977)和 Ross(1978)就提出将风险项目的投资机会视为一种期权——实物期权 ROV(real options vahation),它是金融期权理论在实物投资领域的发展和应用。

关于投资项目的实物期权决策方法,国内外不少学者做过研究。Mcdonald 和 Siegel(1983)研究了投资估价问题。Mulvey(1992)研究了产品价格不确定情况下项目投资时间选择权的价值及决策方法。Paddock(1988)分析了近海储油地带租约的期权价值。Biennan与 Schwartz(1985)则运用实物期权理论对矿产品价格不确定下企业运营中实物期权理论在项目投资领域的应用提供了新的方法。国内对实物期权评估方法的研究尚处于探索阶段,张清华等引入了基于实物期权方法的项目投资组合决策的分析框架,讨论了不同类型的投资项目的组合投资策略。赵秀云等分析了净现值法与实物期权方法的联系,研究了企业成长期权的价值。张能富在实物期权理论基础上,建立了矿业项目投资价值评价和投资决策模型。此外,黄生权的研究方法也有一定意义。而实业界一般仍采用净现值法、回收期法等传统评价方法对项目进行决策分析。

### 3.基于实物期权的矿业投资价值模型

金融期权理论是实物期权方法的基础。期权指未来的一种选择权,期权持有者能在未来一段时间内(美式期权)或规定的到期日(欧式期权)以事先约定好的价格(执行价格)买入或卖出一定数量资产的权利,但不承担买入或卖出的义务。即期权持有者有权利执行也有权利不执行,取决于执行价格和标的资产的现价对比。实物期权是金融期权理论在实物投资领域的延伸,指以实物投资为标的资产的期权,在经营、管理等经济活动中,投资或决策的权利。基于实物期权的投资项目评价方法将选择权所创造的价值融入了我们以往对项目价值的传统评估框架中。

实物期权一般可以分为以下几种:推延开发期权(option to defer development)、取消项目期权(abandonment option)、终止期权(shutdown op pound option)等。矿业工程项目往往投资大、风险高、周期长,所以在决定投资前,矿业公司都会对投资项目的外部环境、内部条件做全面、精确的勘察、分析,如国家政策、地质条件、整个矿产资源储量、矿床品位、产量等。因此,从矿业投资的实际操作来看,取消项目的可能性并不大。矿业投资的不确定性主要来自于矿产品的价格波动,在矿业投资中,期权价值最大的是推延开发期权和成长期权,在延期的同时可能具有扩张规模的倾向,即矿业公司先是行使推延期权,等到矿产品市场价格呈上升趋势时再追加投资,这就是复合期权,这里只讨论推延期权。

我们将矿业投资项目总体价值($TV$)分为两部分:投资项目内在价值($NPV$)和投资项目推延实物期权价值($ROV$),即 $TV = NPV+ROV$,如果 $TV>0$,则投资项目可行,反之,则放弃。

(1)$NPV$ 的确定。

净现值是指投资方案未来现金流入量的现值与未来现金流出量现值之间的差额:

$$NPV = \sum_{t=1}^{n} \frac{I_t}{(1+i)^t} - \sum_{t=1}^{n} \frac{O_t}{(1+i)^t} \qquad (8-1)$$

式中:$I_t$——第 $t$ 年的现金流入量;

$O_t$——第 $t$ 年的现金流出量;

$i$——预定的贴现率。

如采用传统的净现值法,决策时以 $NPV$ 为准,如 $NPV>0$,则接受投资;如 $NPV<0$,则放弃投资,即接受投资项目的条件是 $NPV \geqslant 0$。但现在我们分析矿业项目投资价值还应考虑其实物期权价值,不能仅因 $NPV<0$ 就放弃投资。

(2)$ROV$ 的确定。

研究表明,矿产品的价格遵循对数正态分布,可以用 Brown 运动来描述:

$$dV_t = \mu V_t dt + \sigma V_t dw \qquad (8-2)$$

式中:$V_t$——矿产品在 $t$ 时刻的价格;

$\mu$——矿产品价格的瞬时期望漂移率,即价格增长速度期望值;

$\sigma$——矿产品价格增长的瞬时标准差,即价格的波动率;

$dw$——一个维纳过程。

令 $G = f(V_t) = \ln V_t$,可得到微分方程:

$$dG = f'(V_t)(\mu V_t + \sigma V_t dw) + \frac{1}{2}\sigma^2 V_t^2 f''(V_t)dt \tag{8-3}$$

由于：

$$f'(V_t) = \frac{1}{V_t}$$

$$f''(V_t) = \frac{1}{V_t^2}$$

代入式(8-3)可得到：

$$dG = \left(\mu - \frac{\sigma^2}{2}\right)dt + \sigma dw \tag{8-4}$$

式(8-4)表明，$G$ 也服从几何布朗运动，$\left(\mu - \dfrac{\sigma^2}{2}\right)$ 和 $\sigma$ 分别为 $G$ 的漂移率和波动率。进一步分析，从当前时刻 $t$ 到未来时刻 $T$，$G$ 的变化服从正态分布：

$$\ln V_T - \ln V_t \sim \varphi\left[\left(\mu - \frac{\sigma^2}{2}\right)(T-t),\ \sigma\sqrt{T-t}\right] \tag{8-5}$$

从式(8-5)中可以看出，具有对数正态分布的标准方差与时间成比例，说明矿产品价格对数的不确定性与未来时间的长短存在某种关系，时间越长，不确定性越大。

下面采用 Back-Scholes 模型中的买入期权来定义推延实物期权的价值，见表 8-1。

**表 8-1 实物期权的价值**

| ROV | NPV |
| --- | --- |
| 标的资产当前价值 $S$ | 投资收益现值 $I$ |
| 期权的行使价格 $X$ | 资本支出现值 $O$ |
| 距到期日的时间 $t$ | 决策推迟时间 $t$ |
| 标的资产价值的波动率 | 期望收益波动率 |

矿业投资项目推延期权价值为：

$$ROV = SN(d_1) - Xe^{-rt}N(d_2) \tag{8-6}$$

其中：

$$d_1 = \frac{\ln(S/X) + (r + \sigma^2/2)t}{\sigma\sqrt{t}}$$

$$d_2 = d_1 - \sigma\sqrt{t}$$

式中：$N(d_1)$，$N(d_2)$——标准累积正态分布函数。

### 4. 实例计算

某铜业公司获一座新矿山采矿权，开采期限为 6 年，投资需 2800 万元。公司预计铜矿价格在前两年会出现下跌，于是公司初步规划延迟两年开采，即从第 3 年开始投产。假设无风险利率为 8%，根据对铜矿市场的观察，预测收益率的波动为 30%。各年现金流量见表 8-2。

表 8-2　某铜矿投资现金流量表　　　　　　　　　　　　　单位：万元

| 投资年份 | 0 | 1 | 2 | 3 | 4 | 5 | 6 |
|---|---|---|---|---|---|---|---|
| 投资额 | | | | 2800 | | | |
| 现金净流量 | | | | | 800 | 1100 | 1200 |

(1)该铜矿投资项目内在价值。

$NPV = 800 \times (p/s\ 8\%,\ 4) + 1100 \times (p/s\ 8\%,\ 5) + 1200 \times (p/s\ 8\%,\ 6) - 2800 \times (p/s\ 8\%,\ 3)$

$= 2092.2 - 2222.64 = -130.44(万元)$

(2)该铜矿投资项目推延实物期权价值。

已知 $S = 2092.9$，$X = 2222.64$，$r = 8\%$，$\sigma = 30\%$，$t = 2$，求得：

$$d_1 = \frac{\ln(2092.9/2222.64) + (8\% + 30\%^2/2) \times 2}{30\% \times \sqrt{2}} = 0.4477,\ N(d_t) = 0.6700$$

$$d_2 = 0.4477 - 30\% \times \sqrt{2} = 0.235,\ N(d_2) = 0.5080$$

$ROV = 2092.9 \times 0.6700 - 2222.64 \times e^{-0.08 \times 2} \times 0.5080 = 440.0776(万元)$

(3)该投资项目总价值。

$$TV = NPV + ROV = -130.44 + 440.0776 = 309.6376(万元)$$

(4)评价结论。

该案例中，如单纯采用净现值法，其结果为 $NPV < 0$，投资项目将不能通过；但把项目含有的推延实物期权价值考虑进去后，总价值 $TV > 0$，结论是可行的。可见，针对一些不确定性投资，如矿业项目，传统的净现值法往往会低估项目的投资价值，相比之下，实物期权方法可以更合理、更客观地对其进行评估。

# 第 9 章

# 矿业投资项目的非技术风险及其防范

　　全球对矿产资源需求的增长以及矿产品价格的持续上扬，导致在世界范围内对矿业权的争夺加剧。矿业投资已由传统"安全"地区向南美、亚太、非洲、中东等传统"非安全"地区扩散。在这些地区，非技术风险是决定矿业项目成败的重要因素，正成为中国矿业企业"走出去"面临的挑战。

　　本章介绍国际矿业投资项目的政府风险、安全风险、社会风险、基础设施和健康风险等非技术风险。在识别这些风险的基础上，探讨如何选择合适的风险应对战略组合，如何区别国家风险与项目风险，矿业公司应该采取哪些措施来降低这些非技术风险。

## 9.1　矿业非技术风险的识别

　　一般来说，国际矿业项目的非技术风险是由东道国中央政府的行为（包括作为与不作为）、社会、政治、军事、流行疾病等因素引起的，例如：矿山的国有化、政府征用、国内战争、政局不稳定以及货币不可自由兑换等。非技术风险主要指非国家主体活动引起的风险，包括地方政府、当地社区、武装团体、合作伙伴及平民社会组织等。在许多新兴的市场经济国家，政府的权力不断向地方政府分化，信息技术的发展使得非政府组织更容易监督矿业公司在边远地区的矿业活动，公众和利益相关者对矿业活动所带来利益的期望值不断增高等，这些因素导致了非技术风险的提高。非技术风险可分为政府风险、安全风险、社会风险、基础设施和健康风险 4 类，如图 9-1 所示。

　　上述风险因素之间交互影响，但在矿业投资的不同阶段，矿业公司面临的非技术风险管理的重点不同，如图 9-2 所示。

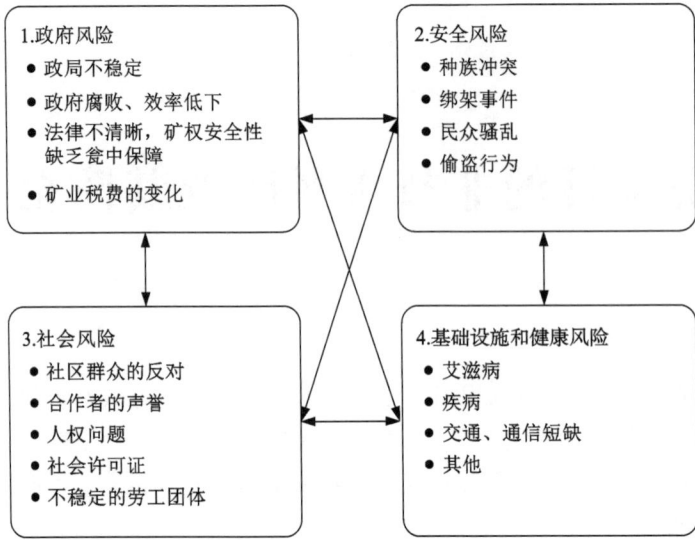

**图9-1　国际矿业项目非技术风险分类及关系**

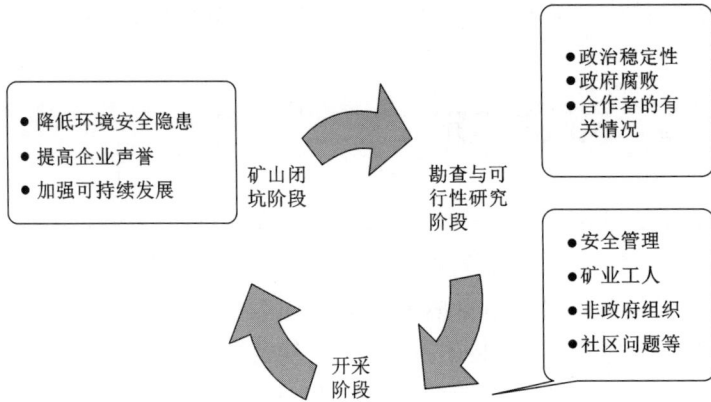

**图9-2　不同矿业投资阶段面临非技术风险图解**

## 9.2　解决非技术风险的战略方案

　　一般来说，大多数矿业公司很少面临战争或国有化的政治风险，大多面临一系列"中层"的相互影响的非技术风险，但如果不能采取正确的应对措施，风险就会进一步加剧，从而产生消极的影响。因此，对矿业公司来说，不能仅仅重视中央政府的行为所造成的政治风险，而要采取适当的策略与措施应对所面临的政治风险。矿业企业可选择多种措施管理非技术风险以降低损失，但很多企业在实践中有时过分依赖1~2种方法去解决问题。例如，政治风险保险(PRI)仅仅是防范政治风险的安全网，不能将多边投资担保机构(MIGA)

和私营政治风险保险机构及出口信用机构等多边金融机构提供的政治风险保险（PRI）作为化解此类政治风险的唯一措施。各种矿业非技术风险的解决措施都有其优缺点，研究矿业项目风险解决方案时矿业公司需要全面分析面临的各种矿业风险，选择有效的战略方案组合，见表9-1。

表 9-1　解决非技术风险的战略方案

| 方案 | 原理 | 功能 | 缺点 |
| --- | --- | --- | --- |
| 政治风险保险 | 政治风险保险公司提供传统政治风险的保险，如国有化、战争等 | 转嫁国家层次的政治风险 | 费用高，仅能防范而不能解决风险；承保范围较窄 |
| 分化投资组合 | 将不同的项目分散在不同的国家和地区 | 把潜在的风险影响造成的损失降至最低 | 不能反映实际的风险；投资机会有限 |
| 寻求风险投资合作者 | 选择与政府或其他组织有政治关系的合作者 | 与本地主要组织建立利益合作关系，把风险发生的可能性与造成的影响降至最低 | 政局变动可能造成损失；合作者利用政治关系影响投资者 |
| 加强与重要利益相关者关系 | 选择与东道国有重要关系的主体建立合作关系，如世界银行 | 与前述主体建立合作关系以降低政治风险发生的可能性 | 前述主体利益与投资者利益并非一致 |
| 聘请与政府有良好关系的专家 | 通过大使、前任外交机关或政府官员影响政策的制定 | 与政府建立良好的关系，并影响政府政策的制定 | 缺乏控制机制，利益可能不一致 |
| 安全管理 | 在公司运营层面加强安全管理以降低政治风险 | 降低政治风险对企业人与物的损害 | 成本较高，防范能力有限 |
| 承担社会责任 | 确保项目对本地产生积极影响，从而使公司获得良好社会声誉，创建有利的运营环境 | 获得企业的社会执照，降低声誉安全带来的政治风险 | 关系比较复杂，费用较高 |

## 9.3　国家风险与项目风险区别

许多矿业公司在研究投资风险控制中运用"国家非技术风险等级"评估东道主国家层面的非技术风险，这种方法可能造成错误的决策。在国家层面（宏观）和项目层面（微观）审查矿业企业（及其关键的支持性基础设施），可能面临的威胁与风险同样至关重要。在许多国家，不同的地区与省份的非技术风险有很大的不同，同样，只有在分析了项目所在地的非技术风险的基础上，在宏观范围内研究这些风险之间及它们与国家层面的风险交互影响后，才能正确地评估投资项目的风险等级。在项目层面的风险具体包括：社区抗议导致的项目延误所引发的风险，本地武装团体产生的安全风险，非政府组织和国际媒体监督、不稳定的劳工团体以及政治或管理变动等因素所引起的风险等。

## 9.4  降低非技术风险常用方法

矿业公司需要采取多层次的内部安全措施来降低非技术风险的概率及其影响。传统观点通常把政治风险看作投资的外源性因素，属于外部因素。现代矿业管理理论认为，政治风险与公司运营活动之间存在着一种积极的交互关系。公司的行为既可使矿业非技术风险加剧，也可使其得到缓解。因此，矿业公司需要采取多层次安全措施和高质量的非技术风险管理方式。现代风险管理工具强调"三道防线"式的安全措施。内层防线包括内部政策、流程与危机管理计划；中层防线包括强有力的安全设计与物理屏障；外层防线由利益相关人、社区参与和有效的预防性措施构成，将风险威胁消灭在萌芽状态。

### 1.加强与相关利益者之间的关系以降低风险

在国家和公司的运营范围层面同主要相关利益者一同管理这一策略，可以让主要相关利益者都参与进来，是抵御非技术风险的最佳防御措施。这种策略的实施，要求公司必须确认并影响一些团体，如东道主国家政府、合资企业合作伙伴、非政府组织、多边机构和本地社区集团，在某些情况下甚至还包括怀有敌意的武装军事力量。要对这些关系进行有效的管理，公司必须采取具体而细致的措施与当地社区互动。相关利益者的参与不仅有助于降低风险概率，同时也为公司提供了宝贵的新信息资源，帮助公司了解企业可能面临的千变万化的风险。

### 2.加大对企业社会责任的投资

矿业企业的社会责任越来越受到重视。南非洲 Johan-nesburg 的一份最新研究表明，非洲的铂矿与煤矿企业最近面临指责，因为这些企业未能履行其在企业社会责任方面的承诺。

矿业企业的社会责任包括 2 个主要方面：一是保护环境，防止污染；二是保障当地人的利益，提高社会福利。矿业企业在勘查与开采活动中要严格遵守矿山开发与生态环境保护的法律法规，执行当地矿业开发与生态环境规划，加大科技投入，促进科技创新，实现绿色采、选、冶新技术的突破。矿业企业要有一定的专项治理资金，用于生态环境的保护和修复。这对企业来说，既是责任和义务，又是机遇和挑战。同时，矿业企业应努力探寻如何开发出面向社区的"增值"型项目，如雇佣本地劳工，对他们进行专业技能培训，加强当地基础设施建设等，确保矿业项目对本地居民的生活质量与水平产生积极影响，从而使企业获得良好的社会声誉，创建有利的运营环境。

现阶段我国矿业企业"走出去"过程中面临着复杂的非技术风险，矿业企业本身虽不能控制其发生，但可以制订预防风险计划，即根据风险对矿业项目的影响程度，进行风险预兆的研究，及时采取必要的措施和补偿办法以降低损失。因此，须对矿业项目的具体非技术风险进行全面、细致、深入的科学考察，分析各种潜在的风险因素并提出合理的方案，达到分散风险、降低损失的目的。

## 9.5　资源民族主义及其表现形式

　　资源民族主义作为一种影响国际矿业投资的重要因素，在社会政治和经济形势剧烈波动的大背景下，对海外矿业投资风险的影响越来越明显，尤其在发展中国家，资源民族主义现象更加突出，海外矿业投资面临巨大的资源民族主义风险。

　　随着我国经济的发展以及对外开放的深入，特别是"一带一路"倡议的实施，越来越多的中国矿业企业走向国外，与外国开展矿业开发合作，同时也受到了所在国当地法律和政策的影响，特别是受到了当地资源民族主义的影响。为此，分析外国资源民族主义，加强中国企业海外矿业投资风险防范，具有十分重要的现实意义。

　　资源民族主义是 20 世纪 60 年代兴起的，是资源国家"日益加强其资源主权、控制其资源流向、强化其资源价值"的一种政策，随着经济发展的日益不平衡，资源民族主义成为全球矿业面临的最大挑战。

　　资源民族主义的主要表现形式有：通过税费手段提高国家占有率、清理合同或采矿权证、矿产资源国有化、增加政府持股、禁止原物料出口等。矿产资源国有化是资源民族主义的主要表现形式之一，同时，政府在资源民族主义兴起过程中扮演了重要角色。政府通过理性化的选择和裁量来控制资源产业，从而实现其政治或经济利益最大化。许多拥有丰富矿产资源的国家已经加强了资源民族主义政策，并以资源为手段来帮助其实现政治目标。

　　当前，在以资源为经济命脉的发展中国家中，资源民族主义已发展成为一种普遍现象，同时，资源民族主义还具有全球化的趋势，无论发达国家还是欠发达国家都存在资源民族主义的趋势。因此，可以看出，资源民族主义只是一种表象，而其根源是资本与普通民众的博弈。从资源国的立场来看，外国资本掠夺了珍贵的矿产资源并获取了高额的利润，因此，在资源供需严重不平衡导致的国际市场矿产品价格高涨的时期，与矿产资源相关的经济利益分配的公平性受到质疑，资源民族主义现象更加突出。

## 9.6　资源民族主义风险应对策略

　　在全球宏观经济出现动荡的背景下，资源输出国的国民经济同样受到严重影响，其财政支出加大而收入增长放缓，经济纾困乏力，因此，迫切需要开拓新的收入来源，并将由此引发资源民族主义新浪潮。中国作为资源开发投资大国，需要充分认识和深入研究当前形势下的资源国有化风险，未雨绸缪，提前做好应对准备。海外投资项目资源民族主义风险的应对策略主要包括以下几个方面。

### 9.6.1　提高风险认知

　　虽然资源所在地政府均深知矿业项目对国家的重要性，维护国际矿业市场正常运作、维持与国际公司的长期合作而非短期逐利是其最终需求,但现实中,由于种种原因,部分政客急功近利、舍本逐末,甚至出于不可告人的目的,会尝试推行资源国有化政策。如果在资源民族主义初始阶段,企业选择立即离开或展开法律诉讼,投资者将会损失自身的长期利益。因此,国际矿业公司应从战略发展角度更慎重地考虑长远目标,并从自身能力建设着手,抓好安全管理、环境管理工作,正确处理环境诉讼官司,妥善协商 MOA 复议,做好矿权续办工作。国际矿业公司应遵循与社会环境相关的国际最佳实践标准和法律规范,并在生产经营中协调、平衡各方利益,不在安全与环境问题上授人以柄,通过社会贡献、当地采购、社区基础设施建设、提供就业与商业机会等,积极履行企业社会责任,与土地所有者建立利益联系,降低当地社会对项目的敌意,达到共赢互生的目的,实现可持续发展。

### 9.6.2　重视商业保险合同

签订财产商业保险合同,可以保障部分财产损失。在国际局势及经济运行稳定时,资源所在地的国别风险一般较低,投资风险基本可控,考虑到性价比,可以暂不办理政治风险及营业中断险。但在国际政治与经济环境剧烈变化时,国别风险急剧增加,这时就需要重新考虑保险事宜。但由于矿业保险金额巨大,且关系到主权国家的政府意志,因此该保险程序繁杂、索赔期限长,在实践中真正获得足额赔偿并不容易。

### 9.6.3　慎重做出投资决策

当政治风险和市场风险均存在不可控因素时,资源所在地政局会极度动荡,地方政府会颁布环境保护政策及加强税收、劳工关系等强制性约束政策,使得重新签订矿业开发合同及 MOA 协议异常艰难。若在这种情况下考虑新增投资,则会面临更大的经济风险。因此,静观时变,认真做好风险评估工作,深入评估世界经济大势、当地政坛及投资政策的变化,适当延缓或者取消投资项目的实施,待条件具备时再讨论投资决策是比较适宜的选择。

### 9.6.4　积极运用法律手段

对资源民族主义政策的事前防范要远远重于事后救济。一旦国有化现象发生,要加强维权意识,通过法律维权解决争端。诉诸法律是根本性、最后性的保障手段。如果国有化的争议无法通过友好协商获得解决,可通过中国与当地政府签订的相关投资保护协定规定的调解或仲裁机制来解决争议。现行国际法规定:政府应当限制自身国有化征收的主权,履行合同承诺,谨慎行使立法司法行政权力,而《关于解决国家和他国国民之间投资争端公约》(《华盛顿公约》)是应用最为广泛的国际公约。企业还可以充分利用资源所在地政府的现行法律政策、矿业开发合同、协议等进行维权。其主要途径如下。

(1)寻求所在地政府的法律救济,包括当地的投资促进法、投资保护法等,为投资者提供安全的投资环境保障。

(2)依靠双方签订的投资开发合同得到救助。

(3)依靠中国和当地政府共同签署或参加的双边或多边投资保护协定得到救助。国际投资法中还存在诸多习惯法可以利用,通过这一途径可使国内投资争端国际化,引入国际组织参与,从而引起国际社会关注,进而更有效地限制主权国家的行政行为,抵消资源民族主义的负面影响。

### 9.6.5　灵活适宜的股权结构

在传统的矿业开发中,矿业公司追求绝对的控股权,希望在较短时间内回收投资并获得超额利润。但对于投资源规模大、投资周期长的矿产资源项目来说,将会面临巨大的政治风险。从经济周期来看,熊彼特周期和康德拉季耶夫周期基本一致,在近60年的大周期中,嵌套有房地产周期、固定资产周期和库存周期等。这些大大小小的周期都会带来经济的波动,同时伴随着政治动荡,并由政治动荡诱发对国外矿业投资的冲击。适宜的股权结构或许是应对资源民族主义等政治冲击的一种有效策略。无论哪种资源民族主义的显现模式(市场周期模型及讨价还价模型),从已有的公司案例可知,受到冲击的矿业公司与当地政府与民众进行谈判后,大都会以矿产地政府及民众持股提高比例而告终,其持股比例一般为25%~60%。因此,对于开发周期长的大规模矿产资源投资,要从国际货币发行、利率政策、政治导向等更大维度来考虑,要从投资保护、税收政策、土地政策、劳工政策、环境政策等多方面来综合衡量,并在开发初期就适当考虑当地政府与民众的持股比例以及灵活的持股方式。

资源民族主义是资本压迫的结果,是经济周期的产物,是政治博弈的表现。大量案例表明,在新的经济周期中,海外矿业项目所面临的资源民族主义及资源国有化风险非常高。在经济大幅波动及政治剧烈动荡的当前环境下,应采取积极对策来应对将来可能的风险,做到未雨绸缪。研究表明,上述资源民族主义风险防范策略,可有力地降低或规避风险,保障全体股东的基本权益,这些措施对防范海外矿业投资风险具有重要意义。从长远看,适宜的股权比例有利于降低资源民族主义政治风险,有利于投资方、政府和土地所有者获得持续、稳定的经济收益。

# 第 10 章
# 海外矿业投资风险评价实例

## 10.1 实例项目概况

企业随着国内经济的稳定发展，钢铁的需求量逐步上升，但是矿石供应却被国外的三大矿山(必和必拓、力拓、淡水河谷)以及国际大型的矿石贸易公司垄断。近年来，国外矿业巨头通过控制开采量和出货量来哄抬矿石价格，给国内的钢铁生产企业造成极大的经济损失。国务院、行业协会和国家发展和改革委员会多次发文要求国内的钢铁企业协同贸易谈判，并鼓励他们走出去，收购外国的矿产资源，以逐步打破国外矿业企业对国际铁矿资源价格的垄断。

中国某矿业集团公司(以下简称 A 公司)积极响应国家的号召，在有关部委的帮助下，于 2010 年在南美洲的某国成立驻外公司，并参与当地矿山的勘探、开采和贸易。A 公司在业务交往中结识了 B 公司，B 公司在当地收购了一部分矿山的矿权并进行了项目前期的运作，前期投资 2 亿多人民币、后期计划需要投资 20 亿人民币用于矿山开发、港口建设以及基础设施的建设。B 公司计划融资 15 亿人民币，一是通过直接兜售矿山矿权的方式；二是转让一部分公司股权。由此，两家公司开始接洽。如果 A 公司要进行这项项目投资，就需要对该项目的情况做详细的调查分析和研究。以下是项目的建设内容。

### 1. 产品方案

本项目为露天开采、现场初选成品铁矿石方案，预计年产量约为 400 万 t，矿石品位为 63%~65%；选址位于某国西南部的两个矿区，开采年限是无限期，起始年是 2010 年；开采面积为 180 km²，共 18 座矿山，储量约为 1.5 亿 t；产品通过汽运、海运销往国内钢铁生产企业。

### 2. 交通条件

矿区周边道路交通便利，现有公路距矿区周边 3~5 km。×××港口离矿区仅 120 km，该港口是该国的第二大港口，港口区域水深 15 m，东西方向有两条约 800 m 长的波堤形杂货船、散货船和集装箱船的泊位，2008 年的吞吐量达 180 万标准箱。

### 3. 开采方式

开采方式为直接挖掘地表原矿露天开采。

### 4. 生产流程

现场作业的开采点分为：开采区、选矿区、成品临时堆场、充填区及临时配套设施区。开采区地表原矿石运往选矿区进行选矿处理，通过磁选法分离选出的成品铁矿石堆放在成品临时堆场待处理，并将尾矿运往充填区进行回填处理。矿石生产流程图如图 10-1 所示，其中箭头为矿石流向。

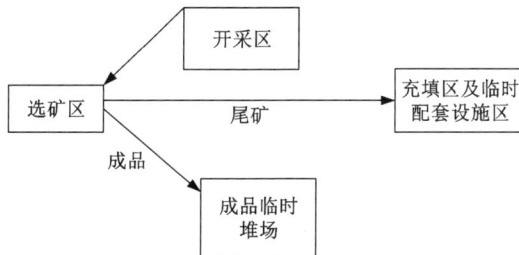

**图 10-1　矿石生产流程图**

### 5. 生产工艺

产品生产工艺主要为磁选法，原矿石通过颚式破碎机两次破碎，其中：初破规格为 600~800 mm，二次破碎规格为 400~600 mm，通过振动筛选出粒度 4 mm 以下的碎石，送到磁选机磁选，选出成品矿石，初选品位可达 60%。

### 6. 产品目标市场

本项目矿石为铁矿石，从该国产出，运至国内，路途遥远，交通是否方便为目标选择的重要考虑因素。市场区域选择临近海港的钢铁生产基地。从我国钢铁产业整体发展来看，其结构调整后，重点钢铁企业生产规模会扩大，由于本项目初期的产量有限，因此，目标市场不宜过于分散，应以环渤海地区的钢铁生产企业为主。目标钢铁企业的规模和所需原材料的结构须一致，否则会导致项目议价处于劣势。

### 7. 项目实施进度

2010 年 10 月已经完成项目前期计划。2011 年 2—4 月办理国内注册和相关部门的备案登记手续；2011 年 5—7 月完成设备采购、配送；2011 年 8、9 月完成设备安装及调试；2011 年 10 月试运行。

## 10.2　实例项目投资环境

### 1. 政治环境

该国为总统制的联邦共和体制,立法、行政和司法三权分立。目前,该国经济稳步发展,人民生活水平逐步提高。该国是最早和中国建交的拉美国家之一,自建交以来,两国先后签署了贸易、科技、能源、海运合作等多项协议。可见,该国的政府领导的能力较强,未来的政治环境会更加稳定。同时,两国的关系说明未来两国的经贸关系会一如既往,也能为我国企业在该国投资提供更优质便利的服务。

### 2. 经济环境

该国是拉美的经济大国,国内生产总值名列前茅。2009 年,该国的人均产值达9000 美元。该国是世界上最开放的经济体之一,自 1992 年同美国、加拿大签署《北美自由贸易协定》后,已经同四十多个国家和地区签有自由贸易协定。目前,该国政府以经济长期稳定增长为目标,推行稳定的财政政策,积极扶持出口行业和中小企业,国内环境较为稳定。同时,该国是世界上第四大矿业外资接收国,2008 年该国矿业共吸收了近 22 亿美元的外资,矿业发展潜力指数排名世界第一。

### 3. 税收环境

税收体制:根据该国宪法的规定,联邦政府、州政府均有权征税,这被称为两级课税制度。1980 年,联邦政府对税制结构进行大范围的改革,实行统一税制,从而加快了本国税制与国际接轨的步伐,以此改善国内的投资环境,吸引外商直接投资,促进对外贸易的发展。

### 4. 主要税赋税率

该国政府实行的是以所得税和增值税为双主体的复合型税制结构,现行税收体系包括的税种有:所得税(公司所得税、个人所得税、资本所得税)、商业单一税率税、增值税、财产税、进口关税、工薪税。2008 年,该国的企业所得税下调至 20%,增值税的基本税率为13%。资源及勘探开采权费用:根据该国法律规定,在该国从事矿业开采,不需缴纳资源税,但企业须获得联邦政府的授权许可才能进行勘探和开采业务。根据该国的《外国投资法》,外国人能够享有矿业特许权,外资企业需要在当地注册成立公司方可申请上述授权许可证。利润分享税:不管公司的组织形式是什么样的,雇员都应从公司的年利润中享有一部分利润,一般情况下,其分享率为公司应纳税所得额的 8%。该国近年来鼓励外资投资,根据对各行业的情况分析可知,该国对外资矿业开发较为支持,对外汇管制相对宽松。

### 5. 铁矿石资源概况

至 2010 年,该国铁矿石资源储量约为 18 亿 t,探明储量为 10 亿 t,金属量约为 5 亿 t,

是南美地区第三大铁矿石生产国。相对于巴西和澳大利亚等主流矿,该国的矿石具有更好的品质,铁含量高,为 64%~66%;并且开采工艺比较简单,供应量稳定。在运输方面,该国在航程上比巴西缩短一万多公里,具有市场价格优势。

### 6.劳工政策

该国雇员的最终实际工资依地点及工作性质而有所不同,相对工资成本较低。本项目所涉及地区的年薪水水平见表 10-1(单位为美元/月)。雇主除支付正常薪资外,还需支付劳动法强制规定雇主须负担的员工社会保险、住宅基金和退休金,以及员工的休假、年假和年终奖金等福利。这些福利占工资薪酬的 30% 左右。此外,该国法律还规定在外资企业中,外籍人员和当地人员的比例不得低于 1:6。

表 10-1　地区薪水表　　　　　　　　　　单位:美元/月

| 生产管理人员 | | | | 工人 | | 行政人员 | |
|---|---|---|---|---|---|---|---|
| 生产主管 | 工厂主管 | 工程师 | 技师 | 熟练工 | 一般工 | 秘书 | 会计 |
| 1200~2800 | 1000~2500 | 1200~2400 | 1000~1500 | 600~800 | 400~600 | 600~1000 | 800~1500 |

### 7.项目的外部影响

矿业在该国国民经济中占有重要地位,矿业每年为该国提供 80~100 亿美元的产值和近 50 万人的就业岗位。本项目的实施,可为当地提供 300~500 个就业岗位和每年 5000 万美元以上的税收,大大提高了当地的经济发展和民生水平。

## 10.3　实例项目财务数据

### 1.财务假设

采用国际会计准则(IRFS)固定资产折旧计算方法,折旧年限为 8 年,残值率为 5%;按该国税法,企业所得税率为 20%,增值税率为 13%;公司提取法定盈余公积金比例为税后利润的 10%;应收账款收款期为 60 d,应付账款期限为 90 d;项目财务预测货币全部采用美元计算。

### 2.收入预测

项目产品按 FOB 价计算,各产品按照统一价格计算,预计未来矿石价格将走高,此处按照不变价格为保守估算。该国到中国天津港、京唐港的运费为 35 美元/t,产品价格有较大竞争优势。

矿石产量、价格、成本费用预测、生产费用、总成本估算、预计损益见表 10-2~表 10-7。

表 10-2　矿石产量表　　　　　　　　　　　　　　　单位：万 t

| 矿种 | 2013 年 | 2014 年 | 2015 年 | 2016 年 |
|---|---|---|---|---|
| 铁矿石 | 70 | 75 | 80 | 85 |
| 铜矿 | 2 | 5 | 8 | 10 |
| 煤炭 | 0 | 0 | 10 | 30 |
| 金矿 | 1 | 1 | 2 | 2 |
| 铅矿 | 2 | 4 | 5 | 5 |
| 锌矿 | 4 | 8 | 10 | 10 |
| 锰矿 | 0 | 5 | 10 | 15 |

表 10-3　矿石价格表　　　　　　　　　　　　　　单位：美元/t

| 矿种 | FOB 价 | CIF 价 |
|---|---|---|
| 铁矿石 | 125 | 155 |
| 铜矿 | 2430 | 2460 |
| 煤炭 | 80 | 110 |
| 金矿 | 5450 | 5480 |
| 铅矿 | 2170 | 2200 |
| 锌矿 | 690 | 720 |
| 锰矿 | 180 | 210 |

表 10-4　矿石成本费用预测表　　　　　　　　　　单位：美元/t

| 矿种 | 开采 | 加工 | 运输 | 合计 |
|---|---|---|---|---|
| 铁矿石 | 19 | 0 | 35 | 54 |
| 铜矿 | 200 | 500 | 134 | 834 |
| 煤炭 | 14 | 0 | 35 | 49 |
| 金矿 | 320 | 1280 | 194 | 1794 |
| 铅矿 | 180 | 450 | 154 | 784 |
| 锌矿 | 60 | 150 | 74 | 284 |
| 锰矿 | 40 | 16 | 42 | 98 |

表 10-5　生产费用表 　　　　　　　　　　　　　单位：美元

| 折旧及摊销 | 24 |
|---|---|
| 管理费用 | 3 |
| 财务费用 | 13 |
| 销售费用 | 6 |

表 10-6　总成本估算表 　　　　　　　　　　　　单位：美元

| 成本、费用项目<br>矿种 | 2013 年 | 2014 年 | 2015 年 | 2016 年 |
|---|---|---|---|---|
| 铁矿石 | 3888 | 4158 | 4374 | 4374 |
| 铜矿 | 1668 | 4170 | 6672 | 8340 |
| 煤炭 | 0 | 0 | 490 | 1470 |
| 金矿 | 1794 | 1794 | 3588 | 3588 |
| 铅矿 | 1568 | 3136 | 3920 | 3920 |
| 锌矿 | 1136 | 2272 | 2840 | 2840 |
| 锰矿 | 0 | 490 | 980 | 1470 |
| 折旧 | 3422.52 | 4352.87 | 5168.39 | 6545.77 |
| 合计 | 13476.52 | 20372.87 | 28032.39 | 32547.77 |
| 管理费用 | 713.36 | 473.68 | 1436.44 | 399.6 |
| 财务费用 | 1000 | 3200 | 4200 | 5400 |
| 销售费用 | 997.17 | 1274.09 | 1574.089 | 1902 |
| 成本合计 | 16187.05 | 25320.64 | 35242.919 | 40249.37 |

表 10-7　预计损益表 　　　　　　　　　　　　　单位：美元

| 项目 | 2013 年 | 2014 年 | 2015 年 | 2016 年 |
|---|---|---|---|---|
| 销售收入 | 26369 | 36895 | 49416 | 57318 |
| 生产成本 | 13476 | 20372 | 28032 | 32547 |
| 土地及相关税 | 3500 | 5500 | 6500 | 8500 |
| 毛利 | 9392 | 11022 | 14883 | 16271 |
| 毛利率 | 35.62% | 29.88% | 30.12% | 28.39% |
| 销售费用 | 997 | 1274 | 1574 | 1902 |
| 行政费用 | 1713.36 | 3673.68 | 5636.44 | 5799.6 |
| 总经营成本 | 2710.53 | 4947.77 | 7210.529 | 7701.6 |

**续表10-7**

| 项目 | 2013 年 | 2014 年 | 2015 年 | 2016 年 |
|---|---|---|---|---|
| 税前收入 | 6682.27 | 6075.19 | 7673.371 | 8569.42 |
| 所得税 | 1336.454 | 1215.038 | 1534.6742 | 1713.884 |
| 净利润 | 5345.816 | 4860.152 | 6138.6968 | 6855.536 |
| 净利润率 | 20.27% | 13.17% | 12.42% | 11.96% |

项目计算期内收入总额为 170000 万美元，销售税金 24000 万美元，总成本费用为 117000 万美元，利润总额为 29000 万美元。项目的内部收益率为 80.45%，在贴现率 10% 的情况下，财务净现值为 9080 万美元，投资回收期为 2.24 年。盈亏平衡点为 53.57%，项目的设计采矿产能利用率达 53.57% 就能达到盈亏平衡，超过此规模就能盈利，否则就产生亏损。生产负荷率较低，说明项目的安全性是有保证的，可实现销售收入 170000 万美元，净利润 13000 万美元，投资收益率达到 131.8%，项目盈利能力较好。

## 10.4　实例项目风险识别

矿产境外投资的周期较长，相应的资金回收期延长，同时面临着诸多的不确定因素的影响，因此，是否能取得预期的收益存在着不稳定性。加上矿业投资一般涉及的资金量巨大，一旦投资就很难改变投资方向，所以，在项目前期需要对项目可能存在的风险因素进行较为详细的识别。通过项目风险识别最终确定项目风险的构成、项目风险的影响因素以及这些风险可能对项目带来的潜在影响和损失。项目风险识别过程是伴随着项目的进展不断变化的，这里主要对项目的前期可行性研究阶段的项目风险进行识别和评价。

项目是在一定的时间内，为了达到特定目标而调集到一起的资源组合，是为了取得特定的成果开展的一系列相关活动，即项目是特定目标下的一组任务或活动。基于项目的生命周期理论，项目大致分为四个阶段，风险识别也贯穿于项目的各阶段。按照项目进展的时间顺序，项目风险识别大致划分为四个阶段：①项目可行性研究阶段的风险识别；②项目计划和设计阶段的风险识别；③项目实施与控制阶段的风险识别；④项目完工与交付阶段的风险识别。每一个阶段都伴随着五大基本过程即启动、规划、执行、控制、收尾。项目整个生命周期实际上是一个视具体情况不同而复杂程度各异的过程。因此，矿产项目投资风险识别应该对项目生命周期全过程所面临的风险进行有效、详尽的分类识别。

项目各阶段的风险表现形式：政治风险、政策风险、资源量风险、市场风险、财务风险、法律风险、生产风险、销售风险、合同风险、成本风险、价格风险、质量风险、经营管理风险等。项目风险识别流程如图 10-2 所示。

风险识别是通过系统化地确定对项目计划可能造成的威胁，识别已知和可预测的风险。生成风险识别表步骤如图 10-3 所示。

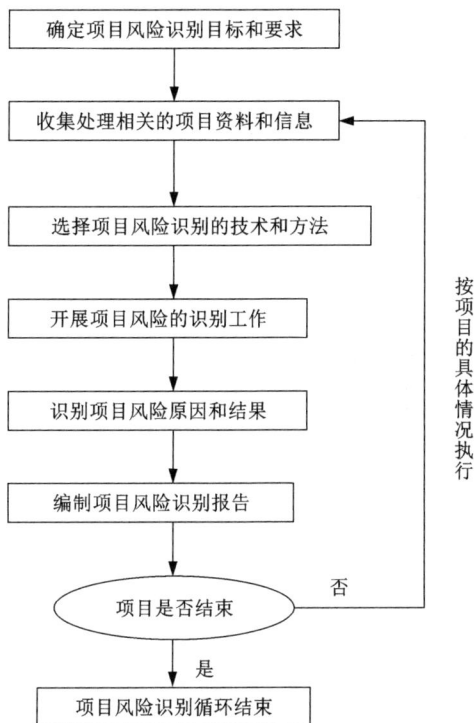

图 10-2 风险识别流程

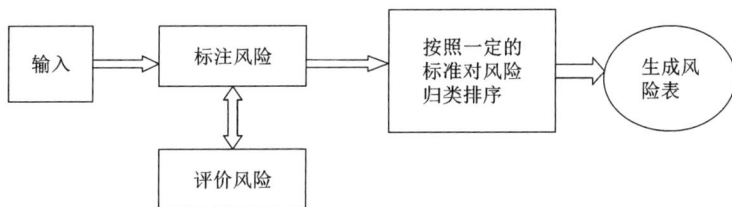

图 10-3 生成风险表步骤

## 10.5 实例项目风险类别

### 1. 国别风险

该项目拟在某国投资,可能遇到的国别风险主要为政治风险和宏观经济风险。政治风险方面,该国某党执政以来,采取了一系列行之有效的措施,近些年经济增长较为平稳,民众对该国政府行为比较认可,所以,该国的政治局面是可以预期的。宏观经济方面,一方面得益于石油收入的增加,另一方面该国和美国的双边关系较好,因此,宏观经济面向好。但是,该国实行的是紧缩性财政政策,经济脆弱性依然存在,但整体来看,发展趋势向好。

### 2. 法律及政策风险

该项目实施后,拟在某地区进行铁矿石开采,不涉及该国限制或者禁止外商投资的领域。该国也推行了一系列奖励措施,由于其政权稳定,政策面也有保障。从国内政策来看,我国对境外资源开发投资类项目一贯保持着积极鼓励的态度,特别是一些国内紧缺的资源,境外开发还能获得国家政策和资金上的帮助,国家这种积极的政策变化的可能性较小。

### 3. 制度风险

该项目制度风险主要表现在政府工作效率低下和腐败两个方面。政府工作效率低下,一方面主要是由于 2000 年后,该国联邦议会作用加强,议会对总统形成制约的作用,降低了政府的行政效率。另一方面,由于受该国的文化和社会风气影响,社会节奏较慢,人们的工作效率短时间内很难提高。该国腐败问题较为突出,自某党执政以来,采取了提高政府透明度和加强监督机制的一系列改革措施,腐败现象明显减少,但长期以来形成的腐败问题在该国的社会生活和习性中依然保持很大的惯性。上述问题的存在可能会给企业在当地的经营带来不利影响。

### 4. 资金风险

该项目拟在该国投入大量资金,如果项目经营不当则会产生资金风险,主要体现在以下几个方面:若企业总资产的账面净值等于或者小于账面记录的负债金额,将出现资不抵债的情况;若企业市场销售黯淡,盈利能力差则存在较大的未弥补亏损;若企业经营性现金流量为负值并伴随着资金流量萎缩的情况,将使企业偿债能力受到影响。

### 5. 市场风险

该项目市场风险主要体现在成本控制、市场竞争等方面。从成本控制来看,一方面,该项目铁矿产品拟通过海运运回国内进行销售,运输需求的持续增长、港口拥堵、贸易路线的变化以及燃油价格的提高都会造成运输成本的提高;另一方面,生产和建设过程中如果管理经营不善,会造成生产、加工以及建设成本的提高。这些都是影响成本控制的重要因素。从市场竞争方面来看,该项目主要是针对国内的沿海城市进行销售,但未来如果有更多的投资者看好这块市场,可能会出现资金集中投资的现象,势必会造成沿海城市销售竞争更加激烈,市场份额的降低会直接影响企业的收益。

### 6. 建设风险

该项目拟从国内购买设备运输至该国。如果管理不当,造成设备发生故障或者损坏,将直接影响后期的建设和生产使用,进而直接影响项目的整个工期。另外,若对当地的地理位置、气候条件、基础设施条件了解不够全面,可能会造成建设进度拖延。

### 7. 资源量风险

目前,B 公司在该国已探明的铁矿石储量约为 1.5 亿 t,品位为 65%。但上述数字为初步统计数据,没有经过进一步地详探。如果实际储量、品位与初步统计数据差异较大将影响项目的开采年限和产品质量，进而影响公司收益。

### 8. 劳工风险

该国犯罪活动较为猖獗，这个问题也是一直困扰着该国政府的社会问题。新政府上台后，在打击犯罪活动方面做了不少工作，但在一些地区，犯罪活动还是比较严重。如果项目工作人员的人身安全得不到保障，将对项目的运营产生负面影响。

## 10.6　层次分析法实例计算

### 1. 层次分析法计算步骤

运用层次分析法判断各类风险的重要程度，重点是如何构造风险识别的阶梯层次结构。在对各类风险充分分析研究的基础上，依据层次分析法的基本理论思想分步如下：

第一步：建立目标元素，这一层只有一个元素，在这里即"矿产项目投资风险"。

第二步：第二层为准则层，这一层包括目标层涵盖的所有的中间环节，因为情况复杂，同时存在许多不可比因素，在决定风险时往往不是直接比较。而需要选择一些中间评价标准。在这里分为可行性阶段、前期、建设期以及运营阶段四个部分。

第三步：第三层是方案层，根据准则层的构成来排列方案层。根据各阶段可能出现的问题，我们抽取最常见也最重要的风险点构成方案层。

### 2. 风险因素识别

要完成以上三个步骤，首先要确定风险因素，风险因素识别是构建风险评价体系模型的一个基础工作，它是对境外投资项目可能遇到的风险进行系统的归类和分析判断的过程。风险识别的常用方法有：故障树法、德尔菲法、专家调查法等。这里，我们通过遵循以下三个原则而选择专家调查法。

(1)系统性原则。项目风险识别工作是一项系统性比较强的工作，因此需要我们把一个复杂的项目进行一系列的分解形成单一的要素，这样才便于以后项目活动的开展。

(2)全面性原则。项目投资的不确定性因素很多，因此我们不能忽视任何一个可能存在的潜在要素，否则都可能对项目造成损失。

(3)适用性原则。境外投资矿产项目的风险评价很大程度上取决于专家的经验，矿产资源的开发不同于普通项目，流程性及规范性的章程较少，因此专家团队结合自身的经验和调查数据对项目进行分析具有重要的指导意义。

通过专家调查形成风险核查表，见表10-8。对于项目前期的风险评价工作，使用风险核查表法的优点是方便便捷、速度快、效率较高，同时风险核查表法可查阅的资料很多，如以往类似项目的成功及失败的原因、项目可用资源、项目财务规划、经营规划等。

在风险核查表法的基础上辅助以头脑风暴法。头脑风暴法是以专家的创新思维来获得资料及信息的一种预测方法。这种方法是为项目成立一个专门的小组，在小组内以"宏观智能结构"为基础，通过专家会议，发挥专家的创新思维来获得预测的信息，并形成会议纪要记录各种信息。

表 10-8　风险核查表

| 工程阶段 | 识别内容 |
|---|---|
| 可行性阶段 | 1. 投资方向及方式是否正确;<br>2. 投资环境、社会、法律、政策是否有变数;<br>3. 融资方式是否合理,资金供应是否到位,财务状况是否安全;<br>4. 建设前期,当地的政府关系是否已疏通,建设可能会影响到的当地群众的用地是否已搬迁完毕;<br>5. 是否已经进行了一些风险方面的技术识别,例如风险评估、敏感性分析等;<br>6. 信息数据的收集是否全面,信息是否保真;<br>7. 项目产品和未来的生产和销售市场的规划是否合理 |
| 设计规划 | 8. 项目的设计规划是否合理;<br>9. 勘探结果是否准确,地质数据和报告是否具体、全面、准确;<br>10. 设计是否符合可持续发展的理论,是否灵活多变;<br>11. 是否对设计的参数进行风险评估;<br>12. 是否适应于市场经济要求,提高产品质量和数量方面需求;<br>13. 是否考虑项目设计的技术风险;<br>14. 是否和当地的建设环境、资源属性相匹配;<br>15. 设计是否符合当地的环保要求,是否综合考虑了项目规模、经济、安全、美观等要求 |
| 建设施工 | 16. 施工工艺是否符合设计标准;<br>17. 是否考虑了现场的施工条件和周边的影响要素;<br>18. 施工安排(资金到位情况、进度安排情况、施工成本控制、施工安全);<br>19. 是否对建设中可能存在的风险进行分析和对策研究;<br>20. 施工合同的审查和履行 |
| 环境 | 21. 自然环境:是否对当地的可能影响到项目运营的不利自然环境进行预判;<br>22. 政治环境:是否存在战乱、政变、法律制度的变化等,项目所在地的政府机关的作用是否良好,社会环境是否安定;<br>23. 经济环境:是否存在物价上涨过快或者价格调整不利、汇率变化不稳定的因素,是否有地方保护主义及税收歧视等因素 |
| 资金 | 24. 项目资金是否完全到位,资金如果不到位,有没有相应的措施,项目各阶段的资金流是否充裕;<br>25. 成本、费用是否控制得当,实际费用是否按计划进行;<br>26. 当地的汇率变化是否稳定,如若汇率发生较大变化,是否有相应的应对措施来规避风险,比如建立汇率风险监控系统、进行汇率保险,或者采取不同币种的支付方式来弥补汇率损失等;<br>27. 是否有健全的资金使用流程;是否按阶段对资金的使用和投入进行核对检查;<br>28. 筹融资风险、资金管理风险、资金损失风险;<br>29. 资金廉洁性风险 |

续表10-8

| 工程阶段 | 识别内容 |
|---|---|
| 经营管理 | 30. 项目是否有充分明确的授权;<br>31. 是否建立健全项目组和相应的激励约束机制;<br>32. 是否有对项目的运营进行全程监控的小组和负责人;<br>33. 项目计划的时间、资源配备、项目质量管理、技术管理、风险管理是否合理;<br>34. 项目参与各方是否有良好的沟通交流机制,过往是否有合作关系;<br>35. 公司的运营管理水平、公司体制是否健全合理;<br>36. 运营效率如何,运营中对突发事件的处理是否得当;<br>37. 生产是否正常运营,准备是否充足,销售渠道是否建立完备,质量是否符合市场要求;<br>38. 是否在当地建立了良好的企业形象及品牌形象 |
| 项目人员配备 | 39. 项目组织:组织架构是否适合项目的实际状况、项目小组的人员配备是否专业化、项目小组的管理制度是否完善、岗位责任是否明确;<br>40. 人员:所需人员是否到位、分工是否明确、人员补充和关键位置人员是否有应急预案;<br>41. 成员关系:是否重视项目组成员间的团队合作和积极向上的组织文化氛围、小组成员是否已经对项目有清晰的认识并且达成共识;<br>42. 是否有完善的奖励惩罚机制和福利待遇;<br>43. 是否对相关人员进行项目的风险管理教育;<br>44. 是否有操作规程、安全技能;<br>45. 是否进行风险常识和态度的培训和管理 |
| 物资供应 | 46. 所需物资能否按时、保质地供应到位;<br>47. 如果出现质量、数量上的问题,有没有应急措施;<br>48. 有没有相应的价格风险规避措施,例如通过主要材料市场的供应情况判断大宗物资的价格走势,分期供应不同的材料以达到套期保值、规避价格风险 |
| 合同 | 49. 项目各阶段的审批手续是否健全;<br>50. 合同是否通过律师的审核;<br>51. 合同条款有无遗漏或者不清晰;<br>52. 是否存在因为地域差异及文化差异或者语音上的不统一而造成对合同内容理解上的偏差、对合同价格条款的模糊不清,以及对付款方式的计算的不一致等;<br>53. 合同履行过程中可能出现的风险:合同履行不当的损失有没有相应的补救措施,合同主体双方有没有很好的沟通解决的方式方法;<br>54. 索赔管理是否有力,是否能很好地控制项目的进度、成本变化以及自然条件和社会政治因素的变化等;<br>55. 是否存在合同翻译风险,包括当事人对合同理解的偏差等 |

　　专家团队根据风险核查表,将风险评价分成三个部分:宏观、中观、微观。宏观代表矿产项目投资风险,中观代表项目的四个风险阶段(可行性阶段风险、前期阶段风险、建设期风险、运行期风险),再根据这四个阶段识别各类微观风险,如图10-4所示。对于矿产项目的微观风险体系的研究较少,这类风险分类都是根据具体的矿产项目来设定的,因

此，对于矿产投资风险评价指标体系还需要进一步考证。

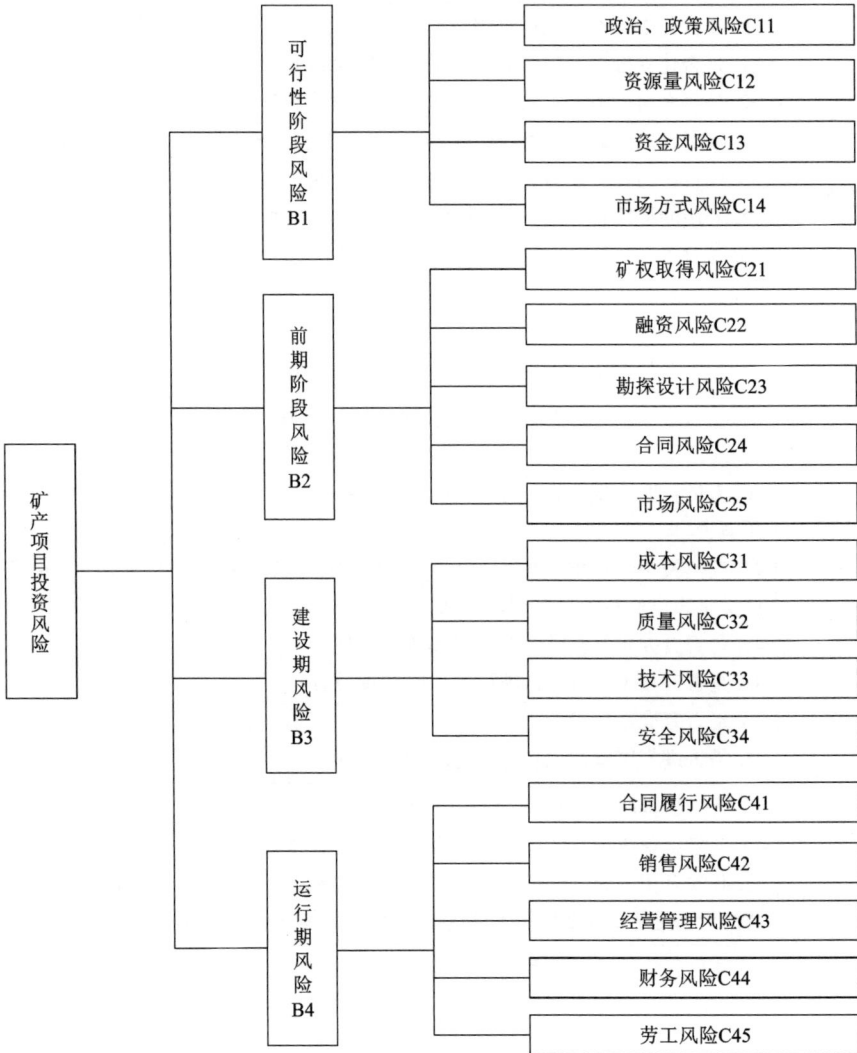

**图 10-4　矿业风险评价指标体系**

### 3.构造判断矩阵

以准则层中的要素作为评价标准，对每个要素进行两两比较，其中元素 $B_{ij}$ 表示要素 $B_i$ 对要素 $B_j$ 的相对重要程度，建立的矩阵为：

$$\begin{bmatrix} B_{11} & B_{12} & B_{13} & B_{14} \\ B_{21} & B_{22} & B_{23} & B_{24} \\ B_{31} & B_{32} & B_{33} & B_{34} \\ B_{41} & B_{42} & B_{43} & B_{44} \end{bmatrix}$$

判断尺度的确定：$B_i$ 对 $B_j$ 的相对重要性的判断尺度可以按重要性分为 1，2，…，9，其中 1 表示同样重要，9 表示 $B_i$ 比 $B_j$ 极端重要。此时，$B_{ij}=9$，$B_{ji}=1/9$。

### 4. 一致性检验

因为判断矩阵是计算权重的根据，所以要求矩阵大体上具有一致性，在建立矩阵的过程中，由于人的主观判断会出现"甲比乙极端重要，乙比丙极端重要，而丙又比甲极端重要"的违背逻辑的判断，这将导致评价的失真，因此，要对判断的相容性进行一致性检验。

设相容性指标为 $CI$（consistency index），即

$$CI = \frac{\lambda_{max} - n}{n - 1} \tag{10-1}$$

定义一致性指标 $CR$ 为：

$$CR = \frac{CI}{RI} \tag{10-2}$$

式中：$\lambda_{max}$——判断矩阵的最大特征根。其算法为：

$$\lambda_{max} = \sum_{i=1}^{n} \frac{AW_i}{n \times W_i} \tag{10-3}$$

一致性指标 $CR$ 的值越大，表明判断矩阵偏离完全一致性的程度越大，$CR$ 的值越小，表明判断矩阵越接近于完全一致性。一般认为当 $CR<0.1$ 时，该矩阵的一致性是可以接受的。

在本章中，我们主要阐述可行性阶段的几个重要风险的相关重要性。通过 5 位地质专家、2 位财务专家和 3 位经济分析师的测评，得出判断矩阵，并进行一致性检验，计算出权重（表 10-9）。

#### 表 10-9　权重表

| $A$ | $B_1$ | $B_2$ | $B_3$ | $B_4$ | $AW$ |
|---|---|---|---|---|---|
| $B_1$ | 1 | 2 | 6 | 4 | |
| $B_2$ | 1/2 | 1 | 4 | 2 | |
| $B_3$ | 1/6 | 1/4 | 1 | 1/3 | |
| $B_4$ | 1/4 | 1/2 | 3 | 1 | |

根据式（10-3）可得：

$\lambda_{max} = 2.0704/(4\times0.5073)+1.1028/(4\times0.2715)+0.2712/(4\times0.0676)+0.6190/(4\times0.1536)$
$= 4.0463$

计算得 $CR=0.0154/0.9=0.0171<0.1$，所以判断得出矩阵 $A$ 的一致性符合要求。$A$ 表明，在 4 个阶段中，可行性阶段风险最为重要（0.4815），前期阶段风险次之（0.2778），运行期风险再次（0.1759），建设期风险最低（0.0648）。根据专家团队的经验以及对以往的案例比较分析，境外矿产投资可行性阶段所涉及的不确定性因素最多，并且风险相对较

大，比如资源储量的确定、当地投资环境等。过去的失败案例表明，其失败的原因在于在可行性阶段没有对风险做到准确的分析，尤其是对资源储量的经济性以及政治环境和法律规章制度的了解还不够全面。也有部分失败案例是由市场的大幅波动以及资金链出现问题引起的。

因此，我们要把重点放在对投资环境、市场以及资金的风险分析上。但是基于该项目的特殊性，根据前面的资料，项目初期及建设期伴随着部分资金已经注入，后续资金需要以融资扩股的方式来解决。如果 A 公司以出资方介入该项目，一方面 A 公司需要对前期 B 公司的历史资料、财务数据做详尽的分析研究，另一方面 A 公司须进一步对资源储量进行勘探确定，特别需注意对 B 公司前期运营的财务数据以及市场销售情况做重点分析，以确定后续是否进一步投入大量的资金。

## 10.7　现金流量法实例计算

识别项目风险是完成项目风险管理的第一步，接下来就是分析它。风险分析是评估已经识别的风险的过程。项目存在多少风险、这些风险发生的可能性以及对项目的关联程度都不一样。那么我们就需要一些分析手段来识别这些风险的量级，并以此来确定在现有的资源条件下应采取什么样的对策。

通过分析我们列出了该项目可行性阶段的几个主要风险因素：国别风险、政策风险、制度风险、资金风险、市场风险、建设风险、资源量风险以及劳工风险。综合考虑各种不确定因素，按照风险因素对项目的影响程度和风险发生可能性的大小进行划分，确定风险等级分别为：Ⅰ（较小）、Ⅱ（一般）、Ⅲ（较大）。对各种风险的度量见表 10-10。

表 10-10　风险等级表

| 序号 | 风险因素名称 | 影响程度 | 影响范围 | 发生概率 | 风险等级 |
|------|-------------|---------|---------|---------|---------|
| 1 | 国别风险 | 较小 | 建设期 | 较小 | Ⅰ |
| 2 | 政策风险 | 较小 | 经营期 | 较小 | Ⅰ |
| 3 | 制度风险 | 不大 | 经营期 | 较小 | Ⅰ |
| 4 | 资金风险 | 较大 | 建设-经营期 | 较大 | Ⅱ |
| 5 | 市场风险 | 较大 | 建设-经营期 | 一般 | Ⅱ |
| 6 | 建设风险 | 一般 | 建设期 | 较小 | Ⅰ |
| 7 | 资源量风险 | 一般 | 可行性分析期 | 一般 | Ⅱ |
| 8 | 劳工风险 | 较大 | 经营期 | 一般 | Ⅱ |

总体上看，该项目的各风险从大到小的排序依次为资金风险、市场风险、资源量风险、劳工风险、建设风险、制度风险、政策风险及国别风险。

## 10.7.1　净现值法(NPV)

净现值是指投资所产生的未来现金流的折现值与项目投资成本之间的差值。净现值法(NPV)是一种贴现率法。净现值为正，投资方案就是可以接受的；净现值为负，投资方案就是不可接受的。净现值越大，投资方案越好。净现值法没有明显提高利润，但是如果在项目的矿山使用年限内的投资收益率能达到完全平衡，则可以引导企业收回投资成本。

净现值的计算方法：该法要求先算出矿山使用年限的现金流量，投资期包括生产期的前期。其计算公式为：

$$NPV = \sum_{t=1}^{N} \frac{CF_t}{(1-r)^t} \tag{10-4}$$

式中：NPV——净现值；

　　　N——包括投资期和建设期及资源可使用年限的项目寿命周期；

　　　$CF_t$——第 $t$ 年的净现金流量；

　　　r——贴现率。

## 10.7.2　返本期法(PB)

返本期法是评价投资方案的一种静态评价方法。该法主要用来计算项目的投资返本期，并以此评价投资方案。如果项目方案的投资返本期小于确定的标准返本期，该投资方案就是可以接受的。返本期越短，投资方案越好。该法是不贴现的评价方法，所以比较简单。尤其是对于一些风险性较大的项目，因为人们对近期的预判相对准确，对远期的判断往往拿捏不准，所以，人们对返本期较短的项目显得更有把握。

返本期计算方法：在矿山项目的评价中，必须考虑非标准的返本期的因素，在矿产开发中，投资前一般需要花费大量的时间用于勘探、获得矿业开发许可等工作。这里所说的返本期指做出投资决策后到收回成本这段时间。其数学表达式为：

$$PB = D + E + O \tag{10-5}$$

式中：D——投产前开发项目的建设所需时间；

　　　E——进一步勘探所需时间；

　　　O——现金流入达到投资总额所需时间。

## 10.7.3　内部收益率(IRR)

投资项目各年现金流量的折现值之和为项目的净现值，净现值为零时的贴现率就是项目的内部收益率。内部收益率能确定项目产生的绝对收益。如果用 NPV 来表示净现值，IRR 是指项目的净现值 NPV 为零时的贴现率。运用内部收益率法进行投资决策时，其准则为：当 IRR 大于项目所要求的最低投资报酬率时，方案可接受；当 IRR 小于项目所要求的最低投资报酬率时，方案不可接受。如果是多个不一样的方案进行比较选择，内部收益率越高，表明投资收益越好。该分析法的优点是考虑了投资方案的真实报酬率和货币的时间价值；缺点是计算过程比较复杂、烦琐。净现值的计算公式：

$$NPV = \sum_{t=1}^{N} \frac{CF_t}{(1-IRR)^t} = 0 \tag{10-6}$$

式中：$NPV$——净现值；

　　　$N$——包括投资期和建设期及资源可使用年限的项目寿命周期；

　　　$CF_t$——第 $t$ 年的净现金流量；

　　　$IRR$——内部收益率；

内部收益率的计算方法：

(1)计算年金现值系数 $(P/A, IRR, N) = K/R$。

(2)查年金现值系数表，找到与上述年金现值系数相邻的两个系数 $(P/A, i_1, N)$ 和 $(P/A, i_2, N)$ 以及对应的 $i_1$、$i_2$，满足 $(P/A, i_1, N) > K/R > (P/A, i_2, N)$。

(3)用插值法计算 $IRR$：

$$IRR = i_1 + \frac{|NPV(i_1)|}{|NPV(i_1)| + |NPV(i_2)|}(i_2 - i_1) \tag{10-7}$$

若建设项目现金流量为一般常规现金流量，则财务内部收益率的计算过程为：

(1)首先根据经验确定一个初始贴现率 $i_0$。

(2)根据投资方案的现金流量计算财务净现值 $NPV(i_0)$。

(3)若 $NPV(i_0) = 0$，则 $IRR = i_0$；若 $NPV(i_0) > 0$，则继续增大 $i_0$；若 $NPV(i_0) < 0$，则继续减小 $i_0$。

(4)重复步骤(3)，直到找到这样两个贴现率 $i_1$ 和 $i_2$，满足 $NPV(i_1) > 0$、$NPV(i_2) < 0$，其中，$i_2 - i_1$ 一般不超过5%。

(5)利用直线插值公式近似计算财务内部收益率 $IRR$：

$$IRR = i_1 + \frac{|NPV(i_1)|}{|NPV(i_1)| + |NPV(i_2)|}(i_2 - i_1) \tag{10-8}$$

$$(IRR - i_1)/(i_2 - i_1) = |NPV(i_1)|/|NPV(i_1)| + |NPV(i_2)|$$

项目的基本收益率的确定：该项目可以国内大型矿业上市公司的数据为基础，结合《建设项目经济评价方法与参数》的相关规定来确定社会贴现率和行业收益率。国内的矿业上市公司的数据具备真实性、可靠性及可比性，因此分析获得的数据符合真实情况。另外，参考国内类似项目，以铁矿石采选为主，并结合该项目的特点，该项目的基准收益率确定为10%。以无风险收益率加风险报酬率来确定行业收益率，净资产收益率反映投资者对投入资本所取得的收益的要求。这一要求体现在两个方面，一是对资金时间价值的补偿；二是对投资风险的补偿。一般的资金时间补偿可以用无风险收益率来表示。

投资风险用风险报酬率来表示。无风险收益率可以按照我国长期国债利率来确定。根据《矿业权评估参数确定指导意见》，选取距离评估基准日最近发行的长期国债票面利率6.15%作为无风险报酬率。在建项目的勘查开发阶段，风险报酬率为0.35%~1.15%。该项目矿山建设受矿山自身条件及所在地区域因素影响，矿山建设竣工时间具有不确定性，故勘查开发阶段风险报酬率取1.05%；行业风险为1.00%~2.00%，该项目开采矿种为铁矿，钢铁需求受宏观经济政策及社会基础投资规模影响较大，近期铁矿石价格波动幅度较大，故行业风险取1.60%；财务经营风险为1.00%~1.50%，矿山建设阶段需要资金投入，矿山盈利能力未正式体现，资金周转存在一定的不确定性，财务经营风险取1.20%。由此确定的风险报酬率为：行业收益率=勘查开发阶段风险报酬率+行业风险报酬率+财务经营风险报酬率+无风险收益率＝1.05%+1.60%+1.20%+6.15%＝10%。财务统计表见表 10-11。

表 10-11　财务统计表　　　　　　　　　单位：万元

| 序号 | 项目 | 合计 | 建设期 | | 生产期 | | | |
|---|---|---|---|---|---|---|---|---|
| | | | 第 1 年 | 第 2 年 | 第 3 年 | 第 4 年 | 第 5 年 | 第 6 年 |
| 1 | 现金流入 | 170000 | 0 | 20000 | 30000 | 40000 | 40000 | 40000 |
| 2 | 销售收入 | 170000 | | 20000 | 30000 | 40000 | 40000 | 40000 |
| 3 | 现金流出 | 155140 | 3560 | 17756 | 26988 | 35612 | 35612 | 35612 |
| 4 | 经营成本 | 120760 | | 14028 | 21358 | 28458 | 28458 | 28458 |
| 5 | 销售税金及附加 | 28700 | | 3500 | 5250 | 6650 | 6650 | 6650 |
| 6 | 所得税 | 1616 | | 228 | 380 | 504 | 504 | 504 |
| 7 | 净现金流量 | 14860 | -3560 | 2244 | 3012 | 4388 | 4388 | 4388 |

财务内部收益率 80.45%
财务净现值（i=10%）9080 万元
投资回收期 2.24 年

$NPV(i=10\%)=-3560\times(1.1)^{-1}+2244\times(1.1)^{-2}+3012\times(1.1)^{-3}+4388\times(1.1)^{-4}+4388\times(1.1)^{-5}+4388\times(1.1)^{-6}=9080(万元)$

$NPV(i=80\%)=-3560\times(1.80)^{-1}+2244\times(1.80)^{-2}+3012\times(1.80)^{-3}+4388\times(1.80)^{-4}+4388\times(1.80)^{-5}+4388\times(1.80)^{-6}=10(万元)$

$NPV(i=82\%)=-3560\times(1.82)^{-1}+2244\times(1.82)^{-2}+3012\times(1.82)^{-3}+4388\times(1.82)^{-4}+4388\times(1.82)^{-5}+4388\times(1.82)^{-6}=-34(万元)$

采用试差法计算 $IRR$：

$IRR=80\%+[10/(10+34)]\times(82\%-80\%)=80.45\%$

确定可回收期的下限临界点：年金现值系数＝投资额/净现金流量＝2.8/1.486＝1.884。查表可知，在利率 10% 栏内，2 年的年金现值系数为 1.736，3 年的年金现值系数为 2.487。则投资回收年限＝2+12×(1.884-1.736)/(2.487-1.736)＝2.24 年。

## 10.8　敏感性分析实例计算

敏感性分析是改变经济模型中的输入数据，以求出它们对其他变量的影响过程。敏感性分析并不能得出概率数或者可能存在的偏差，它的作用仅仅是简单地提供一个在预先建立的条件下变量变化的结果。图解和表格形式的敏感性分析可以表示当输入数据变化时，其他数据变化到底有多大，其结果可以给项目组提供需要密切关注的关键数据。这些关键数据就是分析的重点，可避免项目人员把精力花费在对项目收益影响不大的其他变量上。

**1. 选取不确定因素, 并且确定其变化幅度**

该项目的重要经济指标有净现值、投资、矿产品价格、经营成本等。通常, 对这些指标的变化幅度取±10%, 对选取的敏感性指标进行计算, 获得其敏感度系数和临界点。

**2. 计算敏感度系数**

敏感性系数是指项目效益指标变化的百分率与不确定因素变化的百分率的比值。其计算公式为:

$$E = \frac{\Delta A}{\Delta F} \tag{10-9}$$

式中: $E$——评价指标 $A$ 对不确定因素 $F$ 的敏感度系数;

　　$\Delta A$——不确定因素 $F$ 发生 $\Delta F$ 变化时, 指标 $A$ 的相应变化率;

　　$\Delta F$——不确定因素 $F$ 的变化率。

$E<0$ 时, 表示指标 $A$ 与不确定因素同方向变化; $E>0$ 时, 表示指标 $A$ 与不确定因素反方向变化。$E$ 越大, 说明敏感度系数越高, 项目对该不确定因素的敏感程度就越高。

**3. 计算临界点**

临界点是指不确定因素使项目由可行变为不可行的临界数值, 比如当净现值等于 0 时的变化率。临界点越低, 说明该不确定因素对项目效益的影响就越大, 项目对该因素就越敏感。取内部收益率($IRR$)作为分析指标, 取投资、矿产品销售价格、经营成本作为不确定因素, 当投资增加 10%时, $NPV(i=10\%)$ 为 8400, $IRR$ 为 76.73%; 当投资减少 10%时, $NPV(i=10\%)$ 为 9375, $IRR$ 为 90.83%。当矿产品销售价格增加 10%时, $NPV(i=10\%)$ 为 19478, $IRR$ 为 137.76%; 当矿产品销售价格减小 10%时, $NPV(i=10\%)$ 为 -188, $IRR$ 为 8.29%。当经营成本增加 10%时, $NPV(i=10\%)$ 为 10, $IRR$ 为 17.1%; 当经营成本减小 10%时, $NPV(i=10\%)$ 为 17827, $IRR$ 为 123.38%。其敏感性分析数据见表 10-12。

表 10-12　敏感性分析

| 不确定因素 | 不确定因素的变化率/% | $IRR$/% | 敏感度系数 |
|---|---|---|---|
| 基本方案 | | 80.45 | |
| 投资 | 10 | 76.73 | -0.46 |
| | -10 | 90.83 | 1.29 |
| 销售价格 | 10 | 137.76 | 7.12 |
| | -10 | 8.29 | 8.97 |
| 经营成本 | 10 | 17.1 | 7.87 |
| | -10 | 123.38 | 5.33 |

从表 10-12 中数据分析得出, 该项目自身盈利能力较好, 项目全部投资的内部收益率为 80.45%, 在收益率为 10%的情况下, 财务净现值为 9080 万元, 项目投资回收期为 2.24 年。

敏感性分析结果表明，销售价格的变化对内部收益率的影响最大，其次是经营成本，影响较小的是投资，如图 10-5 所示。

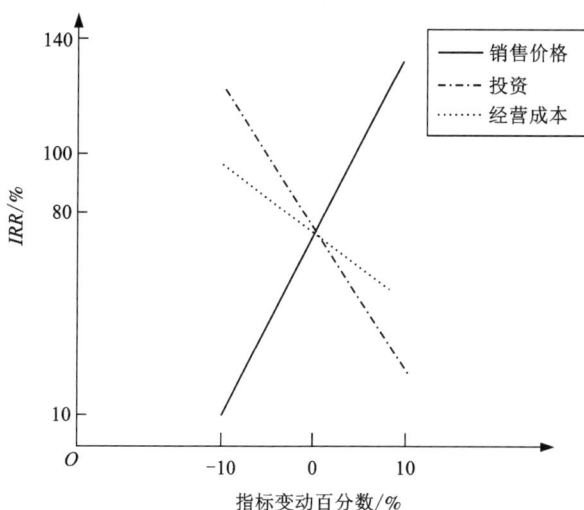

图 10-5　敏感性分析图

## 10.9　盈亏平衡法实例计算

各种不确定因素，如投资、销售价格、成本等的变化会影响项目的经济效益，当这些不确定因素变化到某一临界值时，项目的经济效益就会发生质的变化，方案由接受变为不可接受。盈亏平衡分析的目的就是寻找这样的临界值。投资项目决策分析中最常用的是以产量和生产能力利用率来表示盈亏平衡分析点。线性盈亏平衡分析法需要满足的条件：产量等于销售量，当年产品在当年完全销售出去；产品销售价格不变，可变成本是固定的，因此销售收入函数和成本费用函数是线性函数。所得税前以生产能力利用率表示的盈亏平衡点($BEP$)为：

$$BEP = [固定成本/(销售收入-销售税金及附加-可变成本)] \times 100\%$$

本实例盈亏平衡点分析数据见表 10-13。

表 10-13　盈亏平衡点计算表

| 固定成本/万元 | 45000 |
|---|---|
| 可变成本/万元 | 62000 |
| 销售收入/万元 | 170000 |
| 销售税金/万元 | 24000 |
| $BEP$/% | 53.57 |

$BEP$(生产能力利用率)=[年固定总成本/(年销售收入-年销售税金-年可变总成本]×100%=[45000/(170000-24000-62000)]×100%=53.57%

图解法：盈亏平衡点还可以运用图解法来求得，如图10-6所示。图10-6中销售收入线与总成本费用线的交点即为盈亏平衡点。其中，销售收入和成本都是按含税价格计算的，这一点对应的是 $BEP$(产量)，最终可以换算成生产能力利用率。在 $BEP$ 左边，总成本大于销售收入，方案亏损；在 $BEP$ 右边，销售收入大于总成本，方案盈利。

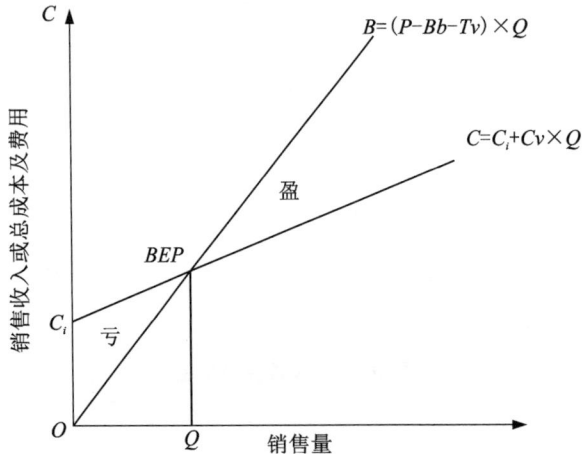

图 10-6　盈亏平衡点图解法

## 10.10　模糊分析法实例计算

### 1.总体模糊分析的定义

该评价法是一种基于模糊数学的综合评价方法。该综合评价方法根据模糊数学的隶属度理论，把定性评价转化为定量评价，即用模糊数学对受到多种因素制约的事物或对象做出一个总体的评价。它具有结果清晰、系统性强的特点，能较好地解决模糊的、难以量化的问题，适合解决各种非确定性问题。其具体步骤为：

(1)选定评价因素，构成评价因素集；
(2)根据评价的目标要求，划分等级，建立备选集；
(3)对各风险要素进行独立的评价，建立判断矩阵；
(4)根据各风险要素的影响程度，确定其相应的权重；
(5)运用模糊数学运算方法确定综合评价的结果；
(6)根据计算分析结果确定项目风险等级。

### 2.评价指标的数据和风险等级

下面对该实例进行模糊风险评价计算。前面收集的项目背景资料(包括政治、自然环境、财务、市场等的基础数据)，大部分是华勘地质局通过实地调查获得的以及由合作单位提供的历史数据。此外，专家组 10 位成员包括 5 名地质专家、2 位投资管理专家和 3 位财务专家，以调查问卷的方式对风险核查表的各类风险进行评估，最终确立在该阶段能够反映项目整体风险偏向的 4 类最为重要的风险点，并以此为基础建立数学模型。根据矿业资源开发通用的等级标准，一般可分为 4 个等级，具体如下：一级——低风险、二级——较低风险、三级——高风险、四级——较高风险。各风险等级的风险值见表 10-14。

表 10-14　风险等级表

| 风险等级 | 风险值 |
|---|---|
| 一级 | (0.325, 0.4] |
| 二级 | (0.25, 0.325] |
| 三级 | (0.175, 0.25] |
| 四级 | (0.1, 0.175] |

### 3. 模糊综合分析数学模型建立

实例矿山的层次分析模型如图 10-7 所示。

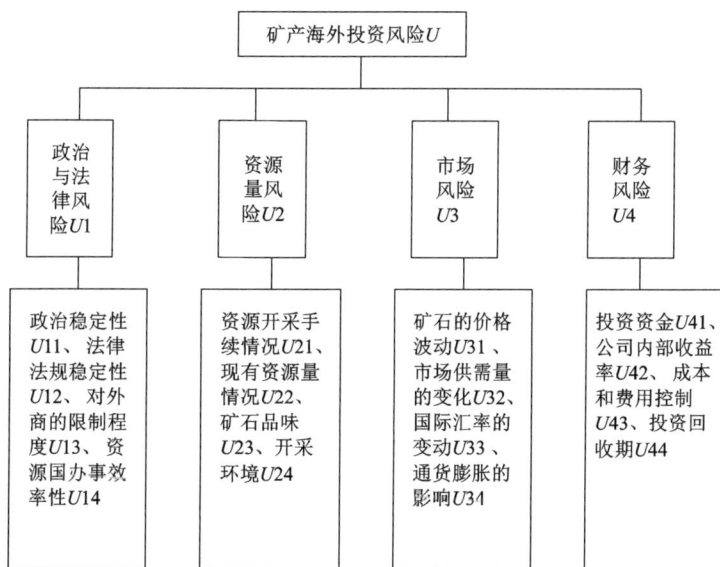

图 10-7　层次分析模型

### 4. 确定评价因素集

先确定矿产投资中的 4 个比较重要的风险因素，建立指标集合 $U = \{U_1, U_2, U_3, U_4\}$，再通过专家的经验对风险因素可能的各种结果提出备选集，一般用 $V$ 表示，$V = \{v_1, v_2, v_3, v_4\}$，即模糊子集。在本案例中，专家对每个风险因素的评价可分为低风险、较低风险、高风险、较高风险，即 $B=(0.4,0.3,0.2,0.1)T$，$V=\{$低风险、较低风险、高风险、较高风险$\}$。

### 5. 建立模糊关系矩阵

建立 $U$ 到 $V$ 的模糊关系 $R$，通过专家打分的方法建立模糊关系矩阵 $R(r_{ij})$，专家对各风险因素 $r_{ij}$ 进行评价，确定从单因素考虑被评价的风险因素对模糊子集的隶属度，进而得到模糊关系矩阵：

$$R=\begin{bmatrix} r_{11} & r_{12} & r_{13} & r_{14} \\ r_{21} & r_{22} & r_{23} & r_{24} \\ r_{31} & r_{32} & r_{33} & r_{34} \\ r_{41} & r_{42} & r_{43} & r_{44} \end{bmatrix}$$

就政治与法律风险 $U_1$ 而言，70%的专家归类为低风险，20%的专家归类为较低风险，10%的专家归类为高风险，没有专家归类为较高风险。故对于 $U_1$ 的评价为$(0.3,0.2,0.4,0.1)$。同理，$U_2$、$U_3$、$U_4$ 的评价分别为$(0.4,0.2,0.3,0.1)$、$(0,0.1,0.6,0.2)$、$(0.3,0.1,0.5,0.1)$。则评判矩阵为：

$$R=\begin{bmatrix} 0.3 & 0.4 & 0 & 0.3 \\ 0.2 & 0.2 & 0.1 & 0.1 \\ 0.4 & 0.3 & 0.6 & 0.5 \\ 0.1 & 0.1 & 0.2 & 0.1 \end{bmatrix}$$

### 6. 建立权重集

利用模糊综合评价方法对实际问题进行评估和决策时，需要确定评价对象的因素论域 $u=\{u_1,u_2,\cdots,u_n\}$ 中各因素 $u_i(i=1,2,\cdots,n)$ 的权重 $w_i$，通常采用的方法是由调查对象根据各自的知识、经验以及偏好等因素直接给出其认为合适的数值，然后经统计汇总形成权重集 $W=\{w_1,w_2,\cdots,w_n\}$。权重的确定在项目风险评价中是一项非常重要的工作，不同的权重评价值，对评判结果的影响不一样，权重一般会通过专家的主观经验来判断或者按照确定隶属度的方法来确定。本案例中我们采用层次分析法来确定其权重（表10-15）。

表 10-15　权重集

|  | $U_1$ | $U_2$ | $U_3$ | $U_4$ |
|---|---|---|---|---|
| $U_1$ | 1 | 2 | 1/4 | 1/3 |
| $U_2$ | 1/2 | 1 | 1/6 | 1/4 |
| $U_3$ | 4 | 6 | 1 | 2 |
| $U_4$ | 3 | 4 | 1/2 | 1 |

由表 10-15 求出相对权重如下：$w_1=0.6389$、$w_2=0.3799$、$w_3=2.6321$、$w_4=1.5651$，及 $W=(0.6389,0.3799,2.6321,1.5651)T$。将 $W_i$ 进行归一化得出：

$$W_1 = W_1 / \sum W_i = 0.6389/5.216 = 0.1225; \quad W_2 = W_2 / \sum W_i = 0.3799/5.216 = 0.0728;$$

$$W_3 = W_3 / \sum W_i = 2.6321/5.216 = 0.5046; \quad W_4 = W_4 / \sum W_i = 1.5651/5.216 = 0.3001。$$

即各因素的相对权重集为：$W = (0.1225, 0.0728, 0.5046, 0.3001)^T$。为了避免主观因素引起的误差而导致评价的错误，为此需要进行一致性验证：

$$BW = \begin{bmatrix} 1 & 2 & \dfrac{1}{4} & \dfrac{1}{3} \\ \dfrac{1}{2} & 1 & \dfrac{1}{6} & \dfrac{1}{4} \\ 4 & 6 & 1 & 2 \\ 3 & 4 & \dfrac{1}{2} & 1 \end{bmatrix} \begin{bmatrix} 0.1225 \\ 0.0728 \\ 0.5046 \\ 0.3001 \end{bmatrix} = \begin{bmatrix} 0.4943 \\ 0.2932 \\ 0.5046 \\ 0.3001 \end{bmatrix}$$

$$\lambda_{max} = 1/5 \times (0.4943/0.1225 + 0.2932/0.0728 + 2.0316/0.5046 + 1.2111/0.3001) = 4.0311$$

$CI = (\lambda_{max-n})/(n-1) = 0.01$，查表得 $RI = 0.9$，所以 $CR = CI/RI = 0.0115 < 0.1$，可以推断该判断矩阵符合一致性的要求，因此该权重系数是合理的。

### 7. 计算结果并进行综合评价

综合评价的公式可以表示为：

$$B = R \times W = \begin{bmatrix} 0.3 & 0.4 & 0 & 0.3 \\ 0.2 & 0.2 & 0.1 & 0.1 \\ 0.4 & 0.3 & 0.6 & 0.5 \\ 0.1 & 0.1 & 0.2 & 0.1 \end{bmatrix} \times (0.1225, 0.0728, 0.5046, 0.3001)^T = (0.28316,$$

$0.24495, 0.37006, 0.32634)^T$

归一化处理后得到 $B = (0.283, 0.245, 0.37, 0.326)^T$，所以可以计算得到：

$$B_1 = 0.27$$
$$B_2 = 0.29$$
$$B_3 = 0.17$$
$$B_4 = 0.26$$

$$B_v = 0.4 \times 0.283 + 0.3 \times 0.245 + 0.2 \times 0.37 + 0.1 \times 0.326 = 0.293$$

通过上面的计算可知，政治与法律风险介于较低风险与高风险之间，资源量风险也属于较低风险，市场风险属于较高风险，财务风险介于高风险和较低风险之间。总体评价此海外投资风险为较低风险。同理，对于方案层的各类具体的风险点同样可以采用该方法对其进行评估，以此来确定风险监控的重点。

# 参考文献

[1] 陈建宏, 古德生. 矿业经济学[M]. 长沙: 中南大学出版社, 2007.

[2] 陈建宏. 矿产资源经济学[M]. 长沙: 中南大学出版社, 2011.

[3] 惠特尼. 矿业投资及风险分析[M]. 朱贵芳, 等译. 北京: 中国建筑工业出版社, 1986.

[4] 程世洪. 矿业投资评价与咨询[M]. 北京: 中国地质大学出版社, 2005.

[5] 郭晓林. 国有矿业企业海外投资风险识别及防范研究[J]. 中国矿业, 2021(6): 25-28.

[6] 王立刚. 海外矿业投资的风险及防范[D]. 北京: 中国地质大学, 2013.

[7] 高兵. 国际矿业投资项目的非技术风险及其防范[J]. 金属矿山, 2009(1): 53-55.

[8] 高盛韬. 矿产项目境外投资风险分析[D]. 天津: 天津大学, 2013.

[9] 薛红肖, 王琦. 基于层次分析法的海外矿业投资风险评价[J]. 中国矿业, 2018, 27(6): 53-56.

[10] 杨程, 李夕兵, 王少锋. 国家风险及其对中国矿业海外直接投资影响研究[J]. 矿业研究与开发, 2019(12): 169-172.

[11] 李菊容. 海外矿业投资经营管理风险与防范——评《海外矿业投资经营管理风险评估与预警系统》[J]. 矿业研究与开发, 2019, 39(12): 178.

[12] 过广华, 段毅. 基于模糊综合评价的海外矿业投资金融风险评价[J]. 中国矿业, 2017, 26(1): 40-42.

[13] 郑明贵, 赖亮光. 矿业投资决策理论与方法[M]. 北京: 冶金工业出版社, 2011.

[14] 陈倞. 坦桑尼亚矿业投资风险分析[D]. 北京: 中国地质大学, 2013.

[15] 金胜, 胡福祥. 基于蒙特卡洛模拟的矿山投资风险分析[J]. 现代矿业, 2013(5): 148-151.

[16] 何巍, 宦秉炼, 吴晓明. 蒙特卡洛模拟方法在矿业投资风险分析中的应用[J]. 价值工程, 2014(2): 324-325.

[17] 埃文斯, 奥尔森. 模拟与风险分析[M]. 洪锡熙, 译. 上海: 上海人民出版社, 2001.

[18] 于久如. 投资项目风险分析[M]. 北京: 机械工业出版社, 1999.

[19] 郭仲伟. 风险分析与决策[M]. 北京: 机械工业出版社, 1987.

[20] Harrington S E, Niehaus G R. 风险管理与保险[M]. 陈秉正, 等译. 北京: 清华大学出版社, 2001.

[21] 程国江. 基于蒙特卡洛方法的某金矿项目投资决策分析[J]. 现代矿业, 2016, 32(8): 1-3, 15.

[22] 杨蕾绮, 刘文君. 矿山生产能力可信度的 Monte Carlo 模拟与应用研究[J]. 中国矿业, 2017, 26(9): 38-41.

[23] Marchenko R S, Cherepovitsyn A E. Improvement of the Quality of Calculations Using the Monte Carlo Simulation Method in the Evaluation of Mining Investment Projects[C]. International Conference Quality Management, Transport and Information Security, Information Technologies, 2017: 247-251.

[24] 吕文生, 赵海云. 资源民族主义与中国企业海外矿业投资风险防范[J]. 现代矿业, 2022

（1）：232-235.

[25] 严武，程振源，李海东.风险统计与决策分析[M].北京：经济管理出版社，1999.

[26] 童军虎，孙晓.中国矿业企业海外并购面临的主要风险及应对[J].黄金，2013(9)：1-4.

[27] 徐恒，李芳芳，王贻明.我国矿业海外投资存在问题及风险研究[J].铜业工程，2018(1)：6-9.

[28] 蒋朝晖.工程建设项目业主方投资风险分析及防范措施[J].甘肃科技，2009(19)：20-24.

[29] 黄先芳.矿业投资项目的风险因素分析和风险控制对策[J].金属矿山，2005(348)：1-4.

[30] 张雪梅，戴桂锋.基于实物期权的矿业投资价值评估[J].财会月刊，2013(4)：76-78.

[31] 廖作鸿.不确定条件下矿业投资评价的实物期权方法[D].武汉：武汉理工大学，2008.

[32] 张荣光.基于实物期权的矿业投资价值评估方法[J].西南民族大学学报，2009(5)，185-188.

[33] 陈宜平.境外资源战略及其积极风险管理[J].国际商务研究，2012，6(5)：62-66.

[34] 曹松艳，杨化尘.海外投资企业的风险控制与管理[J].山东冶金，2010(4)：19-23.

[35] 李玉炜.浅析全面风险管理在海外矿业项目投资中的应用[J].中国矿山工程，2013，42(1)：56-58.

[36] 李飞.中央企业境外投资风险控制研究[D].北京：财政部财政科学研究所，2012.

[37] 吴和平.不确定性条件下的矿业投资风险分析与模拟[D].长沙：中南大学，2008.

[38] 吴和平，詹进.基于蒙特卡洛随机模拟法的矿业投资风险分析研究[J].有色矿冶，2007(3)：102-104.

[39] 陈立文.项目投资风险分析理论与方法[M].北京：机械工业出版社，2005.

[40] 马朝阳，李国清，李京娥，等.基于蒙特卡洛模拟的境外矿业投资风险分析[J].工业技术经济，2019(3)：110-114.

[41] 薛红肖，王琦.基于层次分析法的海外矿业投资风险评价[J].中国矿业，2018，27(6)：53-56.

[42] 孙爱玲，滕淑珍.净现值法与内部收益率法比较——投资决策采用哪种方法更优[J].财会月刊，2012(5)：64-65.

[43] 李帅芳，肖果平.Crystal Ball 在项目管理风险分析中的应用[J].项目管理技术，2013(4)：40-44.

[44] 希利尔，希利尔.数据、模型与决策：运用电子表格建模与案例研究[M].任建标，译.北京：中国财政经济出版社，2010.

[45] Bevilacqua M. Critical chain and risk analysis applied to high-risk industry maintenance：A Case Study [J]. International Journal of Project Management, 2009, 27(4)：419-432.

[46] Steyn H. Project management applications of the theory of constraints beyond critical chain scheduling[J]. International Journal of Project Management, 2002, 20(1)：75-80.

[47] Trietsch D. PERT 21：Fitting PERT/CPM for use in the 21st century [J]. International Journal of Project Management, 2012(30)：490-502.

[48] 王春生，王发明，王芹.资本资产定价模型在矿业权评估中的应用[J].经营管理，2013(5)：21-22.